古代歷史文化 研究輯刊

十七編

王明蓀 主編

第 20 冊

清儒從祀孔廟研究

姜淑紅 著

國家圖書館出版品預行編目資料

清儒從祀孔廟研究／姜淑紅 著 — 初版 — 新北市：花木蘭文
化出版社，2017〔民 106〕
序 2+ 目 4+208 面；19×26 公分
（古代歷史文化研究輯刊 十七編；第 20 冊）
ISBN 978-986-404-960-8（精裝）
1. 孔廟
618   106001393

ISBN-978-986-404-960-8

古代歷史文化研究輯刊
十七編　第二十冊　　　　　ISBN：978-986-404-960-8

清儒從祀孔廟研究

作　　者　姜淑紅
主　　編　王明蓀
總 編 輯　杜潔祥
副總編輯　楊嘉樂
編　　輯　許郁翎、王筑　美術編輯　陳逸婷
出　　版　花木蘭文化出版社
社　　長　高小娟
聯絡地址　235 新北市中和區中安街七二號十三樓
　　　　　電話：02-2923-1455 ／傳真：02-2923-1452
網　　址　http://www.huamulan.tw 信箱 hml 810518@gmail.com
印　　刷　普羅文化出版廣告事業
初　　版　2017 年 3 月
全書字數　171169 字
定　　價　十七編 34 冊（精裝）台幣 68,000 元

清儒從祀孔廟研究

姜淑紅　著

作者簡介

姜淑紅（1983～），女，漢族，山東濰坊人。2006 和 2009 年先後畢業於山東師範大學，獲歷史學學士與碩士學位，2012 年畢業於北京師範大學，獲歷史學博士學位。現任淄博職業學院稷下研究院業務部副主任，講師，主要致力於近代文化和齊文化的相關研究。曾參與編寫《民國思想文叢》，並擔任《現代評論派、新月人權派》一卷的主編。在《學習與實踐》、《學術論壇》、《船山學刊》、《江南大學學報》等學術刊物上發表論文多篇。

提　　要

　　隨著儒學地位的提高，孔廟逐漸由私廟發展成為官廟。「廟學合一」制形成後，孔廟既是國家祭祀的禮儀性建築，又成了國家推行政教措施的象徵，具備了政治與文化的雙重功能。歷代統治者通過在孔廟中舉行的祭孔儀式，強化了儒家的獨尊性和神聖性。統治者還利用掌握孔廟從祀人選的決定權，引導儒生言論，制約儒學發展方向，並將儒家理念滲透到具體社會生活中，從而保障「治統」的穩定性。

　　歷代統治者對孔廟從祀都非常重視，清軍入關並確立在全國的統治後，為化解因長期對抗造成的精神緊張，盡快恢復社會基本倫理秩序，在為孔子上尊號的同時，不斷增加從祀人員。在清代的孔廟從祀中，清儒從祀尤為重要，與清代的文化政策聯繫最為密切。雍正時期實行崇儒重道的文化政策，反映在孔廟從祀上，便是批准多位理學名儒從祀孔廟。雍正還首開從祀本朝理學名儒的先例，將陸隴其推上孔子廟堂。

　　乾嘉時期漢學鼎盛，程朱理學雖高居廟堂，卻趨於衰退。道光以後，清統治者出於挽救危局的需要，繼續提倡和強化崇儒重道的文化政策，採取了一些提高理學地位的措施，如從祀清代理學名儒。在統治者政策支持下，相繼有陸隴其、孫奇逢、張履祥等清代理學大儒登上孔子廟堂。孫奇逢從祀孔廟，反映了道光年間「真理學」興起和漢宋趨於調和的社會思潮。張履祥從祀，是在其理學名儒形象逐漸被社會認可的基礎上，在國家急於推崇「正學」以加強象徵權威的背景下，通過浙江官紳的不懈努力，最後取得成功。光緒末年，顧、黃、王三大儒從祀孔廟，則是特定時代背景下清廷的非常之舉。清廷允准三大儒從祀，主要是因為三大儒學說既合乎時代變革，又不離乎中國固有的經史之學，能滿足清政府在新政時期既要求變革又要守住國粹進而穩定統治的願望。

　　總之，清儒從祀作為清統治者文化政策的重要內容，既能反映清代文化政策之演變，又能體現不同時期社會思潮的變化，與清代社會變遷之大勢緊密相連。

《清儒從祀孔廟研究》序

　　在中國悠久的歷史傳統中，祭祀是頭等大事之一，所謂「國之大事，在祀與戎」。就政權而言，祭祀乃強化「君權神授」之舉，是維繫統治的重要手段；就民間而言，祭祀是與先祖溝通以維護家族、宗族一體的重要方式。在諸多名目、種類的祭祀中，祭孔為官方、民間所共同關注，成為一代盛典。起初，對於先師孔子的祭祀為私人行為，祭祀的場所孔廟只是一所家廟，到兩漢時孔廟才具備官廟性質，成為官方祭祀孔子，對儒學表示尊重的象徵性建築。孔廟從祀開始於東漢之時，唐代起發展為包含「配享」與「從祀」的完整附祭制度，從祀者則為孔子弟子及對儒學發展做出重大貢獻的後世儒者。

　　歷朝歷代的孔廟從祀現象，應該引起學界的充分注意，因考察孔廟從祀的制度、歷程、從祀者身份等命題，無異於從一個特殊的角度考察一部儒學發展史。在各個朝代中，清代的孔廟從祀現象尤應得到關注。作為中國最後一個王朝而且是少數民族統治的王朝，清朝的孔廟從祀具有鮮明的民族、時代特色，其政治、社會功能發揮得也很充分，非常值得學界深入研討。但遺憾的是，目前對這一題目的研究還頗為有限。此一情形下，這部《清儒從祀孔廟研究》的問世，很令人高興。

　　《清儒從祀孔廟研究》是作者姜淑紅在其博士學位論文基礎上修改完善而成的一部專著。該書在系統梳理清代孔廟從祀之歷史進程的同時，以陸隴其、孫奇逢、張履祥以及顧炎武、黃宗羲、王夫之三大儒從祀孔廟為個案，具體分析了清儒從祀孔廟的各個歷史側面，使讀者由此知曉了一部獨特的清代儒學史。全書緊緊抓住了有清一代的時代特色——少數民族入主中原以及遭逢「三千年未有之大變局」，以此作為大的背景，書寫清儒從祀孔廟的特定

歷史。少數民族入主中原的特色，使得清廷一向對於「夷夏之辨」這樣的命題很敏感，一再強調「夷狄入中國則中國之」，注重掌控意識形態話語權，把理學作為重要統治工具，強化理學家的官方色彩。通過把理學大儒陸隴其、孫奇逢、張履祥等人從祀孔廟，清廷抬升了本朝理學家的地位，使其神聖化，從而對讀書人起到表率作用，發揮強大的政治功能。至於晚清之時所遭逢的「三千年未有之大變局」，即西方殖民勢力東來所導致的「天崩地解」的大變化，則是歷代王朝所無而需清廷面對的嶄新局面。為了應對世變，清廷只得搬出顧炎武、黃宗羲、王夫之三大儒，將之塑造為既能維護傳統又合乎時代變革要求的新偶像，清季新政之時讓三大儒從祀孔廟，藉此宣示朝廷立憲的誠意，實質上仍為維持專制統治服務。此種用心被有識之士識破，章太炎等人指出此為逆歷史潮流而動的倒退行為，無法挽救清王朝衰亡的歷史命運。綜觀全書，可以說，如此的敘述和論析，是基於史實的嚴密探討，合於學理又有深度。

　　作為學界首部全面研究清儒從祀孔廟現象的學術專著，該書可謂是對學術研究薄弱環節的一個彌補，創新性強，而且內容充實，個案鮮明，說理充分，敘述得當。不過儘管如此，瑕不掩瑜，該書的個別論述還是有再討論的空間的，相信作者一定會在未來的研究中予以完善。

　　是為序。

李 帆

2016 年 12 月 15 日於北京師範大學歷史學院

目次

緒　論

一、選題緣起與意義

　　「國之大事，在祀與戎」。「祀」作為維繫政權的精神力量，重要性超過「戎」，說明祭祀典禮在中國古代社會中地位極為重要。古代統治者無不相信「君權神授」，並對應以神道設教，祭祀不僅是人神溝通的手段，還成了身份的象徵，政治意義愈加濃厚。古代祭祀種類名目繁多，如祭祀山川、河流，祭祀風、雨、雷、電，祭祀祖先、先師孔子等。祭祀山川、河流等是統治者專享的政治權力，祭祀祖先則是普通百姓可享之權，而對先師孔子的祭祀經歷了從私人祭祀到國家祭祀的演變過程。隨著儒學地位的提高，祭孔逐漸成為國家祭祀的重要內容，屬於祭孔體系的孔廟從祀也愈來愈為統治者所看重。

　　孔廟從祀，意在「佐其師，衍斯世之道統」，奉祀的對象是歷代儒家正統的繼承者。歷代儒者，因對「道統」的理解分歧，導致從祀標準變異紛紛，歷代從祀人選標準隨儒家思想脈動而有所變遷。因此，從歷代從祀人選上可窺見一代儒學主流思想。孔廟祭祀終究是官方祭典，儒者本身無法決定從祀人選，只有朝廷才可以「進退諸儒」。由此，孔廟從祀不僅可以反映儒學主流思想，亦可以窺見政治風嚮之變動，從而理解朝廷代表的「政統」與從祀代表的「道統」之間的關係。

　　孔廟從祀，自東漢開創，唐貞觀年間成為定制，此後歷代沿襲。滿族統治者入關後，更將該制度發揮到登峰造極的地步。順治二年（1645），順治帝為孔子上尊號「大成至聖文宣先師」，承舊例在孔廟大成殿中以「四聖」和「十哲」配饗，以先賢六十九人和先儒二十八人從祀兩廡。康熙五十一年（1712）

和乾隆二年（1737），朱子和有子從先賢升爲先哲，大成殿「十二哲」最終定型。雍正二年（1724）更定孔廟祀典，復祀六人，增祀二十人，爲唐代以後規模最大的增祀舉動。降至晚清，統治者更是大肆增加孔廟從祀者，從道光二年（1822）劉宗周從祀，迄宣統三年（1911）劉因從祀爲止，三十一位先儒添列孔子廟庭。

清代孔廟從祀，只有增加、復祀而無罷黜的例子，這點最爲清統治者引以爲豪。清廷雖是外來政權，對儒家文化的利用卻頗爲嫻熟。清初君主不斷提升祭孔禮儀，康熙曾親赴曲阜拜祭孔子並三跪九拜，將御用曲柄黃蓋留供孔廟，以表示莫大的尊崇。雍正四年（1726）八月仲丁，雍正帝親詣釋奠，開清帝春秋二祀親祭之先河，以後漸漸成爲定制。乾隆二年（1737）上丁，乾隆帝在京師孔廟大成殿行三獻禮，從此，清帝親自到國子監孔廟行釋奠三獻禮成爲「恒式」。光緒三十二年（1906）十一月，以「孔子至聖，德配天地，萬世師表」，升爲大祀，祭孔成爲國家祭祀的最高禮儀。清帝尊崇孔子，是要藉此以證明自身統治的合法性和正統性，不斷增加孔廟從祀，則是力圖達到將「道統」與「治統」合二爲一的目的。

清初統治者通過尊崇孔子，重用理學名臣，從祀理學名儒等方式實現了「治統」與「道統」的合一。一方面，清初話語權力開始轉向，使得自宋朝以後知識分子用「道統」來牽制皇權的話語權喪失，變爲專制權力的附庸。另一方面，「治教合一」本就是儒家知識分子的理想追求，清初統治者積極塑造自己的「道統」形象，反過來亦有利於士人引導帝王接受儒家道統理念，從而借皇權推行自己的政治主張，得以實現理想訴求。

陸隴其從祀孔廟正是清初統治者建立「治統」、「道統」合一形象的重要舉措。雍正同意從祀陸隴其，一方面是表他重建清初理學道統之功。另一方面通過塑造理學偶像，實施「以漢御漢」的政治策略。實際上仍遵循了傳統的「聖人之道」與「帝王之道」聯姻的政治軌道，以此來穩固統治根基。

晚清時期，內憂外患，清政府面臨著前所未有的統治危機。內部政治腐敗，經濟衰退，反抗鬥爭不斷；外部列強危逼，瓜分土地，討要賠款，割去主權。這些令統治者焦慮不已。內安民心、外禦強敵，成爲時代課題，清朝統治者被迫順應時代潮流，一步步推行改革。在改革浪潮中，資產階級民族主義和民權思想相衍而生，清朝的官方意識形態面臨巨大挑戰。爲了維護儒學意識形態的統治地位，保持「治統」和「道統」的合一，清政府對統治政

策做出了一定的調整。

增加孔廟從祀人數，允許眾多本朝理學名儒從祀孔廟，成為統治者調整統治政策的主要手段。釋放的政治信號主要有以下兩點：

第一，孫奇逢和張履祥從祀孔廟，象徵著理學經世精神的恢復和闡揚。道光年間，有識之士繼承並發揚明清之際講求「經世致用」的傳統，反對脫離實際，反對崇尚空疏，注意研究現實問題，經世思潮再興。孫奇逢因為治學不分門戶，講求實際，符合時代潮流和統治需要而被不失時機地推上了孔子廟堂。

張履祥從祀孔廟是在太平天國起義打亂清政府統治秩序之後，清鎮府反思並調整文化政策的結果。面對混亂局勢，如何盡快穩定人心，鞏固清政府統治大廈，成為統治者必須面對的重大課題。從祀張履祥，樹立正學偶像，發揚經世理學，挽救文化危機，進而鞏固統治。

第二，光緒三十四年（1908），顧、黃、王三大儒從祀孔廟成功，反映了「理學經世」向「中體西用」政策的調整。三大儒中王夫之成名最晚，其形象放大過程，反映了湖湘士人提升本地文化影響力和塑造理學經世名儒以砥礪士風的雙重訴求。顧炎武早在清初就已名聲在外，到晚清時期，由於後世學人舉行的顧祠會祭活動而獲得經久不衰的影響力。

總之，三大儒從祀歷程漫長而曲折，如果將之比作一場舞臺劇，劇情可謂撲朔迷離。交織著各個政治派別、學術派別的複雜爭論。最後，三大儒被允許一起從祀孔廟，則是非常態下的非常之舉，當權者為了推動立憲順利進行，又能保證立憲在意識形態軌道下運行，而將三大儒一併推上孔廟。三大儒被塑造成了即能保存國粹，維護「中體」，又有利於新政推行，有利於改革的模範形象。然而，在清政府統治效能下降的情勢下，此種無奈之舉更顯無力，反而引起社會爭議。

筆者在考察清儒陸隴其、孫奇逢、張履祥和顧、黃、王三大儒從祀孔廟歷程的基礎上，試圖體現清代不同時期的文化政策和社會思潮的變化。

二、學術史回顧

目前為止，關於孔廟的研究成果比較可觀。多從孔廟建築、孔廟功能以及祭孔沿革、祭孔禮儀等角度展開研究。專著有劉亞偉《逝去的歷史場景：祀孔大典與孔廟》，該書從孔廟建築、祭孔由來、祭孔禮品、祭孔禮仗等諸

多方面，論述了孔廟及孔廟祭祀的發展。〔註 1〕語言平實，圖文並茂，內容豐富，不失爲一本瞭解孔廟的入門性著作。張亞祥《江南文廟》，敘述孔廟的建築形制、各地孔廟的歷史、孔廟在近現代的衰落和復興等。〔註 2〕學位論文有董喜寧《孔廟祭祀研究》，文章詳細考證了孔廟祭祀的整個過程，包括孔廟獻祭者、孔廟祭品與祭器、孔廟祭祀中的樂與舞、孔廟祭祀的釋奠程序等。〔註 3〕以上研究成果對於了解孔廟行制、孔廟發展歷史以及孔廟象徵的多重功能具有重要意義。

需要特別指出，黃進興《權力與信仰：孔廟祭祀制度的形成》以紮實的文獻考證爲基礎，剖析了孔廟祭祀制度在各朝各代的形成和發展，「自唐初以後成爲國家祭祀要典，在此期間變化多端，起伏不定，其中權力與信仰的交互滲透，是孔廟祭祀發展的焦點問題。〔註4〕該文資料詳實，論證有力，對於理解孔廟從一家之私廟發展成國家之官廟，從偏居曲阜一地擴展至全國各地提供了很好的線索。

學界對孔廟從祀的相關問題關注尚且不多，最直接的整體研究成果當屬黃進興的《學術與信仰：論孔廟從祀制與儒家道統意識》，「從文化角度探討儒學主流思想如何透過道統意識來左右孔廟從祀制，並造成歷史上的諸多變遷」。〔註 5〕文章側重梳理清代以前的孔廟從祀，對清代孔廟從祀著墨不多，而且由於是總體探討，對清儒從祀孔廟沒有展開論述和分析。

個案研究中對於顧、黃、王三大儒從祀孔廟關注較多。秦燕春《從邊緣到中心：三大家從祀兩廡始末考》一文梳理了顧、黃、王三大儒從祀孔廟的歷程。該文指出：「發生在晚清時期的『晚明三大家』的從祀問題，則又因爲事關地方權力的擴張、全國各區域之間的文化競爭、傳統道學楷模的改寫以及學術新範式構建中時代變遷的回應等諸多因素，因而與歷代發生的從祀之爭議明顯區別開來，各種聲音競相喧嘩之時，尤其顯得風雲詭譎」。〔註 6〕該

〔註 1〕劉亞偉：《運去的歷史場景：祀孔大典與孔廟》，山東文藝出版社 2009 年。
〔註 2〕張亞祥：《江南文廟》，上海交通大學出版社 2009 年。
〔註 3〕董喜寧：《孔廟祭祀研究》，湖南大學博士學位論文，2011 年。
〔註 4〕黃進興：《優入聖域：權力、信仰與正當性》，北京：中華書局 2010 年版，第 140 頁。
〔註 5〕黃進興：《優入聖域：權力、信仰與正當性》，北京：中華書局 2010 年版，第 186 頁。
〔註 6〕秦燕春：《清末民初的晚明想像》，北京：北京大學出版社 2008 年版，第 84 頁。

文重點論及光緒末年趙啓霖奏請三大儒從祀之後朝野「三教九流」的話語較量。

何冠彪《黃宗羲、顧炎武、王夫之入祀文廟始末》〔註7〕一文考證了三大儒名稱的由來，並梳理了黃宗羲、顧炎武、王夫之三大儒從祀孔廟的過程，對三大儒從祀引起的爭論也有涉及：「『清初三大儒』原為孫奇逢、李顒、黃宗羲的合成，但到了清末，則指黃宗羲、顧炎武和王夫之三人。黃、顧、王之所以在清末被稱為『清初三大儒』，實與他們同時入祀孔廟，得到官方認可的學術地位有莫大關係。……三人應否入祀的問題，在光緒朝有過激烈的論爭，前後共三十多年才有結果。其次，廷議在光緒末年引起在野學人的關注，並且加入評論」。〔註8〕

段志強碩士學位論文《舊廟新神：顧炎武、王夫之、黃宗羲從祀孔廟研究（1876～1908）》研究了顧、黃、王三儒從祀孔廟的歷程，側重研究三儒最後一次從祀孔廟爭論，將三儒從祀放諸清末預備立憲的時代背景下，認為三儒從祀的主要原因是「當局試圖以表彰他們來宣示立憲誠意，推進政治改革的進程」。〔註9〕

戶華為《晚清社會思想變遷與聖廡的最後演出——顧、黃、王三大儒從祀風波探析》一文分析了光緒末年圍繞三大儒從祀孔廟所引起的爭論。該文對爭論過程分析較多，主要展現統治集團內部圍繞黃宗羲應否從祀產生的駁黃派和主黃派的爭論，圍繞從祀這一事件，展現了「不同階層，權力集團之間以及同一陣營內部對傳統的不同詮釋與對象徵資源的爭奪」。〔註10〕

可見，顧、黃、王三大儒從祀孔廟因為過程曲折、凸顯的時代背景和學術意蘊尤為複雜，學界關注較多。但是仍有可繼續研究的空間，晚清以前尚默默無聞的王夫之如何走入士人視野？怎樣被不同利益集團塑造成不同形象？王夫之形象的放大與湖湘士人爭取地方話語權有怎樣的關係？湖湘士人

〔註7〕何冠彪：《黃宗羲、顧炎武、王夫之入祀文廟始末》，《明清人物與著述》，香港教育圖書公司 1996 年版。

〔註8〕何冠彪：《黃宗羲、顧炎武、王夫之入祀文廟始末》，《明清人物與著述》，香港教育圖書公司 1996 年版。

〔註9〕段志強：《舊廟新神：顧炎武、王夫之、黃宗羲從祀孔廟研究（1876～1908）》，清華大學碩士學位論文，2009 年，第 16 頁。

〔註10〕戶華為：《晚清社會思想變遷與聖廡的最後演出——顧、黃、王三大儒從祀風波探析》，《社會科學研究》2005 年第 2 期。

在怎樣的背景下屢次爲王夫之請求從祀孔廟？朝野對王夫之形象的不同解讀在王夫之從祀孔廟過程中起了怎樣的作用？還有，三大儒被請求從祀孔廟之時的社會和學術環境如何？從祀孔廟成功之後引起了怎樣的社會反響？三大儒從祀體現的不同政治派別力量的角逐，三大儒形象在清末的塑造等等，都值得深入研究。

除三大儒從祀孔廟之外，關於清儒從祀孔廟研究尚有少量個案研究成果。戶華爲碩士學位論文《張履祥的思想實踐與「由凡入聖」的型塑歷程》﹝註11﹞從明清之際的特殊歷史場景入手，勾勒了平民儒士張履祥的眞實生活情景，剖析了張履祥的耕讀觀、經營管理思想、治世思想的內涵與特徵及其與傳統的踐履概念和「耕讀傳家」的異同，並在此基礎上勾畫了張履祥由布衣儒士到地方偶像直至進入孔廟，成爲儒學典範的過程。該文論及張履祥從祀孔廟歷程，對以後相關研究有啓發作用，但還有深入研究的空間。比如浙江官紳雷鋐、朱坤、陳梓等人推崇張履祥及請祀活動，方東樹、蘇惇元師徒二人推崇張履祥及請求從祀孔廟活動，左宗棠、許瑤光等地方大員在其聲名擴展中所起的重要作用。張履祥在怎樣的時代背景下被塑造成正學偶像，成爲地方士人激勵後人勸善向學、維護社會秩序的象徵資源。

清朝統治者從祀諸位本朝名儒，是要藉此以證明自身統治的合法性和正統性，並力圖實現「道統」與「治統」的合一。關於「治統」與「道統」合一之問題，學界相關研究成果主要有黃進興《清初政權意識形態之探究：政治化的道統觀》；葛兆光《中國思想史》卷二；南開大學劉方玲的博士學位論文《清朝前期帝王道統形象的建立》等。

黃進興先生指出，「治教合一」雖爲儒家長遠以來的政治理想，但這個理想落實到制度結構上，卻是分而爲二，各由「統治者」和「士人階層」所承擔；宋代以降，「道統觀」逐漸發展成形，更賦予「士人」意理的基礎，倚之與政權抗衡。但在康熙皇帝的統治期間，由於「道統」和「治統」的結合，使得「治教合一」的象徵意義和結構上（皇權）眞正化而爲一，致使士人失去批判政治權威的理論立足點。﹝註12﹞

﹝註11﹞ 戶華爲：《張履祥的思想實踐與「由凡入聖」的型塑歷程》，北京師範大學碩士學位論文，2002 年。

﹝註12﹞ 黃進興：《優入聖域：權力、信仰與正當性》，北京：中華書局 2010 年版，第76 頁。

　　劉方玲認爲，「道統與治統合一（即君師合一）是歷史上儒家所建構的理想政治形態，儒家士大夫奉承這一理念，一方面以得君行道爲職志，希圖與帝王共治天下，另一方面更希冀通過對帝王傳輸儒家的道統理念，來達到帝王兼具道統與治統合一的形象」。「但清朝前期帝王道統化的現實顯示，一旦帝王接受理學、獲得『道統』，他就可以宣佈士人『道』所用，也就是爲皇帝所用。這樣，士階層就從自願作臣僕，進一步沉淪爲必須做臣僕的悲慘境地。」〔註 13〕

　　葛兆光先生從知識、思想與信仰角度探討了清初話語權力的轉移，他指出，「從順治、康熙到雍正，清王朝已經建立近百年（1644～1735），第一代經歷過明亡慘痛的士人如顧炎武、黃宗義、王夫之、傅山、方以智、屈大均以及呂留良都陸續離開人世，對於明代王朝的依戀漸漸被淡忘，這個時候，人們的空間認同與種族認同，已經由漢族文明爲中心的『大明帝國』擴展到了滿、蒙、漢共同體的『大清帝國』，所謂『中國』已經成了一種文明的意味而不再是種族的意味。於是，士大夫的責任又從維護種族尊嚴逐漸轉向了建設道德秩序。……所謂『聖學』，……通常，它是由所謂『道統』延續、由士大夫表述，有時是可以超越『正統』之上的眞理，它常常是一種文化話語權力，所以，這裡還應當提到的是清初這種話語權力的轉移。……所謂『聖學』，或者叫『正學』、『理學、『道學』，雖然它的解釋權力常常屬於士大夫知識階層，但是由於它的起點和終點都是確立秩序，所以，在皇權籠罩一切，政治高於一切的時代，有時也會被政治權力轉手接去，像清代初期的政治權力就相當巧妙地壟斷了本來由士人闡釋的眞理，並使帝王的『治統』兼併了『道統』，使士人普遍處在『失語』的狀態」。葛兆光先生接著指出，他們用「治統」兼併道統的策略首先是重用或表彰所謂的理學名臣，陸隴其曾獲從祀孔廟兩廡，張伯行則被康熙、雍正兩朝推重。〔註 14〕

　　總之，關於清儒從祀孔廟研究，直接研究成果較少，旁涉議題不少。本課題以清儒從祀孔廟爲研究中心，借鑒、吸納、綜合上述研究成果，希圖開闢清代文化史研究的一個新角度和領域。

〔註 13〕　劉方玲：《清朝前期帝王道統形象的建立》，南開大學博士學位論文，2010 年，第 279 頁。

〔註 14〕　葛兆光：《中國思想史》第二卷，上海：復旦大學出版社 2001 年版，第 508～509 頁。

三、研究範圍與思路

本文主要研究清儒從祀孔廟的歷程反映的清朝政治、文化政策以及社會思潮的變化。第一，以陸隴其、孫奇逢、張履祥、顧黃王三大儒為代表的清儒本身的思想學術及成就。第二，後世學者對清儒形象塑造，在這一過程中體現的參與者的不同心態和主張。第三，清儒最後從祀孔廟體現的政治和社會文化變遷。

綜合上述內容，結合歷史學、文化學的研究方法，本文主要研究內容為：

第一，主要論述課題意義、研究現狀以及分析視角和研究思路。

第二，孔廟從祀的變遷。通過考察孔廟從祀人選的變化，探討歷代儒學主流思想的變遷，並以此理解統治者代表的「政統」與從祀代表的「道統」之間的關係。清前中期，孔廟從祀人員的資格審查通常取決於皇帝的好惡，清政府並沒有制定出明確的從祀標準。晚清時期，在統治危機日益嚴重的情形下，統治者調整文化政策，在復興程朱理學的同時，更加重視孔廟從祀在思想控制方面的作用，不斷增加從祀人數，並制定了孔廟從祀章程，企圖以此來維護「治統」的穩定性。

第三，陸隴其從祀孔廟。陸隴其為官最高不過從五品的「四川道監察御史」，身後卻有幸成為清代第一位從祀孔廟的清儒，並獲得「清朝理學儒臣第一」的美譽。一是源於他自身對清初理學重建作出的巨大貢獻，二是後世學人因推崇其學術而構建其理學名儒形象所做出的努力。本文通過論述陸隴其身後形象提升過程，考察清政府將陸隴其從祀孔廟的政治文化意蘊。

第四，孫奇逢從祀孔廟。本文擬論述孫奇逢從抗清志士到理學名儒，再從理學名儒到從祀孔廟聖人的身份蛻變過程。重點考察孫奇逢從祀孔廟的歷程，在此基礎上，探討孫奇逢從祀孔廟成功的社會環境和學術因素。

第五，張履祥從祀孔廟。張履祥生前只是一介平民儒士，甚至曾參與過反清活動，身後地位卻不斷地被清朝官紳擡高，乃至登上儒學最高殿堂孔廟，成為一代學術偶像。張履祥的形象演變是乾隆到同治幾朝官紳長時間塑造的結果，每一次塑造過程都反映了參與者的各自心態和他們對張履祥的評價。最後張履祥能從祀成功，則是時代的迫切需求。

第六，顧、黃、王三大儒從祀孔廟。本文在考察顧、黃、王三大儒從祀曲折歷程的基礎上，探討光緒末年趙啟霖請求三大儒從祀的學術環境，三大儒從祀與立憲之爭，以及三大儒從祀成功所反映的時代特徵。

第一章　孔廟從祀的變遷

一、祭祀與孔廟

（一）祭祀起源和祭祀種類

　　祭祀活動在先秦稱「祭」或「祀」。祭祀之禮，起源於向神靈奉獻飲食，《說文・示部》解釋「禮」：「禮，履也，所以事神致福也。」〔註1〕可見，祭禮表達得是人對神的敬意，是人神溝通交流的手段和方式。向神貢獻禮品，舉行祭祀活動是手段，目的是求福免災。西周時期，周人將「禮」的宗教性儀式演化爲一規範社會活動的道德準則和倫理規範，即「禮制」。在「禮」的神秘性之上又加入了道德性和倫理性，成爲社會各階級必須遵守的行爲準則。其中，禮之重要內核「敬天法祖」和「君權神授」等，漸漸成爲治國模式。到漢武帝獨尊儒術，《周禮》成爲治國之「經」，禮制更成爲政治之主要形式和載體，並綿延兩千年之久。其中，祭祀之禮是各種「禮」中最重要的組成部份。

　　《禮經・祭統》稱：「凡治人之道，莫急於禮，禮有五經，莫重於祭」，〔註2〕說明祭祀典禮在中國古代社會中地位極爲重要，祭祀是國之大事，禮之根本。「國之大事，在祀與戎」，「祀」作爲維繫政權的精神力量，其重要性甚至排在「戎」前。古代統治者無不相信「君權神授」，並對應以神道設教。祭祀不僅是人神溝通的手段，還成了身份的象徵，政治意義日加濃厚。例如，祭

〔註1〕〔漢〕許慎：《說文解字》卷一上，清文淵閣四庫全書本，第1頁。
〔註2〕〔明〕郝敬：《禮記通解》卷十六，明九部經解本，第366頁。

天是皇帝的專利，皇帝還同時祭祀天下名山大川，諸侯則祭祀境內名山大川，士大夫祭五祀，《禮記・王制第五》記載：「天子、諸侯宗廟之祭：春曰礿，夏曰禘，秋曰嘗，冬曰烝。天子祭天地，諸侯祭社稷，大夫祭五祀。天子祭天下名山大川：五嶽視三公，四瀆視諸侯。諸侯祭名山大川之在其地者。天子諸侯祭因國之在其地而無主後者。」〔註3〕

祭祀對象既然是天神、地祇和人鬼，都是人格化了的鬼神，因此祭祀具有明顯的宗教性。恩格斯指出：「一切宗教都不過是支配著人們日常生活的外部力量在人們頭腦中的幻想的反映，在這種反映中，人間的力量採取了超人間的力量的形式。在歷史的初期，首先是自然力量獲得了這樣的反映，而在進一步的發展中，在不同的民族那裏又經歷了極為不同和複雜的人格化。」〔註4〕從《禮記》等記載中看出，古代祭祀活動的政治意蘊遠大於宗教意義。《禮記・郊特牲第十一》中說：「天子適四方，先柴。郊之祭也，迎長日之至也，大報天而主日也。……祭之日，王被袞以象天，戴冕璪十有二旒，則天數也。乘素車，貴其質也。旗十有二旒，龍章而設日月，以象天也。天垂象，聖人則之，郊所以明天道也。帝牛不吉，以為稷牛。帝牛必在滌三月，稷牛唯具，所以別事天神與人鬼也。萬物本乎天，人本乎祖，此所以配上帝也。郊之祭也，大報本反始也」。〔註5〕統治者根據「上天垂象」實施祭祀，利用其中的神秘主義色彩，使民眾相信君主乃是上天派來管理他們的，他們只能服從。統治者希圖通過神的權威來建立君主權威，通過祭祀的盛大場面，來統攝人心，進而建立穩固的人間統治秩序。

古代祭祀種類名目繁多，如祭祀山川、河流，祭祀風、雨、雷、電，祭祀歷代帝王、先聖先師等，這些祭祀活動均屬於五禮中的「吉禮」。〔註6〕《周禮・春官・大宗伯》說：「以吉禮祀邦國之鬼、神、示」，在這裡，祭祀對象分為三類，即天神、地示、人鬼。

〔註3〕〔漢〕鄭玄：《禮記注疏》附釋音禮記注疏卷第十二，清阮刻十三經注疏本，第 329 頁。

〔註4〕恩格斯：《反杜林論》，《馬克思恩格斯選集》第 3 卷，北京：人民出版社 1972 年版，第 354 頁。

〔註5〕〔漢〕鄭玄：《禮記注疏》附釋音禮記注疏卷第二十六，清阮刻十三經注疏本，第 678、679 頁。

〔註6〕五禮包括吉禮、凶禮、軍禮、賓禮、嘉禮五種，吉禮指祭祀之禮，古代人祭祀為了求吉祥安樂，因此稱為「吉禮」。見《周禮・春官・大宗伯》

天神　受祭的天神不僅很多，而且有尊卑之別，《周禮》分之爲三等。第一等是昊天上帝，或稱天皇大帝，爲百神之君、天神之首。古代只有天子可以祭天，諸侯有國，但不得祭天，祭天是國家最重大的典禮。

第二等是日月星辰。日月星辰附麗於天，垂象著明莫過於日月，日月之明就是天之明，所以必須祭祀。

第三等是除五緯、十二辰、二十八星宿之外，凡是職有所司、有功於民的列星，如司中、司命、風師、雨師等。

地示　對地示的祭祀，也依照尊卑分爲三等。第一等是社稷、五祀、五嶽；第二等是山林、川澤；第三等是四方百物，如「戶、灶、霤、門、行」等「五祀」，五者與人們生活最爲密切，厚於民生，應該報其功，所以要祭五者之神。

人鬼　人鬼之祭，主要是對祖先的祭祀。後世的人鬼祭祀，並不限於先祖，還包括歷代帝王、先聖先師、賢臣、先農、先蠶、先火、先炊、先醫、先卜等。〔註7〕

在這三類祭祀活動中，祭天、祭社稷儀式非常隆重和引人注目，均屬於自然崇拜，而且是王者獨享的權利。還有一類祭祀屬於血親崇拜，普通百姓可以享有祭祀之權，即祖先崇拜。對祖先的崇敬，緣於儒家觀念的「孝」親倫理觀念，對其祭祀，不只是內心的懷念，更是日常應遵守的行爲準則。在中國歷史上，不屬於自然崇拜和血緣崇拜，卻一樣隆重且綿延久遠，就是對先師孔子的祭祀。

（二）廟學合一

祭祀孔子的專門場所是孔廟，孔廟在歷史上又稱宣尼廟、宣聖廟、文宣王廟，這些不同稱謂反映了孔廟在歷史長河中的重要地位。孔廟最初並不具備官方性質，只是一所家廟，是孔子逝世後，其子孫弟子在故里故宅建廟奉祀的場所。

據司馬遷記載：「孔子葬魯城北泗上。……弟子及魯人往從冢而家者百有餘室，因命曰『孔里』。魯世世相傳以歲時奉祠孔子冢，而諸儒亦講禮鄉飲大

〔註7〕彭林：《中國古代禮儀文明》，北京：中華書局2004年版，第22～26頁。

射於孔子冢。孔子冢大一頃。故所居堂弟子內，後世因廟藏孔子衣冠琴車書，至於漢二百餘年不絕」。〔註8〕孔子因為生前私人開設講學，因材施教，有教無類，弟子門徒無數，聲名遠播，死後受到弟子和魯人的尊崇，為之立廟，歲時祭祀。這裡的孔廟既是供後人瞻仰、祭拜，舉行祭祀儀式的場所，又是一所講學的場所。但此時的孔廟仍然不脫家廟性質，尚未向政治靠攏，還不具備官廟性質。

孔子弟子和後人非常聰明智慧而有眼光，為孔子立廟祭祀而不是簡單的立冢。因為如果是孔子冢，則是因地而設，受到空間限制而不具備拓展意義，而孔廟則不同，「廟」可以突破空間而向其它地區進軍，這就為孔廟升格，通祀天下，為後世儒生擴展儒學影響預留了相當大的空間。

在儒學向政治靠攏過程中有一個關鍵人物，這個人就是漢高祖劉邦，劉邦是歷史上第一位祭祀孔子的皇帝。以馬上得天下的漢高祖劉邦最初對儒學充滿鄙夷之情，後來在叔孫通制朝儀、陸生馬上治天下理論的影響下，劉邦認識到儒學對於安邦定國的重要性，轉而尊崇孔子。漢高祖十二年（公元前195），劉邦過魯，「以太牢祭祀孔子」。看似簡單的祭孔儀式，背後卻蘊含有巨大的象徵意義，

第一，最高統治者親自登臨一家之廟，為遠離政治中心的偏僻孔廟平添光彩，孔廟因此身價倍增；第二，以最高之「太牢」祭祀，顯示出對孔子的無比尊崇；第三，人君親自祭祀，釋放尊孔尊儒的政治信號，象徵著從國家層面肯定孔子和儒學的地位和社會價值。這個儀式在儒學發展史上意義重大，標誌著儒學經歷焚書坑儒後的浴火重生，實現了向政治靠攏的華麗轉身。劉邦還下詔規定，「諸侯王、卿、相至郡，先廟謁而後從政」。〔註9〕官員還會經常撥款負責孔廟的日常修繕，保證孔廟的正常運轉。

漢武帝於推尊儒術有功，於拓展孔廟、祭孔之儀卻並無建樹。據黃進興研究，「漢武帝末期，魯恭王竟以廣宮室為名，壞孔子舊宅，而後雖致孔壁得書，傳為文化奇譚，但此舉究為孔廟之厄，毋怪後儒深引為恥。簡而言之，西漢之時，孔子地位大概只能說是尊而不貴，孔子之祀尚未出於闕里」。總

〔註8〕 司馬遷：《史記》，見黃進興：《權力與信仰：孔廟祭祀制度的形成》，《優入聖域：權力、信仰與正當性》，北京：中華書局2010年修訂版，143、144頁。

〔註9〕 〔明〕陳鎬輯：《闕里志》卷六祀典，《中國祠墓誌叢刊》第21冊，揚州：廣陵書社2004年版。

之，西漢時期，孔廟尚未開始拓殖。

然而其時，孔廟已由「私廟」漸次轉化爲「官廟」的性質。「其關鍵即在於奉祀者領有朝廷世襲的爵稱。……十三代孫孔霸，因爲帝師之故，元帝特賜爵『關內侯』，食邑八百戶，號『襃成君』。……至平帝方改『襃成侯』，專奉先聖之祭。自是於孔子後裔世世封爵，且爵位與日俱增。」〔註 10〕總之，秦以前，魯人歲時祭祀孔子，但是主祀者並不可考，漢初，開始以宗子奉祀，漢元帝時有封戶，平帝時，開始有封地。

東漢明帝永平二年（59），明文規定國學郡縣祀孔子，「養三老、五更於辟雍，令郡縣、道行、鄉飲酒禮於學校，皆祀周公、孔子，牲以犬」。〔註 11〕明帝永平十五年（72），「幸孔子宅，祠仲尼及七十二弟子」，〔註 12〕開皇帝祭祀孔門弟子的先例。

孔廟在兩漢時儘管已具備官廟性質，但主要還是官方祭祀孔子，對儒學表示尊重的象徵性建築。孔廟與教育產生聯繫，「廟學合一」，是魏晉南北朝之後的事情。

東晉孝武帝太元年九年（384），孝武帝決定「選公卿二千石子弟爲生，增造廟屋一百五十間」。〔註 13〕這裡的廟宇即是孔子廟。孝武帝在京師立孔子廟是迫於形勢。魏晉南北朝時期，戰禍連年，曲阜孔廟難以正常運轉，太元十年（385），李遼上表孝武帝，稱「路經闕里，過觀孔廟，庭宇傾頓，軌式頹弛，萬世宗匠，忽焉淪廢，仰瞻俯慨，不覺流涕」。〔註 14〕孔廟尚且衰敗如此，子孫他人自然無條件正常拜祀。因此，李遼「求興復聖祀，修建講學。」東晉統治者既無條件按時赴曲阜拜祭先師，於是便在京城建廟設學，以方便隨時祭祀同時宣講教化。

同年，國學正式建成，孔廟依國學而立，成爲國學立廟的開端。自此，孔廟結束了偏於曲阜一隅的境地，從屈居地方躍進政治中軸，在實現質的飛躍同時，正式開始了拓殖之旅。

〔註 10〕 黃進興：《優入聖域：權力、信仰與正當性》，北京：中華書局 2010 年修訂版，147、148 頁。
〔註 11〕 孔繼汾：《闕里文獻考》卷十四，濟南：山東友誼出版社 1989 年版，第 77 頁。
〔註 12〕 范曄：《後漢書‧本紀‧顯宗孝明帝紀》
〔註 13〕 沈約：《宋書》卷十四，志第四，北京：中華書局 1974 年版，第 366 頁。
〔註 14〕 沈約：《宋書》卷十四，志第四，北京：中華書局 1974 年版，第 366 頁。

唐貞觀四年（630），太宗下詔「州、縣學皆作孔子廟」，〔註15〕使得孔廟不僅遍布全國，而且與學校（不論中央或地方）產生了密切聯繫，正式開創了「廟學合一」的體制。自此，孔廟既是國家祭祀的禮儀性建築，又是國家推行政教措施的象徵。並且，因為「廟學合一」，孔廟本身就是學校，具備了直接的教育功能。

宋代的地方孔廟隨著各地興學運動，發展速度超越前代，各地在修建學校的同時，均設置孔廟。元、明時期，各地孔廟在前代基礎上獲得長足發展，這一時期，由於統治者對儒家思想的推崇，不斷擴建孔廟，促進了孔廟在全國各地的發展，孔廟進入繁榮時期。

元初，「燕京始平，宣撫王楫，請以金樞密院為宣聖廟」。〔註16〕元大德十年（1306），元大都（北京）建立了「聖廟」。元世祖準用漢代故事，執事官則其公版執手版，丁祭變服始於此。至大元年（1308）七月，加封孔子為「大成至聖文宣王」。〔註17〕明太祖入江淮時，「首謁孔子廟」，洪武元年（1368）二月，「詔以太牢祀孔子於國學」。〔註18〕遣使詣曲阜致祭，臨行諭曰：「仲尼之道，廣大悠久，與天地並，有天下者莫不虔修祀事。朕為天下主，期大明教化，以行先聖之道。今既釋奠成均，仍遣爾修祀事於闕里，爾其敬之」。〔註19〕

又定制：「每歲仲春、秋上丁，皇帝降香，遣官祀於國學。以丞相初獻，翰林學士亞獻，國子祭酒終獻。先期，皇帝齋戒。獻官、陪祀、執事官皆散齋二日，致齋一日。前祀一日，皇帝服皮弁服，御奉天殿降香。至日，獻官行禮」。〔註20〕洪武十五年（1382）詔「天下通祀孔子」，並頒釋奠儀注，「凡府、州、縣學器物、牲牢皆殺於國學，其祭各以正官行之，有布政司則以布

〔註15〕歐陽修：《新唐書》卷十五，志第五，北京：中華書局 1975 年版，第 370 頁。

〔註16〕〔明〕宋濂：《元史》卷八十一，志第三十一，北京：中華書局 1976 年版，第 2032 頁。

〔註17〕〔明〕宋濂：《元史》卷七十六，志第二十七上，北京：中華書局 1976 年版，第 1892 頁。

〔註18〕〔清〕張廷玉：《明史》，卷五十，志第二十六，北京：中華書局 1974 年版，第 1296 頁。

〔註19〕〔清〕張廷玉：《明史》卷五十，志第二十六，北京：中華書局 1974 年版，第 1296 頁。

〔註20〕〔清〕張廷玉：《明史》卷五十，志第二十六，北京：中華書局 1974 年版，第 1296 頁。

政司官主祭，分獻則以儒職及老成儒士充。」〔註21〕

　　清朝建立後，統治者對孔子表現出更大的尊崇，清世祖順治登基後，即「遣官祀先師孔子」。順治二年（1644），即更定孔子神牌爲「大成至聖文宣王先師孔子」。康熙八年（1669），「幸闕里致祭孔子」，康熙二十四年（1685），「御書『萬世師表』四字勒石並頒天下學宮」。此後多次重修孔子廟，每遇大事皆派遣官員祭告孔子。由於統治者的重視，孔廟在清代前期達到全勝。

　　總之，廟學合一，尤其是科舉取士以後，統治者將廣大士人的注意力集中到儒學，並以功名利祿吸引和鼓勵這種傾向。權力和知識實現了統一，結成統一戰線，孔廟功能隨之發生了變化。京師孔廟之政治意圖特別明顯，爲了維持奉祀的合理性，孔子後裔世襲制的設立必不可少。而地方孔廟這種傾向相對較少，是國家推行政治教化和教育教學的場所，同時具備政治和文化的雙重功能。因此，自地方府，州，縣學設立孔子廟，「廟學合一」之後，孔廟脫離了家廟的殘餘性質，正式融入國家祭祀系統，成爲眞正的官廟。

　　經歷元、明、清三代發展，孔廟建築逐漸形成風格自成體系的建築群。孔廟基本形制是：大成殿居中，殿前設東西兩廡，前有月臺，殿南爲大成門（也稱爲戟門），再前爲欞星門和萬仞宮牆照壁，泮池位於欞星門內外，崇聖祠位于大成殿的北部或東北。孔廟只有具備以上建築，才算形制完整。還有坊、碑、亭、樓閣等配套建築。此外，孔廟內還有鄉賢祠、名宦祠、犧牲所、祭器庫等，這些建築群統一坐南朝北，沿中軸線對稱分佈。〔註22〕

　　明清時期，全國孔廟定型，包含北京孔廟、曲阜孔廟和地方孔廟。北京孔廟是皇帝舉行祭孔典禮的場所，是規格最高之孔廟。最重要的建築大成殿面闊七間（七間三進）。清光緒三十二年（1906），改爲面闊九間（九間五進）。「九五之敬」是皇家禮儀的最高級別。曲阜孔廟歷經元明清三代，發展成九進院落，形成了五殿、一閣、一壇、兩廡、兩堂、八門、一祠、三坊的大型宮殿格局。〔註23〕

〔註21〕《壇廟祀典》卷中　文廟，《中國祠墓誌叢刊》第 1 冊，揚州：廣陵書社 2004年版。

〔註22〕張亞祥：《江南文廟》，上海交通大學出版社 2009 年，第 37 頁。

〔註23〕五殿：大成殿、寢殿、聖蹟殿、啓聖殿、啓聖寢殿。一閣：奎文閣。一壇：杏壇。兩廡：東廡、西廡。兩堂：金絲堂、詩禮堂。八門：欞星門、聖時門、弘道門、大中門、同文門、大成門、啓聖門、承聖門。一祠：崇聖祠。三坊：道冠古今坊、德侔天地坊、金聲玉振坊。

　　孔廟分佈也範圍越來越廣，不僅遍佈全國，而且有時會出現一城兩廟的情形。例如天津有府文廟和縣文廟。清雍正九年（1731），天津州升爲天津府，州學改爲府學、府文廟。清雍正十二年（1734），總督李衛在府學西側，建縣學，即縣文廟。府縣文廟規模、形制不同，等級嚴格。府文廟施黃色琉璃瓦，大成殿面闊七間，東西廡五間。縣文廟則是青瓦，大成殿面闊五間，整個結構，府文廟顯得華麗，縣文廟顯得簡單。

　　孔廟往往依學而建，分爲因學設廟、因廟設學和廟學同建三種形式。各地孔廟和學宮的分佈不一，或左廟右學，或前廟後學。

　　學宮不比孔廟有嚴格的佈局，絕大多數學宮沿南北中軸線，有儒學門、儀門、明倫堂、尊經閣（藏書樓）等。其中，明倫堂居中，左右設有東廂房和西廂房。明倫堂之後又尊經閣（藏書樓），明倫堂前有儒學門和儀門。學宮具備以上建築，就算是形制完備。此外，很多學宮中會有儒學署、教諭廳、敬一廳、灑掃公所、會饌堂、庫房、射圃亭等建築。江南孔廟中很多還有魁星閣。

　　總之，孔廟和學宮組成了中國古代一個特殊的建築群，即廟學建築。其中，孔廟是靈魂，是信仰的中心，而學宮是孔廟存在依據，是孔廟得以發揮功能的載體。廟學是一個不可分割的整體，共同作爲儒學的載體，具備爲統治者宣傳儒家思想，推行政治教化，進行學校教育等多種功能。

二、清代以前的孔廟從祀

　　孔廟祭祀以祭孔爲主，除此之外，還涉及附祭制度，即附祭孔子弟子及對儒學發展做出重大貢獻的後世儒者。按照與孔子關係的遠近和對儒學發展貢獻的大小，孔廟附祭可分爲「配享」和「從祀」兩個位階，本文統稱爲孔廟從祀。有關清代以前的孔廟從祀，黃進興先生的文章《學術與信仰：論孔廟從祀制與儒家道統意識》〔註24〕進行了比較詳細的梳理，本節觀點多有借鑒。

　　孔廟從祀誕生於東漢時期，東漢永平十五年（72），明帝親臨孔子宅，祭祀孔子及七十二弟子，首開弟子從祀先師的先例，雖然東漢時孔廟從祀已見端倪，但它發展成爲包含「配享」「從祀」的完整附祭制度，則是唐朝以後的事情。

　　唐貞觀二十一年（647），太宗下詔以二十二儒從祀孔廟：左丘明、卜子

〔註24〕黃進興：《優入聖域》，北京：中華書局 2010 年修訂版，第 186～251 頁。

夏、公羊高、穀梁赤、伏勝、高堂生、戴聖、毛萇、孔安國、劉向、鄭眾、杜子春、馬融、盧植、鄭玄、服虔、何休、王肅、王弼、杜預、范甯、賈逵總二十二座，春秋二仲，行釋奠之禮。〔註25〕唐玄宗開元八年（720），國子司業李元瓘奏請「十哲」從祀：「十哲弟子，雖復列像廟堂，不預享祀。何休、范甯等二十二賢，猶沾從祀，望請春秋釋奠，列享在二十二賢之上」，玄宗採納其建議，敕「悉預從祀」。〔註26〕

　　唐中葉以後，在王朝內憂外患的情勢之下，「知識、思想與信仰世界，出現了越來越劇烈的變化，佛教在上流社會的滲透，異族風氣在社會的彌漫，士人對於傳統思想的漠視，隨著實用政治、經濟與軍事的需要而在學術界引出的，普遍地對諸子等異端之學的興趣，使整個主流思想秩序也都臨近了崩潰」。〔註27〕為了穩定秩序，就要重建權威，韓愈的道統說應運而生，道統說將孟子塑造為儒學傳承中承上啓下的關鍵性人物，「斯道也，何道也？曰：斯吾所謂道也，非向所謂老與佛之道也。堯以是傳之舜，舜以是傳之禹，禹以是傳之湯，湯以是傳之文、武、周公，文、武、周公傳之孔子，孔子傳之孟軻，軻之死，不得其傳焉」，〔註28〕以此建構新的儒家歷史系譜，從而去除異端影響，恢復儒家學說在知識、思想和信仰世界的獨佔地位，這對後世思想影響深遠。

　　宋代，儒學重振基本上遵循韓愈開闢的「道統論」前進，由於韓愈著意突出孟子承先啓後的重要性，以致宋儒不分流派，紛紛以繼承孟子為志業。例如，北宋理學開宗大師程顥自謂：「孟子沒而聖學不傳，以興起斯文為己任」。〔註29〕程頤亦說：「孟軻死，聖人之學不傳」。〔註30〕南宋朱熹亦延續道統觀，他說：「嗚呼，自孔孟之云遠，聖學絕而莫繼。得周翁與程子，道乃抗而不墜。然微言之緝響，今未及乎百歲，士各私其所聞，已不勝其乖異」。〔註31〕

〔註25〕〔五代〕劉昫：《舊唐書》卷二十四，志第四，北京：中華書局 1975 年版，第 917 頁。

〔註26〕〔五代〕劉昫：《舊唐書》卷二十四，志第四，北京：中華書局 1975 年版，第 919 頁。

〔註27〕葛兆光：《中國思想史》第二卷，上海：復旦大學出版社 2001 年版，第 113 頁。

〔註28〕韓愈：《朱文公校韓昌黎先生集》卷之十一，四部叢刊景元刊本，第 163 頁。

〔註29〕程顥：《明道先生墓表》，《二程文集》卷十二，清文淵閣四庫全書本，第 116 頁。

〔註30〕程顥：《二程文集》卷十二，清文淵閣四庫全書本，第 114 頁。

〔註31〕〔清〕王懋竑：《朱子年譜》卷二，清文淵閣四庫全書本，第 60 頁。

在北宋，激進的實用之學掌握著話語權，居於廟堂的學術是王安石等新黨勢力代表的「新學」。此時誕生的理學僅是一種理想主義思潮，「是在處於邊緣地位的以司馬光爲代表的士大夫中間傳播，這批士大夫具有極高的文化聲望，卻被排斥於政治運作之外，中國思想世界出現了前所未有的政統與道統、政治中心與文化中心的分離」。〔註32〕

直到淳祐元年（1241），伊洛學派才榮登孔庭，理宗下詔：

> 朕惟孔子之道，自孟軻後不得其傳，至我朝周敦頤、張載、程顥、程頤，眞見時間，深探聖域，千載絕學，始有指歸。中興以來，又得朱熹精思明辨，表裏混融，使《大學》《論》《孟》《中庸》之書，本末洞微，孔子之道，益以大明於世。朕每觀五臣論著，啓沃良多，今視學有日，其令學官列諸從祀，以示崇獎之意。〔註33〕

理宗還採取一系列措施張揚理學，以改變士人風氣，「封周敦頤爲汝南伯，張載郿伯，程顥河南伯，程頤伊陽伯」，「戊申，幸太學謁孔子，遂御崇化堂，命祭酒曹豳講《禮記·大學》篇，監學官各進一秩，諸生推恩錫帛有差。制《道統十三贊》，就賜國子監宣示諸生」。〔註34〕表彰朱熹《四書》功業，「進《四書》而退《五經》」，《四書》的地位蓋過《五經》。一般認爲《大學》《中庸》作者曾子與子思遂在孔子廟廷步步高升，徽宗熙寧元年（1102），朝廷特追封子思爲「沂水侯」，緣其爲「聖人之後，孟氏之師，作爲《中庸》，萬世宗仰」。咸淳三年（1267）子思與曾子晉身孔殿，配享宣聖，自此，「四配」方位告定。〔註35〕

淳祐元年從祀的意義非凡，反映了儒學發展的學術動向。周、張、二程和朱熹被列入從祀名單，意味著「道學」在「道統」中的合法性得以確立，宋代理學由此從邊緣走向中心，獲得官方認可。

元皇慶二年（1313），仁宗「以宋儒周敦頤、程顥、顥弟頤、張載、邵雍、司馬光、朱熹、張栻、呂祖謙及故中書左丞許衡從祀孔子廟廷。」〔註36〕其

〔註32〕葛兆光：《中國思想史》第二卷，上海：復旦大學出版社 2001 年版，第 216～217 頁。
〔註33〕〔元〕脫脫：《宋史》卷四十二，本紀第四十二，北京：中華書局 1977 年版，第 821 頁。
〔註34〕〔元〕脫脫：《宋史》卷四十二，本紀第四十二，第 822 頁。
〔註35〕黃進興：《優入聖域》，第 224 頁。
〔註36〕〔明〕宋濂：《元史》卷二十四，本紀第二十四，北京：中華書局 1976 年版，第 557 頁。

中，僅許衡因賡續朱學有功，爲新近塡入，其它諸儒南宋末葉咸已從祀，但因當時南宋與北方政權隔閡，祀典互異，故元朝統一天下之後，才又有新命。〔註37〕

明朝更定孔廟從祀，其更動祀典、進退諸儒規模之巨，在孔廟發展史中堪稱絕無僅有。嘉靖九年（1530），「議文廟設主，更從祀諸儒，議祧德祖正太祖南向，議祈穀，議大禘，議帝社帝稷，奏必下璁議」。〔註38〕

張璁迎合帝意，上奏道：

> 先師祀典，有當更正者。叔梁紇乃孔子之父，顏路、曾晳、孔鯉乃顏、曾、子思之父。三子配享廟庭，紇及諸父從祀兩廡，原聖賢之心豈安？請于大成殿後，別立室祀叔梁紇，而以顏路、曾晳、孔鯉配之。……孔子宜稱先聖先師，不稱王。祀宇宜稱廟，不稱殿。祀宜用木主，其塑像宜毀。籩豆用十，樂用六佾。配位公侯伯之號宜削，止稱先賢先儒。其從祀申黨、公伯僚、秦冉等十二人宜罷，林放、蘧瑗等六人宜各祀於其鄉，后蒼、王通、歐陽修、胡瑗、蔡元定宜從祀。〔註39〕

嘉靖改制最能凸顯時代精神的是以「明道之儒」取代「傳經之儒」，在此價值取捨下，唐代貞觀年間從祀的經師紛紛遭受貶斥，其中不乏因細行而罷祀或改祀於鄉。例如，戴聖遭指控「治行不法，身爲贓吏」，劉向「喜誦神仙方術，流爲陰陽術家」，賈逵「附會圖讖，以致顯貴」，馬融「不拘儒者之節，獻頌以美（梁）冀」，何休「黜周王魯，異端邪說」，王弼「倡爲清談，專祖老莊」，王肅佐助「（司馬）昭篡魏」，杜預「以吏則不廉，以將則不義」。〔註40〕表面上看，以上儒生均是以德行不檢之理由遭到罷祀，反映了在理學影響下，道德標準趨於嚴格的狀況。從更深刻的底層學術原因分析，是因爲他們均爲「訓詁之儒」的身份。理學大明之後，《易》用程朱，《詩》用朱子，《書》用蔡氏，《春秋》用胡氏，以上注疏之儒不爲所用而遭罷祀。

「嘉靖改制」除以「存經」名目增祀后蒼之外，還以隋唐之際的王通與

〔註37〕黃進興：《優入聖域》，北京：中華書局 2010 年修訂版，第 224 頁。
〔註38〕〔清〕張廷玉：《明史》卷一百九十六，列傳第八十四，北京：中華書局 1974 年版，第 5179 頁。
〔註39〕〔清〕張廷玉：《明史》，卷五十，志第二十六，北京：中華書局 1974 年版，第 1298 頁。
〔註40〕黃進興：《優入聖域》，第 232 頁。

北宋初年的胡瑗從祀孔廟。二人促成「明道之儒」自立門戶，而不復依傍於「傳經之儒」之下。本來有宋一代適值經學、道學未分之際，從祀之儒「傳經」兼具「明道」，二者並不細分，唯胡瑗著述過少，今以德行踐履從祀，此例一開，「立德」優於「立言」，「明道之儒」有凌駕「傳經之儒」的趨勢。

萬曆十二年（1584），神宗下詔廷議陳獻章、胡居仁、王守仁從祀，禮部尚書沈鯉主張獨祀胡居仁，大學士申時行則請並祀三人，申辯未必著述方為有功於聖門，特別強調躬行實踐的重要：「聖賢於道，有以身發明者，比於以言發明，功尤大也。」〔註41〕申時行的申辯獲得神宗同情，隨即下詔以陳、胡、王三氏一體並祀。總之，萬曆從祀，陽明心學崛起，代表了道學趨向的多元化。

崇禎十五年（1642），除因左丘明曾親授經於孔子而改稱為「先賢」外，最值得注意的是周、張、二程、朱、邵六子亦升為「先賢」，位七十子之下，漢唐之儒之上，標志理學地位的大躍進。

概而言之，唐代從祀傳經之儒，體現了注疏之學的興盛；北宋王安石從祀孔廟，反映出「新學」高居廟堂，初生之理學則處於邊緣化；南宋淳祐廢祀王安石，從祀理學諸儒，「新學」在與道學交鋒中敗下陣來，理學地位直線上升；嘉靖孔廟改制「進退諸儒」，不以著述〔註42〕多少為判定標準，而是「立德」優於「立言」，使得「明道之儒」大有取代傳經之儒之勢，理學地位愈加穩固。崇禎年間，理學諸子升為「先賢」，理學趨於極盛。

三、清代的孔廟從祀

（一）清前中期的孔廟從祀

1、「崇儒重道」的基本國策

明末清初是一個「天崩地裂」的時代，也是一個倫理失範的時代，舊道德倫理秩序遭到了前所未有的破壞，重新確立一套思想信仰系統和倫理價值系統，成為當務之急。清統治者入關進而確立在全國的政治秩序以後，面臨著如何加強思想文化建設的問題。順治親政後，即把文化建設的歷史課題提上日程。順治九年（1652）九月，順治帝在太學舉行了隆重的「臨雍釋奠」大典，第二

〔註41〕《明神宗實錄》卷一五五，臺北：臺灣中央研究院歷史語言研究所 1962 年影印本，頁 5 上。

〔註42〕此處「著述」特指解經的文字。

年，又頒諭禮部，把「崇儒重道」作爲一項基本國策確定下來。

康熙親政後，對孔子更加尊崇。除了頻繁祭孔以外，還通過親祀跪拜孔子、經筵日講、研讀闡釋儒家經典、表彰理學等形式來尊崇儒學，尋求政權合法性的同時來建立自身「道統」形象。〔註43〕

康熙八年（1669）四月十五日，康熙帝親臨太學釋奠孔子，康熙宣制曰：「聖人之道，如日中天，講究服膺，用資治理，爾諸師生其勉之」。〔註44〕康熙二十三年（1684），康熙第一次南巡迴鑾時，繞道曲阜，親臨孔廟，舉行了隆重的祭拜孔子典禮，行三跪九叩首禮，對孔子後人說：

> 至聖之道與日月並行，與天地同運，萬世帝王咸所師法，下逮公卿士庶罔不率由。爾等遠承聖澤，世守家傳，務期行仁講義，履中蹈和，存忠恕以立心，敦孝悌以修行，斯須弗去，以奉先訓以稱朕懷，爾等其祇遵毋替。〔註45〕

康熙對孔子執弟子禮，向天下昭示異族政權傳承孔子儒學，發揚孔德，而與漢族政權治理天下一樣具有合法性。

康熙三十二年（1693），曲阜孔廟重修落成，康熙特命皇子胤祉、胤禛前往致祭，康熙作《重修闕里孔子廟碑文》，詔頒天下，曰：

> 朕惟大道昭垂，堯、舜啓中天之聖，禹、湯、文、武紹危微精一之傳，治功以成，道法斯著。至孔子雖不得位，而纂修刪定，闡精義於《六經》，祖述憲章，會眾理於一貫，爲往聖繼絕學，爲萬世正人心，使堯、舜、禹、湯、文、武之道燦然丕著於宇宙，與天地無終極焉。誠哉先賢所稱，自生民以來未有盛於孔子者也！〔註46〕

三代聖王「治功以成，道法斯著」，至孔子而使聖王之德治顯於天下。因此，康熙反覆強調要繼承孔子「道統」，實現儒家德治理想。

康熙九年（1670）十月，下令恢復翰林院，頒諭禮部，將清世祖制定的「崇儒重道」文化國策具體化，提出了「文教是先」的十六條聖諭。康熙十二年（1673），康熙諭禮部：

> 朕惟帝王敷治，文教是先，臣子致君，經術爲本。自明季擾亂，

〔註43〕見附錄三《歷代尊孔紀略》
〔註44〕《清文獻通考》卷七十六　學校考，清文淵閣四庫全書本，第1197頁。
〔註45〕《清文獻通考》卷七十三　學校考，清文淵閣四庫全書本，第1164頁。
〔註46〕王先謙：《東華錄》康熙五十二，清光緒十年長沙王氏刻本，第1402頁。

日尋干戈，學問之道缺焉未講。今天下漸定，朕將興文教，崇經術
以開太平，爾部即諭直省學臣，訓督士子，凡經學、道德、經濟、
典故諸書，務須研求淹貫，博古通今，明體則爲眞儒，達用則爲良
吏，果有此等實學，朕當不次簡拔重加任用。〔註47〕

尊崇孔子就要研讀四書五經，而經筵講讀便是帝王接受四書五經教育的重要
途徑。康熙鑒於前代筵講流於形式的弊端，要求寒暑照常進講，即便是在戎
馬倥傯之際也不例外。大臣進講前，他先講一遍，遇有可疑之處，與諸臣反
覆討論。康熙十年（1671）二月，康熙在太和殿舉行經筵典禮，工部尚書王
熙、翰林學士兼禮部侍郎熊賜履進講「《大學》『康誥曰克明德』章、《尚書》
『人心惟危、道心惟微』二句」。〔註48〕康熙聽熊賜履講解後頗有感慨。正是
以熊賜履爲代表的理學家們利用經筵日講的機會，向康熙灌輸儒家學說特別
是程朱理學，使理學觀念在統治者頭腦中紮下根來。在康熙心目中，聖賢之
君莫不尊崇、表彰、講明新理。康熙親自參與裁定《性理大全》，並爲《性理
大全》作序：

朕惟古昔聖王，所以繼天立極而君師萬民者，不徒在乎治法之
明備，而在乎心法、道法之精微也。執中之訓肇自唐虞，帝王之學
莫不由之。言心則曰：人心惟危，道心惟微。言性則曰：若有恒性，
克綏厥猷惟後。蓋天性同然之理，人心固有之良，萬善所以出焉。
本之以建皇極，則爲天德王道之純；以牖下民，則爲一道同風之治。
欲修身而登上理，捨斯道何由哉？〔註49〕

在帝王「心法、道法」中，最重要的便是宋儒之學。在康熙看來，「心法」以
「居敬」最爲核心，自稱「自幼喜讀性理書，千言萬語不外一敬字。人君治
天下，但能居敬終身行之足矣」。〔註50〕他還說：「辨析心性之理，而羽翼六
經，發揮聖道者，莫詳於宋諸儒。迨明永樂間命儒臣纂集《性理大全》一書，
朕常加翻閱，見其窮天地陰陽之蘊，明性命仁義之旨，揭主敬存誠之要，微
而律數之精意顯。而道統之源流，以至君德、聖學、政教、紀綱，靡不大小
兼賅，而表裏咸貫，洵道學之淵藪，致治之準繩也」。〔註51〕

〔註47〕《清文獻通考》卷六十九 學校考，清文淵閣四庫全書本，第 1087 頁。
〔註48〕〔清〕王士禛：《池北偶談》卷一，清文淵閣四庫全書本，第 2 頁。
〔註49〕《國朝宮史》卷三十五 書籍十四，清文淵閣四庫全書本，第 419 頁。
〔註50〕王先謙：《東華錄》康熙一百，清光緒十年長沙王氏刻本，第 1880 頁。
〔註51〕《國朝宮史》卷三十五 書籍十四，清文淵閣四庫全書本，第 419 頁。

康熙欽定程朱理學爲官方哲學，對朱熹又格外推崇。康熙五十一年
（1712），康熙諭內閣曰：「朕自沖齡，篤好讀書，諸書無不覽誦。每見歷代
文士著述，即一字一句於義理稍有未安者，輒爲後人指謫。惟宋儒朱子注釋
群經，闡發道理，凡所著作及編纂之書，皆明白精確，歸於大中。至正經今
五百餘年，知學之人無敢疵議。朕以爲孔孟之後，有裨斯文者，朱子之功最
爲宏巨」。〔註52〕廷臣奉旨議奏：「以朱子升配大成殿東序位，次先賢卜子下，
爲十一哲」，〔註53〕康熙下詔批准。從此，朱熹身躋孔廟正殿，飛躍漢唐以下
諸儒之上。

通過一系列尊孔儀式和強化儒學經典控制，康熙向天下宣示了滿族政權
對於「道統」的承襲。利用祭孔儀式，強化國家政治儀式對於社會向心力的
控制，從而形成社會對政權「治統」的普便認同。

2、雍正更定孔廟祀典

雍正帝亦不斷推尊孔子，尊崇儒學。雍正元年（1723），爲了表示對孔子
的敬重，雍正將「幸學」改爲「詣學」，諭稱：

> 帝王臨雍大典，所以尊師重道爲教化之本。朕攬史冊所載多稱
> 幸學，而近日奏章儀注相沿未改，此臣下尊君之詞，朕心有所未安。
> 今釋菜伊邇，朕將親詣行禮，嗣後一應奏章記注將幸字改爲詣字，
> 以審崇敬。〔註54〕

雍正二年（1724），「頒御書『生民未有』額於太學、闕里及天下文廟」。〔註55〕
他認爲，尊崇孔子、講明道術，是事關風俗人心以及國本是否穩固的根本大計：

> 治天下之要，以崇師重道，廣勵澤宮爲先務。朕親詣太學，釋
> 奠先師，禮畢，進諸生於彝倫堂，講經論學。凡以明道術、崇化源，
> 非徒飾圜橋之觀聽也。惟孔子道高德厚，萬世奉爲師表。〔註56〕

雍正深刻認識到儒學在維護社會政治秩序方面的重要意義，因此，他指出「崇
師重道」決不能做表面工夫，而要眞正時時講道，服膺聖教。

〔註52〕王先謙：《東華錄》康熙八十九，清光緒十年長沙王氏刻本，第1769頁。
〔註53〕王先謙：《東華錄》康熙八十九，清光緒十年長沙王氏刻本，第1769頁。
〔註54〕《世宗憲皇帝聖訓》，雍正二年甲辰二月辛酉上諭，清文淵閣四庫全書本。
〔註55〕李桂林：《（光緒）吉林通志》卷四十五　學校志二，清光緒十七年刻本，第752
　　　　頁。
〔註56〕李桂林：《（光緒）吉林通志》卷四十五　學校志二，清光緒十七年刻本，第753
　　　　頁。

為了更好的傳承儒學，雍正決定更定孔廟從祀體系，上諭：

> 其祔享廟廷諸賢，皆有羽翼聖經，扶持名教之功，然歷朝進退不一，而賢儒代不乏人，或有先罷而今宜復，舊缺而今宜增其從祀。崇聖祠諸賢，周、程、朱、蔡外孰應陞堂祔享者，並先賢先儒之後，孰當增置五經博士以昭崇報，均關大典，九卿、翰林、國子監、詹事科道會同詳考定議以聞。〔註57〕

廷臣集議後上奏：

> 蘧瑗、林放、秦冉、顏何、戴聖、何休、鄭康成、鄭眾、盧植、服虔、范甯十一人應復祀，樂正、公都子、萬章、公孫丑、諸葛亮、陸贄、韓琦、尹焞、黃幹、陳淳、何基、王柏、金履祥、許謙、陳澔、羅欽順、蔡清、陸隴其十八人應增祀，張載之父迪應增祀崇聖祠，伯牛、仲弓、冉有、宰我、子張、有若六人應增置五經博士。
> 〔註58〕

廷臣議奏內容並未令雍正滿意，雍正諭九卿等曰：「先儒從祀文廟，關係學術人心，典至重也。宜增宜復，必詳加考證，折衷盡善，庶使萬世遵守，永無異議」。〔註59〕雍正評論廷臣上奏的復祀和增祀名單：

> 爾等所議復祀諸儒，雖皆有功經學，然戴聖、何休未為純儒，鄭眾、盧植、服虔、范甯謹守一家言轉相傳述，視鄭康成之醇質深通似乎有閒。至若唐之陸贄，宋之韓琦，勳業昭垂史冊，自是千古名臣，然於孔孟心傳，果有授受而能表彰羽翼乎？其它諸儒是否允協，以及宰子、冉有增置博士之處，著再確議，務期至當不易。〔註60〕

廷臣再議之後，上奏：「戴聖、何休、鄭眾、盧植、服虔毋庸復祀，陸贄、韓琦毋庸增祀，宰子、冉有毋庸增置博士，餘如前議。又請將縣亶、牧皮、魏

〔註57〕 李桂林：《（光緒）吉林通志》卷四十五 學校志二，清光緒十七年刻本，第752頁。

〔註58〕 李桂林：《（光緒）吉林通志》卷四十五 學校志二，清光緒十七年刻本，第753頁。

〔註59〕 李桂林：《（光緒）吉林通志》卷四十五 學校志二，清光緒十七年刻本，第753、754頁。

〔註60〕 李桂林：《（光緒）吉林通志》卷四十五 學校志二，清光緒十七年刻本，第754頁。

了翁、趙復一併增祀」。〔註61〕

此次議奏結果終於使得雍正滿意，雍正下詔：「朕念先賢先儒扶持名教，羽翼聖經，有關學術人心，爰命九卿詳議。今諸臣參考周詳，評論公正，甚合朕心，著依議行」。〔註62〕雍正最後裁決增祀、復祀結果爲：

> 增祀縣亶、牧皮、樂正、公都子、萬章、公孫丑、諸葛亮、尹
> 焞、黃幹、陳淳、魏了翁、何基、王柏、陳澔、趙復、金履祥、許
> 謙、蔡清、羅欽順、陸隴其等二十人。復祀蘧瑗、林放、秦冉、顏
> 何、鄭康成、范甯等六人。以先賢仲弓、伯牛、子張、有若四人後
> 裔襲五經博士。又以先賢先儒位次，闕里及直省各學俱以時代爲序，
> 惟國子監向分先賢先儒，因通行直省，悉依國子監序列。〔註63〕

此次從祀人員的變動，完全執行雍正旨意，顯示出「治統」完全凌駕於「道統」之上，知識分子徹底失去了「道統」的話語權。

在雍正的提倡下，增祀儒者之中，程朱一系儒者佔據了十三位之多，包括宋儒尹焞、魏了翁、黃幹、陳淳、何基、王柏、趙復，元儒金履祥、許謙、陳澔，明儒羅欽順、蔡清，清儒陸隴其。這是遵從上意的結果，雍正在上諭中強調：從祀賢儒要有「羽翼聖經，扶持名教之功」，「凡務本力行之士，沐聖人之化，淬礪於天人性命之學者」，方可從祀。〔註64〕

此次從祀體系變動，是唐代以下最大規模的增祀舉動。乾隆帝稱此舉超越常制，「聖學高深，探性命之精，操治平之要，天德王道一以貫之，隆禮先師孔子，增祀先儒，右文重道之典，超越常制」。〔註65〕卻是繼承先王遺志，彰顯文治茂隆之舉，黃仁宇在《中國大歷史》中講道，「一般說來，滿清的君主之符合中國傳統，更超過於前朝本土出生的帝王。」〔註66〕雍正更定孔廟

〔註61〕 李桂林：《（光緒）吉林通志》卷四十五　學校志二，清光緒十七年刻本，第754頁。

〔註62〕 李桂林：《（光緒）吉林通志》卷四十五　學校志二，清光緒十七年刻本，第754頁。

〔註63〕 李桂林：《（光緒）吉林通志》卷四十五　學校志二，清光緒十七年刻本，第754頁。

〔註64〕 吳光西等撰，諸家偉、張文玲點校：《陸隴其年譜》，北京：中華書局1993年版，第199頁。

〔註65〕 《清文獻通考》卷二百二十　經籍考，清文淵閣四庫全書本，第3121頁。

〔註66〕 黃仁宇：《中國大歷史》，北京：生活·讀書·新知三聯書店，1997年，第221頁。

祀典，大規模增祀先儒，意義正在於凸顯外族政權對於孔學的尊崇程度絲毫不亞於漢族政權。

3、乾隆時期的孔廟從祀

乾隆二年（1737）上丁，「帝親視學釋奠」，在大成殿行三獻禮：

> 嚴駕出，至廟門外降輿。入中門，俟大次，出盥訖。入大成中門，升階，三上香，行二跪六拜禮，有司以次奠獻。正殿，分獻官升東、西階，入左、右門，詣四配、十二哲位前。兩廡分獻官分詣先賢先儒位前，上香奠獻畢。帝三拜，亞獻、終獻如初，釋奠用三獻始此。

> 其祭崇聖祠，拜位在階下。承祭官升東階，入左門，詣肇聖王位前上香畢。分獻官升東、西階，入左、右門，分詣配位及兩廡從位前上香，三跪九拜。奠帛、讀祝，初獻時行。凡三獻，禮畢。
>
> 〔註67〕

從此，清帝親自到國子監孔廟行釋奠三獻禮成為「恆式」。

乾隆三年（1738），頒御書「與天地參」額懸掛於太學、闕里及天下孔廟，又頒御製聯曰：「齊家、治國、平天下，信斯言也，佈在方策，率性修道，致中和，得其門者，譬之宮牆」。〔註68〕

乾隆二年（1737），甘汝來上奏請復元儒吳澄從祀，甘汝來稱：

> 臣竊惟表章先賢，乃盛世崇儒之曠舉，釐正祀典，尤聖王議禮之鴻模。伏考元儒吳澄，天姿英異，少時即知用力聖賢之學，致踐履之實，以道自任。因而著書立說，師表當世，其自勵則有勤謹敬和，自新自修，克己悔過，矯輕警惰等。銘其教學，則有《學基》《學統》等篇，又考證《孝經》，校定《易》《詩》《書》《春秋》，修正《儀禮》《戴記》，各有纂言。又校定《皇極經世》及《老莊太元樂律》等書，皆所以啟大教之堂奧，為後學之津梁者也。至其德性純粹，氣象尊容，言規行矩，可法可傳，施教成均，則師道尊重。進講經筵，則誠意深摯。昔人謂其進學之勇，見道之真，周、程、

〔註67〕 趙爾巽：《清史稿》卷八十四，志五十九，北京：中華書局1977年版，第2535頁。

〔註68〕 李桂林：《（光緒）吉林通志》卷四十五 學校志二，清光緒十七年刻本，第755頁。

張、朱莫或過之，非虛語也。……

今澄著述之功，彰彰具在，未便置之不論。茲欽逢我皇上崇儒重道，正禮明德，集道統之大成，晰群疑於千古，此時若不亟請復祀，則澄之眞儒實學終湮沒而不彰矣。合無仰懇飭下廷臣集議，將吳澄仍准入祀廟廷。不獨爲先儒表遺徽，將使正學日隆，人心胥勸，風聲所樹，洵足開萬世太平之基矣。〔註69〕

甘氏奏摺得到上諭批准，吳澄重新躋身孔廟。〔註70〕值得注意的是，甘氏爲吳澄請祀時，特別陳述吳澄「著述之功」，也就是在「傳經」方面的貢獻，這點是爲了迎合乾隆喜好。乾隆即位之初，即申明「以經學爲首重」，下旨廣泛刊佈聖祖時期官修諸經解，以經學考試生員，他說：「聖祖仁皇帝四經之纂，實綜自漢迄明，二千餘年群儒之說而折其中，視前明《大全》之編，僅輯宋、元經解，未免複雜者，相去懸殊。各省學臣，職在勸課實學，則莫要於宣揚聖教，以立士子之根柢」。〔註71〕這道諭旨明確宣佈朝廷倡導經學的主張，只是這時的經學，已經不僅僅是宋元經解了，而是欲綜「二千餘年群儒之說而折其中」的經學。最高統治者倡導於上，內外官僚等相唱和於下，天下士子積極響應號召，勢必對當時學術風尚的轉移產生重要影響，這也是程朱理學在雍、乾之際式微的一個重要表現。

乾隆三年（1738），尚書徐元夢奏請以有子升躋十二哲：「有子氣象大似聖人，諸弟子嘗欲以事孔子者事之，有子宜升哲位。時元夢並欲退冉有、宰我從祀兩廡，而升南宮適、子賤於堂」。〔註72〕乾隆下詔大學士鄂爾泰等議奏。鄂爾泰上奏稱：「以冉、宰兩賢，聖門高弟，侑饗千秋，豈容輕議。惟有子爲游夏諸賢所服，孟子亦稱其智足知聖。從前未躋十哲，似爲闕典，應如所請。南宮適、子賤升哲之說，似不可從」。〔註73〕乾隆允准，以先賢有子升哲位，

〔註69〕梁國治：《國子監志》卷五十四　藝文一，清文淵閣四庫全書本，第289、290頁。

〔註70〕乾隆將吳澄復祀是針對明朝嘉靖改制而來的，「嘉靖初，輔臣張璁引謝鐸之議，以澄生宋仕元，遂黜其祀」。見梁國治：《國子監志》卷五十四　藝文一，清文淵閣四庫全書本，第290頁。

〔註71〕王先謙：《東華續錄（乾隆朝）》乾隆三，清光緒十年長沙王氏刻本，第66頁。

〔註72〕李桂林：《（光緒）吉林通志》卷四十五　學校志二，清光緒十七年刻本，第755、756頁。

〔註73〕李桂林：《（光緒）吉林通志》卷四十五　學校志二，清光緒十七年刻本，第755、

列東序卜子之次，移朱子神位於西序顓孫子之次，「爲十二哲」。〔註74〕

作爲入主中原的少數民族政權，清廷對儒家文化的利用頗爲嫻熟，尊崇孔子和增加孔廟從祀者，是爲了表明自身既是「治統」之代表，又是「道統」之代表。

（二）晚清時期的孔廟從祀

道光以降，封建專制統治危機日趨嚴重，國內矛盾與國外矛盾交織在一起，愈演愈烈，整個統治階層腐朽不堪，官吏昏庸、政風腐敗，無力拱衛封建意識形態。因此，加強思想文化和意識形態控制，壓制反清思想的傳播，恢復綱常禮儀秩序，依然是清政府文化政策的重中之重，統治者出於挽救危局的需要，繼續提倡和強化崇儒重道的文化政策。爲此，統治者不斷強化「正學」權威，並積極利用孔廟從祀來加以鼓勵。

1、孔廟從祀與「扶持名教」

道光二年（1822），諭劉宗周從祀：「明臣劉宗周植品範官，致命遂志，實爲明季完人，其講學論心，著書立說，粹然一出於正，洵能倡明正學，扶持名教，劉宗周著從祀文廟西廡，列於明臣蔡清之次」。〔註75〕道光三年（1823），諭湯斌從祀：

> 原任尚書湯斌，學術精醇，順治年間有旨褒其品行清端。康熙年間有旨稱其老成端謹。至其政績卓著，則禁侈靡，興教化，舉善懲貪，興利除弊，官嶺北時擒獲巨寇，以靖地方。巡撫江蘇時毀不經之祀，化闓很之風，奏豁民欠，議減賦額。還京之日，部民送者十餘萬人。其它奏議忠言讜論，剴切詳明，正色立朝，始終一節。所學主于堅苦自持，事事講求實用，著書立說深醇篤實，中正和平，洵足倡明正學，遠契心傳。湯斌著從祀文廟東廡，列於明臣羅欽順之次。〔註76〕

道光帝看重湯斌在「禁侈靡，興教化」方面的貢獻，與當時的社會現狀有關，整個國家已是百弊叢生，社會中彌漫著崇尚腐化奢靡的不良風氣。道光帝決

---

756 頁。

〔註74〕李桂林：《（光緒）吉林通志》卷四十五 學校志二，清光緒十七年刻本，第 755、756 頁。

〔註75〕李桂林：《（光緒）吉林通志》卷四十五 學校志二，清光緒十七年刻本，第 757 頁。

〔註76〕李桂林：《（光緒）吉林通志》卷四十五 學校志二，清光緒十七年刻本，第 757、758 頁。

定從矯正人心風俗做起，力戒奢靡之風，倡行節儉，使臣民反本還淳，從而使得倉廩充溢，國庫豐贍。反映在孔廟從祀上，道光將湯斌從祀孔廟，是希望樹立「堅苦自持，講求實用」的教化典範，以供士人傚仿。

道光五年（1825），閩浙總督趙慎畛請以明儒黃道周從祀，「禮部擬准，其從祀文廟東廡，列羅欽順之次，得旨允行」。〔註77〕道光六年（1826），河南巡撫程祖洛請以明儒呂坤從祀，「禮部擬准，其從祀文廟西廡列蔡清之次」。〔註78〕同年，御史吳傑請以唐臣陸贄從祀，「禮部擬准，其從祀文廟東廡，列王通之次，均得旨允行」。道光八年（1828）御史張志廉請以孫奇逢從祀，「禮部擬准」，道光下詔「著從祀文廟西廡列於明臣呂坤之次」。〔註79〕

從道光五年（1825）到道光八年（1828）短短三年時間裏，道光帝連下詔旨，相繼將黃道周、呂坤、陸贄、孫奇逢從祀孔廟，認為他們足以「扶持名教」，不愧先儒。作為四民之首的士大夫階層，本應是綱常表率，不少人卻道德淪落，見利忘義，導致整個社會世風日下。道光帝接連允准名儒從祀，是鑒於「名教」衰微，風俗人心不古而採取的措施，試圖以此加強儒學教化作用，導人向善。

2、從祀歷史名臣

晚清時期，內憂外患，戰亂頻仍，社會失序，國家亟須治世名臣以應世變。咸豐年間，太平軍以勢如破竹之勢佔據江南半壁江山，統治者為了鼓勵士氣，注重表彰忠節，將歷史上著名的忠節之士從祀孔廟，以圖達到「獎忠義而勵儒頑」的效果，進而達到匡世救危的目的。

咸豐元年（1851），福建巡撫徐繼畬奏請以宋臣李綱從祀孔廟：

> 查歷代從祀諸儒，皆以德行純懿，有功經學者為要。至我朝康熙年間，以宋臣范仲淹從祀，始於道德學問之外，兼取經濟非常之才。蓋聖門政事之科，原與德行、文學並重，厥後雍正年間以漢臣諸葛亮從祀，道光年間以唐。列於從祀巨典，誠聖朝教忠之至意也。
> 〔註80〕

〔註77〕 李桂林：《（光緒）吉林通志》卷四十五　學校志二，清光緒十七年刻本，第758頁。

〔註78〕 李桂林：《（光緒）吉林通志》卷四十五　學校志二，清光緒十七年刻本，第758頁。

〔註79〕 李桂林：《（光緒）吉林通志》卷四十五　學校志二，清光緒十七年刻本，第758頁。

〔註80〕 〔清〕陸以湉：《李忠定公》，《冷廬雜識》卷三，清咸豐六年刻本，第67頁。

禮部議奏，建議准李綱從祀，認爲他身居高位，能夠「定傾扶危」，力排和議，「躬佐中興」，如李綱「可謂一世之偉人」，無論品學還是事功，都可與諸葛亮、陸贄、范仲淹、文天祥相媲美，因此應當「一體崇祀，以獎忠義」。〔註81〕最後道光帝以其「能扶危定傾，明體達用，……亮節純忠，炳著史冊」准予從祀。〔註82〕

咸豐二年（1852），河南巡撫李僡請以宋臣韓琦從祀，禮部擬准，道光下旨從祀：「宋臣韓琦，歷仕三朝，勳業彪炳。其生平學問經濟原本忠孝，我世宗憲皇帝、高宗純皇帝諭旨論贊，迭賜褒嘉，洵爲千古定論，宜膺懋典，俾列宮牆。韓琦著照部議，從祀文廟東廡，列於先儒陸贄之次，以勵忠誠而崇實學」。〔註83〕咸豐八年（1858），江蘇巡撫趙德轍請以宋臣陸秀夫從祀，禮部尚書肅順認爲陸秀夫能「正名定位，明春秋之大統」，「即使聖人復起，亦許進之門牆」，「況以盛世教忠，尤當隆其俎豆」，〔註84〕上奏請求准許陸秀夫從祀，得到咸豐帝批准。

各省請求從祀孔廟的奏摺越來越多，頗顯冒濫。在此情況下，咸豐十年（1860），清廷制定了具體的孔廟從祀章程，內容如下：

> 應以闡明聖學、傳授道統爲斷，嗣後除著書立說，羽翼經傳，真能實踐躬行者，准臚列專實奏請從祀外，其餘忠義激烈者入昭忠祠，言行端方者入鄉賢祠，以道事君澤及民庶者入名宦祠，概不得濫請從祀聖廟。其名宦賢輔已經配饗歷代帝王廟者，亦毋庸再請從祀，以示區別。〔註85〕

咸豐帝希望通過維繫「道統」的純潔性和嚴肅性來強化「政統」的威嚴性和神聖性。此後三年，各省凡請從祀孔廟的奏摺，均遭到禮部議駁，如宋儒黃震、元儒劉因，明儒呂維淇等都未能在此期間從祀孔廟。

3、從祀理學名儒

太平天國起義過後，清統治者有暇調整文化政策，繼續加強「正學」權

〔註81〕 〔清〕陸以湉：《李忠定公》，《冷廬雜識》卷三，清咸豐六年刻本，第67頁。

〔註82〕 〔清〕劉錦藻：《清續文獻通考》卷九十八 學校考五，民國景十通本，第1892頁。

〔註83〕 〔清〕劉錦藻：《清續文獻通考》卷九十八 學校考五，民國景十通本，第1892頁。

〔註84〕 《禮部尚書肅順等奏爲遵議是否准宋儒陸秀夫從祀文廟事》，軍機處錄副奏摺，檔號：03-4176-052，咸豐八年十二月初六日，中國第一歷史檔案館藏。

〔註85〕 劉錦藻：《清續文獻通考》卷九十八 學校考五，民國景十通本，頁1893。

威在正人心、厚風俗方面的作用。反映在孔廟從祀上，將大批「傳授道統」且「躬行實踐」的理學名儒從祀孔廟。

同治二年（1863），對咸豐十年（1860）的孔廟從祀章程加以補充：

> 禮部奏准祔饗廟廷，祀典至鉅。咸豐十年閏三月大學士軍機大臣遵旨議定，嗣後從祀文廟，應以闡明聖學，傳授道統爲斷，特恐各省官紳未能深悉歷次所奉諭旨，紛紛陳請從祀，殊非慎重之道。應請飭下各直省督撫學政恪遵十年等章，不得濫請從祀文廟，並不准援案。如爲文廟中必應從祀之先賢先儒，方准該督撫會同學政，詳加考核，奏明請旨。並將其人生平著述事迹送部查核，其欽定書籍中引用若干條，論贊若干條，先儒中引用若干條，論贊若干條，一併詳細造冊送部，不得僅據空言，率行陳請。均經飭下大學士九卿國子監，會同禮部議奏等因在案。〔註86〕

是年二月二十六日，御史劉毓楠認爲孔廟祔祀新章過於嚴格，擔優人心風俗有變，他說：「新定之章過嚴，如宋儒黃震等均經禮部議駁，士人皆以聖賢爲難，幾必至人心風俗日流於奇衺異端而不及覺」。〔註87〕劉毓楠的提議被咸豐帝責爲迂謬：「推該御史之意，必將舉古人之聚徒講學，著有《性理》等書者悉登諸兩廡之列，方足以資興起。而德行之儒，平日躬行實踐，師法聖賢，實爲身後從祀之計議論，殊屬迂謬，所奏著毋庸議」。〔註88〕顯然，清廷對孔廟從祀人員的資格審查權不會輕易放手。

孔廟從祀章程針對士人由學術而事功的價值實現模式，強調「傳授道統」並「躬行實踐」之儒才能從祀。上有所好，下必隨焉，地方官員爲先儒請祀時便從這兩點出發。浙江學政徐樹銘奏請先儒張履祥從祀孔廟，強調張履祥在講明正學方面的作用：「方今粵逆倡亂至十數載，始仗天威一旦掃蕩，而人民荼毒已不堪言。推原其故，皆由鄉無正人君子講明正學，化導愚頑，而異端之教從而簧鼓。……若得如楊園先生之安貧樂道，纂明聖教者，以爲表率，移風易俗，左券可操。倘蒙奏恩請施，准其從祀，……斯於今日風俗人心大

〔註86〕 朱壽朋：《東華續錄（光緒朝）》光緒七十三，清宣統元年上海集成圖書公司本，第 1925 頁。

〔註87〕 李桂林：《（光緒）吉林通志》卷四十五　學校志二，清光緒十七年刻本，第 759 頁。

〔註88〕 李桂林：《（光緒）吉林通志》卷四十五　學校志二，清光緒十七年刻本，第 759 頁。

有裨益」。〔註89〕光緒元年（1875），江蘇巡撫張樹聲請祀太倉鄉賢陸世儀，強調他守法程朱、躬行實踐：「鄉先賢陸世儀學務真知，功歸實踐，守程朱之正軌，居敬爲宗，闡孔孟之遺經。言皆有本辟異端而不爭門戶，談治道而淹貫古今。」〔註90〕最後，徐樹銘和張樹聲的奏請均被批准。

光緒十八年（1892），福建學政沈源深奏請以宋儒游酢從祀，認爲游酢的道德學問得二程眞傳，其人「足以闡明聖學，羽翼經傳」，其生平「允爲躬行實踐，非空言著作家可比」。〔註91〕光緒上諭批准。光緒年間還有清儒張伯行、宋儒輔廣以傳授道統得以從祀孔廟。

光緒、宣統時期，清廷承乾嘉餘緒，從祀了許愼（光緒二年，1876）、劉德（光緒三年，1877）、趙岐（宣統三年，1911），許愼以「《五經》無雙」望重士林，〔註92〕趙岐以對《孟子》的訓詁馳名，河間獻王劉德因修學好古，首開獻書之路，對搜尋、保存古經有功而從祀孔廟。光緒三十四年（1908），清廷還排除抗清的忌諱，以事關立憲前途爲由批准顧、黃、王三大儒從祀孔廟。

小　結

隨著孔子地位日漸提高，祭孔儀式越來越盛大和隆重，規制越來越高，逐漸由祭祀孔子發展爲主祭孔子，四配、十二哲、先賢先儒從祀的龐大規模。孔廟從祀，意在「佐其師，衍斯世之道統」，奉祀的對象是歷代儒家正統的繼承者。歷代儒者，因對「道統」的理解分歧，導致從祀標准變異紛紛，即歷代從祀人選標准隨儒家思想脈動而有所變遷，因此，從歷代從祀人選上可窺見一代儒學主流思想。而孔廟祭祀終究是官方祭典，儒者本身無法決定從祀人選，只有朝廷才可以「進退諸儒」，由此，孔廟從祀不僅可以反映儒學主流思想，亦可以窺見政治風嚮之變動，從而理解朝廷所代表的「政統」與從祀代表的「道統」之間的關係。

清統治者入關進而確立在全國的統治以後，即著手進行文化建設，確立一整套的思想信仰系統和倫理價值系統，以重建被戰爭破壞的統治秩序。清

〔註89〕《光緒桐鄉縣志》卷十三　人物上，清光緒十三年蘇州陶漱藝齋刻本。
〔註90〕《先儒陸子從祀文廟錄》，《思辨錄輯要》卷首，清光緒三年江蘇書局刻本。
〔註91〕朱壽朋：《東華續錄（光緒朝）》光緒一百十一，清宣統元年上海集成圖書公司本，第 2979 頁。
〔註92〕孫樹義：《文廟續通考》，上海：中華書局 1934 年鉛印本。

廷最終選中了程朱理學作爲統治哲學，確立了「崇儒重道」的基本國策，在尊崇孔子的同時，十分重視孔廟從祀在捍衛「治統」方面的作用。康熙諭令朱熹從先賢進升哲位，理學地位急劇擡高；雍正帝更定孔廟祀典，其中理學名儒佔據多數，理學作爲官方哲學的地位更加鞏固。

晚清時期，清政府內部統治腐敗，外部戰爭接連失利，被迫割地賠款、開放通商口岸，導致中國逐步淪爲半殖民地與半封建社會，主權受到嚴重損害，清廷威信一落千丈。人民負擔逐年加重，引發了一系列反抗運動，規模最大的太平天國運動，一度對清朝的統治構成了嚴重危脅。清統治者不得不反思和調整自身的文化政策，採取了一系列提高理學地位的措施，其中一個重要舉措即是從祀本朝理學名儒。

以下各章分別圍繞清代理學名儒陸隴其、孫奇逢、張履祥從祀孔廟問題展開。另外，顧、黃、王三大儒從祀孔廟是清代的從祀特例，能體現清末新政時期各派鬥爭的複雜場景，也具有研究意義，筆者亦設專章討論。

第二章　陸隴其從祀孔廟

　　陸隴其，名隴其，字稼書，浙江平湖人，生明崇禎三年，卒康熙三十一年（1630～1692）。康熙九年（1670）進士。康熙十四年（1675），被委任為江南嘉定（今屬上海）知縣，嘉定賦多俗侈，他到任後，抑制豪強，整頓胥役，深受鄉民愛戴。康熙十六年（1677）二月，被誣告「諱盜」罷官，「去官日，惟圖書數卷及妻織機一具，民愛之比於父母」，「嘉定民大駭，罷市，日號巡撫門乞留」。〔註1〕康熙十七年（1678），舉博學鴻儒，陸隴其未及應試，丁父憂歸。康熙二十二年（1683），左都御史魏象樞薦舉他補直隸靈壽（今河北靈壽縣）知縣，靈壽土瘠民貧，役繁而俗薄，且多水旱災情。陸隴其上任後，首先發動大家制訂「鄉規民約」，並興修水利，獎勵農墾，減免賦稅。康熙二十九年（1690），詔九卿學問優長品行可用者，陸隴其被授以四川道監察御史，康熙三十年（1691），他又上疏言民情時弊，因與權臣有利益衝突，部議去職，棄官歸里。康熙三十一年（1692）去世，終年六十三歲。

　　從陸隴其的經歷看，他雖進士出身而身居廟堂，官職並不高，之所以成為清朝第一個榮登孔廟之人，主要得力於他終身衛道，一生為尊朱黜王而努力，完全符合清統治者大一統之需要。如此，陸隴其具備從祀孔廟之條件，而從具備條件到登上孔廷仍需要很長時間和很多努力，以下即針對清初實學思潮與王學命運、陸隴其的學術思想、身後聲名擴展歷程、張伯行推尊陸隴其並力推其榮登孔廟加以論述。

〔註1〕趙爾巽：《清史稿》卷二百六十五，列傳第五十二，北京：中華書局 1977 年版，第 9935 頁。

一、清初實學思潮與王學命運

「實學」在中國不同的歷史時期具有不同的內涵，即使在同一時期，因學派不同而對其理解和闡釋也相異。實學，最早起源於程朱與佛、老的論辯中，程朱學派認爲「理」作爲宇宙的本源，是「實理」而非「虛理」，賦予「實學」以「實理」的含義，以區別於佛老的以「空」和「無」爲宗。〔註2〕「實學」經歷宋元明漫長歷史時期的發展，確定爲「實體達用」之學，即通過「實體」轉向「達用」。所謂「達用」，包括「經世實學」、「科技實學」、「啓蒙實學」和「考據實學」等多層次的含義。

到了明末清初時期，中國實學出現新一輪的興盛，其興起具有特定的時代性。明朝的滅亡與滿清王朝的建立，被看作是天崩地解的激烈動盪時代，其更替極大地刺激了漢族士大夫，迫使他們尋求振衰起興之路，清初實學即興起於這一獨特環境。在清初實學思潮中，有的以理學經世，有的以史治經，有的注重事功。顧炎武、黃宗羲等堪稱實學一代宗師，他們的實學主張突出表現在改革社會的一系列思想中。

顧炎武提出「經學即理學」，強調「道」和「器」密不可分，理學的「道」就在經學的「器」中，沒有經學的「器」就沒有理學的「道」，經學中的歷史和人物制度只要有補於世用，都應受到重視。

因此，顧炎武留心經世之學而反對內向的主觀的學問，他說：「愚所謂聖人之道者如之何？曰『博學於文』，曰『行己有恥』。自一身以至於天下國家，皆學之事也；……嗚呼！士而不先言恥，則爲無本之人；非好古而多聞，則爲空虛之學，以無本之人而講空虛之學，吾見其日從事於聖人而去之彌遠也。」〔註3〕顧炎武指出，王學末流流於心性清談，無關世務，無歷史使命和責任感。是「無本之人」和「空虛之學」，因此提出「博學於文」和「行己有恥」以救學風之弊。

黃宗羲作爲王陽明的同里後學，根底於王學而對王學有所修正。他說：「『致良知』一語，發自晚年，未及與學者深紉其旨，後來門下各以意見攙和，說玄說妙，幾同射覆，非復立言之本意。先生之格物，謂『致吾心良知之天理於事事物物，則事事物物皆得其理，以聖人教人只是一個行，如博學、審

<hr />

〔註2〕葛榮晉：《中國實學思想史》，首都師範大學出版社1994年版，第1頁。
〔註3〕顧炎武：《亭林文集》卷之三《與友人論學書》，《顧亭林詩文集》，中華書局1983年版，第41頁。

問、愼思、明辨皆是行也。篤行之者，行此數者不已是也。』陽明說致良知
於事事物物，致字即是行字，以救空空窮理，只在『知』上討個分曉是非。
乃後之學者，測度想像，求見本體，只在知識上立家當，以爲良知、則陽明
何不仍窮理格物之訓，而必欲自爲一說耶？」〔註4〕黃宗羲認爲致良知由於突
出強調了良知本體的先天存在性，導致王學後學的片面拓展，而忽視禮致良
知內涵的實踐工夫。黃宗羲批判王學末流脫離社會現實，因此提出了「致字
即是行字」，從而實現了對王學的有力修正。

　　顏元提倡實踐實用之學，一生反對王學的「虛心」工夫，認爲「虛心」
人爲的將「心」和「事」分開。他強調治「事」，認爲研究事物的學問才是有
用之學，他說：「天文、地志、律曆、兵機數者，若洞糾淵微，皆須日夜講習
之力，數年歷驗之功，非比理會文字可坐而獲也。」〔註5〕因此，他主張學問
要以有益於人生、有補於世用爲主。

　　清初學人源於現實刺激，批判王學，對王學末流實行革命或者修正，提
倡經世致用，發展實學，形成了一股新的學術風氣。在此種學風號召下，大
師輩出，新學派林立。他們因著力點在破壞舊學說，因此新建設的學說雖然
大氣磅礴，都有開山立派之勢，然而不免失於嚴密。隨著時勢的推移，清朝
統治趨於穩定，生長在清朝的後派學人對前朝的記憶愈來愈遠，加之統治者
對於儒學的推崇和提倡，學術界漸漸趨於平實，著力於建設健實有爲的學說。

　　陸隴其生長於清初批判王學、提倡理學的學風環境中，此種環境對他的
思想形成影響極大，再加上友人呂留良等人的感染，陸隴其「尊朱黜王」、踐
行一生。因爲他批判王學最爲嚴厲，維護道統最爲嚴格，因此，成爲有清一
代登上孔廟神壇的第一人。

二、與呂留良共力發明宋學

　　呂留良，字莊生，又名光輪，字用晦，號晚村，浙江石門人。生崇禎二
年，卒康熙二十二年癸亥（1629～1683）。順治十年癸巳，應科舉考試，爲諸
生。自此於家之梅花閣教子兼與友論學。論學諸友有餘姚黃梨洲兄弟等人，
以詩文相唱和。丙午放棄諸生身份，絕意此後不應科舉。「自是歸臥南陽村，

────────────

〔註4〕錢穆：《中國近三百年學術史》，商務印書館1997年，第27頁。
〔註5〕戴望：《顏氏學記》卷一，清同治十年冶城山館刻本，第20頁。

與桐鄉張考夫、監官何商隱、吳江張佩蔥諸人，共力發明宋學，以朱子爲歸」。
〔註6〕

　　呂留良多次懇請張履祥至其家教授其子，其間二人論學不斷。張履祥應允在呂家設館授業後，呂留良與其結交甚密，「持尊朱辟王之論益銳」。有人規勸其辟王之論過於尖銳後，呂留良回信辯護：

> 平生於此時不能含糊者只有是非二字。陽明以洪水猛獸比朱子，而以孟子自居。孟子是則楊、墨非，此無可中立者。……且所論者道，非論人也。論人則可節取恕受。在陽明不無足法之善。論道必須直窮到底，不容包羅和會，一著含糊，即是自見不的，無所用爭，亦無所用調停也。……從孔、孟、程、朱，必以辨明是非爲學，即從陽明家言，渠亦直捷痛快，直指朱子爲楊、墨，未嘗稍假含糊也。然則不極論是非之歸，而務以混容存兩是，不特非孔、孟、程、朱家法，即陽明而在，亦以爲失其借機把柄矣。〔註7〕

在呂留良看來，學術沒有中立立場，維護道統不能有稍許含糊。陸隴其在與呂留良會面之前，「尊朱黜王」思想尚未完全定型。順治十八年（1661），陸隴其時年三十二，他作《告子陽明辨》，其中說：「告子不是如禪家守其空虛無用之心，不管外面，只是欲守一心，以爲應物之本，蓋即近日姚江之學。然不能知言養氣，故未免自覺有不得處。雖覺有補得，終於固守其心，絕不從言與事上照管。……大抵陽明天資高，故但守其心亦能應事」。〔註8〕當時他對陽明之批判尚不激烈，認爲陽明之學雖然空虛無用，但是陽明本人畢竟天資高而且事功斐然。

　　康熙二年（1663），陸隴其寫作完成《增訂四書大全》，由其弟子刻版流傳於世，他晚年自稱此書瑕疵甚多，因此所刻書稱《舊本大全》。陸隴其所稱瑕疵，是因爲「輯是書時，於程、朱諸儒之書，猶未便閱。嘉、隆以後，改頭換面，似是而非之說，猶未盡燭其蔜，去取猶有未愜意者」〔註9〕他所稱的改頭換面之說當指王學末流，也就是說陸隴其晚年認爲他早年因爲對程朱之學認識不深，導致對王學之危害批判不夠。

〔註6〕錢穆：《中國近三百年學術史》，商務印書館1997年，第77頁。

〔註7〕錢穆：《中國近三百年學術史》，第83頁。

〔註8〕張天傑：《清初理學家的『由王返朱』心路轉換》，《陽明學刊》2015年3月。

〔註9〕吳光西等撰，諸家偉、張文玲點校：《陸隴其年譜》，北京：中華書局1993年版，第22頁。

在讀了呂留良之書尤其是與呂留良會面論學後，陸隴其的「黜王」立場定型，終其一生而不悔。「余於壬子五月，始會東莊於郡城旅舍，諄諄以學術人心爲言。曰：今之人心，大壞至於此極，皆陽明之教之流毒也。……一時之言，皆有關係，予所深佩服者。」〔註10〕

二人在嘉興相會之後，往來論學甚爲融洽，甚至在授予嘉定知縣後，「商出處於晚村」，向呂留良詢問是否就職，「晚村勸其勿出，稼書不能從」。〔註11〕陸隴其雖未聽從呂留良的意見，然而側面反映出陸隴其遇事會詢問呂留良，說明呂留良在他的心目中佔有相當重要的地位。

陸隴其在爲呂留良書寫的祭文中再次表達了對他的崇敬之情：

> 先生之學，已見大意。闢除蓁莽，掃去雲霧。一時學者，獲觀天日，獲遊坦途，功亦巨矣。天假之年，日新月盛，世道人心，庶幾有補，而胡竟至於斯耶？自嘉、隆以來，陽儒陰釋之學起，中於人心，形於政事，流於風俗。百病雜興，莫可救藥。先生出而破其藩，拔其根，勇於賁、育。我謂天生先生，必非無因，而胡遽奪其年耶？

> 某不敏，四十以前，亦常反覆於程、朱之書，粗知其梗概，繼而縱觀諸家之錄語錄，秕糠雜陳，璠珠並列，反生淆惑。壬子癸丑，始遇先生，從容指示，我志始堅，不可復變。〔註12〕

陸隴其專門致信呂留良之子呂無黨，敦促其子將晚村遺著彙集成編，繼承父志，將程朱正學發揚光大：「尊公闢邪崇正之學，悲時閔世之心，主於隨事指點，其往往散見於時文之評，而未有成編，足下讀《禮》之暇，亦輯其關係世道者叢爲一書，如《河津讀書錄》《餘干居業錄》之例。若聽其散於時文中，闌綴明珠於敗絮，恐難垂久遠。或更有微言奧義，未經問世者，總收拾於一書中，以成千秋之物，此純孝第一事也。」陸隴其在信中誠意款款，本意想親往弔唁，無奈路途阻隔，特地致信一封，表達對呂留良的懷念和敬意：「聞訃痛悼，非爲私悲，爲斯道慟。即欲走一介奉慰，而南北間隔，蹉跎至今。茲因便中附寄小文一首，微禮一函，乞致几筵。冥冥之中，當不我棄也。至

〔註10〕陸隴其：《松陽存抄》卷下，第11頁，《陸子全書》本，浙江書局同治七至九年版。

〔註11〕錢穆：《中國近三百年學術史》，第84頁。

〔註12〕吳光酉等撰，褚家偉、張文玲點校：《陸隴其年譜》，第94、95頁。

於尊公未竟之業，將來責在足下，伏惟爲道節哀。」〔註13〕

陸隴其指出，呂留良之死，是程朱之道的一大損失，自己之所以痛感萬分，是因爲失去了一個「黜邪崇正」的學術摯友和盟友，還爲程朱理學失去一個堅實的衛道士而惋惜。

三、「尊朱黜王」

（一）「黜王」不遺餘力

陸隴其一生奉理學爲正宗，認爲孔孟之道至朱熹而大明，強調「居敬窮理」，以儒學指導世道人心。宗朱學爲正學，尤其反對王陽明的假「良知」說，抨擊王學是「陽儒陰釋」之學，「陽明之所謂『良知』，即無善無不善之謂也，是佛、老之糟粕也，非孟子之『良知』也，何妙悟之有？支離之弊，正由見聞未廣善惡未明耳。掃見聞掃善惡以洗之，支離愈甚矣」！〔註14〕

在陸隴其看來，王學的「良知」說支離破碎，是假託儒學之名的禪學異端，當然不是儒學正統。他進一步指出這樣的學術暢行天下對於社會風氣的破壞作用：

> 自陽明王氏，目爲影響支離，倡立新說，盡變其成法。知其不可，則又爲《晚年定論》之書，援儒入墨，以僞亂眞。天下靡然響應，皆放棄規矩，而師心自用，學術壞而風俗氣運隨之，比之清談禍晉，非刻論也。〔註15〕

他甚至將明朝滅亡歸因於王學，他說：「明之天下，不亡於寇盜，不亡於朋黨，而亡於學術。學術之壞，所以釀成寇盜、朋黨之禍也」，〔註16〕「考有明一代盛衰之故，其盛也，學術一而風俗淳，則尊程朱之明效也。其衰也，學術歧而風俗壞，則詆程朱之明效也。每論啓禎喪亂之事，而追原禍始，未嘗不歎息痛恨於姚江。故斷然以爲今之學，非尊程朱、黜陽明不可。」〔註17〕

因此，後世學人應當明白王學之弊，進而揭露王學之害，不可因爲陽明之功業而掩蓋其學：

〔註13〕吳光西等撰，褚家偉、張文玲點校：《陸隴其年譜》，第95頁。
〔註14〕吳光西等撰，褚家偉、張文玲點校：《陸隴其年譜》，第91頁。
〔註15〕吳光西等撰，褚家偉、張文玲點校：《陸隴其年譜》，第98頁。
〔註16〕陸隴其：《學術辨上》，《三魚堂集》卷二，清康熙刻本，第12頁。
〔註17〕陸隴其：《周雲虯先生四書集義序》，《三魚堂集》卷八，清康熙刻本，第100頁。

今之君子，往往因其功業顯赫，欲爲迴護，此誠尊崇往哲之盛
心，然嘗聞之前輩所紀，載其功業，亦不無遺議，此姑無論。即功
業誠高，不過澤被一時，學術之辟，則禍及萬世，豈得以此而寬彼
哉？且陽明之功，孰與管敬仲？敬仲之九合一匡，孟子羞稱之，而
況陽明乎？〔註18〕

陸隴其認爲，管仲九合諸侯、一匡天下，其功業遠在王陽明之上，孟子尚且
認爲其功德不圓滿。因此，不能因爲王陽明的一點事功而掩蓋其學術危害後
世的事實。由此可見陸隴其批判王學之激烈程度。王學末流陷於空談，導致
自身發展受到限制，然而將明朝滅亡歸於王學卻有失偏頗，不免又流於學派
紛爭之一端。

　　陸隴其爲了爭得朱子正統，極力宣傳辟王著作和學說。他向湯斌推薦他
自己的著作《學術辨》，向范彪西推薦陳建《學蔀通辨》和張烈的《王學質疑》。

　　康熙二十二年（1683），湯斌與陸隴其會面時，湯斌詢問他，「今學者好
排擊先儒，不知應如此否？」〔註19〕陸隴其沒有正面回答，而是過幾個月後
用一封長信表面了自己的態度，隨信寄去了自己的尊朱辟王得意之作《學術
辨》。他說：雖然「知先生素敦淳古之風，不欲學者詆毀先儒，以開澆薄之
門」，因此見面之時沒有直陳所見，然而「辨別是非者」，乃「學者之急務」，
他有責任爲之申辯：

若以詆毀先儒爲嫌，則陽明固比朱子於楊墨洪水猛獸矣。是古
之詆毀先儒者，莫若陽明若也。今黜陽明，正黜乎詆毀先儒者也，
何嫌何疑乎？學術之害，其端甚微，其禍最烈。故自古聖賢，未嘗
不謙退，貴忠厚，而於學之同異，必兢兢辨之，其所慮遠矣！〔註20〕

康熙二十七年（1688），范彪西寄給陸隴其新著《理學備考》，陸隴其閱完之
後，發現其中論點頗有爲王學迴護的字句，趕緊回信指出范書觀點的失誤。
《理學備考》書內有「『性理也，心氣也』，陽明言無善無惡心之體，非言性
無善無不不善。以無善無不善爲性者」。他說，「陽明不曰心即理乎？何可掩
也？大抵昔之爲王學者樂其病，今之爲王學者掩其病」。〔註21〕陸隴其表示
對范書中的觀點「學問只怕差，不怕異」不敢苟同，請其看以下著作：

〔註18〕吳光西等撰，褚家偉、張文玲點校：《陸隴其年譜》，第98頁。
〔註19〕吳光西等撰，褚家偉、張文玲點校：《陸隴其年譜》，第88頁。
〔註20〕吳光西等撰，褚家偉、張文玲點校：《陸隴其年譜》，第99頁。
〔註21〕吳光西等撰，褚家偉、張文玲點校：《陸隴其年譜》，第160頁。

嘉靖中廣東陳清獻先生有《學蔀通辨》一書，備言其弊，不識
先生曾見之否？近有舍親刊其書，謹以呈覽。又有大興張武承烈著
《王學質疑》一編，言陽明病痛，亦深切著明。僕新爲刊之，今並
附呈。區區之意，非欲效世儒之聚訟也，但不分別路徑，恐學者不
知所取捨。〔註22〕

陸隴其不僅排斥王學，而且對於調和陸王的論點也加以駁斥。康熙十七年
（1678），他從同鄉好友邵靜山借閱孫奇逢的《理學宗傳》後指出，「其書混
朱、陸、陽明而一之，蓋未知《考正晚年定論》也。但慈湖、龍溪、近溪、
海門，則列在末卷補遺之中，蓋亦知其非矣。」〔註23〕

他晚年與諸生講學之時，不斷強調對王學不能有絲毫的迴護，更不能將
王學和朱子學渾然不分，他說，假如以「程、朱之意，解姚江之語」，其危害
尚小；但如以「姚江之意解程、朱之語」，「此則直欲誣程、朱，其罪更大。」
他還具體舉例指出陽明心學無法達孔子之道的具體實例：

昔人云：「進思盡忠，進退思補過」，此與夫子主忠信徙義之意
向。我人存一志誠無偽之心，進而有爲，可謂忠矣。然其間輕重緩
急，過差而不合於義者盡多，故進思補過，主忠信者，必徙義，陽
明以致良知爲學，豈知此哉。〔註24〕

（二）一以朱子為尊

陸隴其極力稱讚朱子之功，認爲要想眞正懂得孔子之道，必須認眞研讀
程朱之學。朱子得孔孟眞傳，其學說盡善盡美，今之學者無需意義，只需認
眞研讀即可，「竊以爲孔孟之道，至朱子而大明，……其它經傳，凡經考訂者，
悉如化工造物，至矣，盡矣」。〔註25〕「自堯舜而後群聖輩出，集群聖之大成
者孔子也，自秦漢而後諸儒輩出，集諸儒之大成者朱子也。朱子之學即孔子
之學」。他指出，

隴其嘗竊以爲孔、孟之道，至朱子而大明。其行事載於年譜、
行狀；其言語載於《文集》《語類》；其示學者切要之方，則見於《四
書集注》《或問》《小學》《近思錄》。其它經傳，凡經考訂者，悉如

〔註22〕吳光西等撰，褚家偉、張文玲點校：《陸隴其年譜》，第160頁。
〔註23〕吳光西等撰，褚家偉、張文玲點校：《陸隴其年譜》，第59頁。
〔註24〕吳光西等撰，褚家偉、張文玲點校：《陸隴其年譜》，第108頁。
〔註25〕吳光西等撰，褚家偉、張文玲點校：《陸隴其年譜》，第98頁。

化工造物，至矣，盡矣，不可以有加矣。學者捨是而欲求孔、孟之道，猶捨規矩準繩而欲成室也，亦理所必無矣。是故前朝以其書列於學宮，使學者誦而法之，其背叛乎此者，雖有異敏才智，必黜而罪之。〔註26〕

陸隴其接著指出，有明一代之制，此制最美，效果最嘉，「方其盛時，師無異教，人無異論，道德一而風俗淳」，如此良制，「雖百世可守也」。〔註27〕因此，為了保持政治清明，風俗美善，希望「有不宗朱子之學者，當絕其道，勿使並進」。〔註28〕

他指出，朱子論讀書法雲：「書只貴讀，縱然看過，心裏思量過，也不如讀。讀來讀去，少間曉不得的，自然曉得。已曉得者，越有滋味，某舊苦記文字不得，後來只是讀，今之記得這，皆讀之功也。」又說：「讀書之法，循序而漸進，熟讀再精思」。對陸象山的「六經皆我注腳」論點痛加批判，「率天下之人而禍六經者，必此言也」。〔註29〕

在研讀朱子之道的過程中，陸隴其十分重視朱熹致知和格物關係的處理方法。他繼承了朱熹「即物窮理」的思想。他說：「夫格物可以致知，猶食所以飽也。今不格物而自謂有知，則其知者，妄也；不食而自以為飽，則其飽者，病也」。〔註30〕要求學者「講致知格物見朱子用力之方，云或考之事為之著，或察之念慮之微，或求之文字之中，或索之講論之際，愚意此四句中皆有學問思辨在」。〔註31〕

他認為要在學問思辨中致知，人情事變上窮理。根據朱熹「太極」論，「夫太極者，萬理之總名也。在天則為命，在人則為性，在天則為元亨利貞，在人則為仁義禮智。以其有條而紊，則謂之理；以其為人所共由，則謂之道；以其不偏不倚無過不及，則謂之中；以其真實無妄，則謂之誠；以其純粹而精，則謂之至善；以其太極而無以加，則謂之太極。名異而實同也」。得出人性修養，即仁義禮智信之道德離不開日常生活的點滴感悟，「學者誠有志乎太

〔註26〕吳光酉等撰，褚家偉、張文玲點校：《陸隴其年譜》，第98頁。
〔註27〕吳光酉等撰，褚家偉、張文玲點校：《陸隴其年譜》，第98頁。
〔註28〕陸隴其：《三魚堂外集》，《四庫全書》（第1325冊），上海：上海古籍出版社1987年，第240頁。
〔註29〕吳光酉等撰，褚家偉、張文玲點校：《陸隴其年譜》，第60頁。
〔註30〕陸隴其：《古之欲明節》，《松陽講義》卷一，清文淵閣四庫全書本，第4頁。
〔註31〕陸隴其：《三魚堂剩言》卷五，清文淵閣四庫全書本，第16頁。

極，惟於日用之間時時存養，時時省察，不使一念之越乎理，不使一事之悖乎理，不使一言一動之踰乎理，斯太極存焉」。〔註32〕

陸隴其主張學術必須致於實用，把學問和所認識的真理真正融化到人的日常生活中去，用以指導自己的生活，使自己成為一名既有道德又有事功的儒家理想人物。陸隴其尊程朱還源於他對學術興衰關係國家興亡，關係世道人心之大事的認識，「世運之盛衰，風俗實為之。而所以維持風俗，使之淳而不澆，樸而不侈者，則惟觀乎上之政教何如耳！三代之時，非無澆漓侈奢之民也。然而道德一而風俗同者，其政教得也」。〔註33〕

陸隴其堅守程朱，克己教人，雖然在學術史上於程朱之學並無多發明，然而因其維護「道統」的尊嚴，強調程朱學中仁義禮智信之道德修養，以此維護社會風俗醇善，符合統治者樹立典型進行社會教化的需要。因此，他死後享受哀榮，聲名和影響步步擴展，最終成為有清一代第一個從祀孔廟的本朝先儒。

四、身後奉祀

（一）鄉賢祠、名宦祠奉祀

孔廟祭祀作為對先師孔子及配享、從祀先賢、先儒表達追思情懷的隆重儀式，自兩漢以後規格越來越高。唐宋科舉取士以後，儒生將身後能夠登上孔子廟堂視為最高榮譽。只要可以從祀孔廟，本人可以與歷朝聖賢一同享受後世帝王將相和儒家知識分子的膜拜，可以光宗耀祖、蔭蔽子孫後代。

然而，能夠進入孔廟從祀諸儒行列之人，畢竟少之又少，而且遴選程序相當複雜，並不是有德行和有功業之人就能夠成功，還需要有合適的時機和帝王的首肯。因此，社會中存在的各類複雜的祭祀系統，便可以一定程度上滿足儒生的思想欲求。清代地方設有名宦祠、鄉賢祠、昭忠祠、賢良祠等。其中，鄉賢祠、名宦祠是地方廟學的組成部份，就設在廟學之中，與孔廟中的先師先儒們比鄰而居，位置特殊，目的是昭示後學、以行教化。

鄉賢祠、名宦祠祭祀和孔廟祭祀一樣，具有重要的政治教化功能和社會教育功能，不僅是向先賢表示敬意和哀思的宗教形式，更是學校教育的一種特殊形式。鄉賢祠、名宦祠的祭祀對象主要是本地先賢，即本地儒生中「德

〔註32〕吳光西等撰，褚家偉、張文玲點校：《陸隴其年譜》，第123頁。
〔註33〕陸隴其：《陸稼書先生文集》，北京：中華書局1985年，第48、49頁。

業學行著於世者」。〔註34〕通過對賢士大夫的祭祀，起到崇德、報功、尚賢的作用，激勵後人以他們爲榜樣，勤勉向上，造福一方。因爲祭祀的特殊地理位置以及祭祀的官方性，實際起了爲孔廟從祀提供候選人的作用。

　　陸隴其去世第二年，即康熙三十二年（1693），平湖官紳將其入祀鄉賢祠：

　　　　癸酉春，平湖令呂猶龍、學博謝師昌，仰慕先生學術人品俱極醇正，詳請崇祀鄉賢。學院鄭公開極批云：陸宦學本程、朱，政兼召、杜。闡精微於絳帳，典則猶存，布慈惠於花封，謳歌猶在。建議皆關名教，著述具有淵源。允宜俎豆於千秋，以作儀型百代。邑令率紳士於三月奉主入鄉賢祠。

同年，嘉定官紳將陸隴其入祀名宦祠：

　　　　嘉定縣據諸生時玘授等，爲千秋理學正宗，百代循良極則等事，詳請崇祀名宦，江南巡撫宋公塋批云：顧侍御原任嘉定縣令陸諱某，清嚴一介，操凜四知。理學得濂、洛之宗傳，撫字有龔、黃之遺愛。既立言而立德，亦正己以正人。允愜輿情，如詳附祭。……嘉定令周仁率紳士於三月奉主入名宦祠。〔註35〕

清世祖入主中原後，即下令建立鄉賢祠，鑒於明朝後期濫祀鄉賢的教訓，規定：「名宦、鄉賢，風教所關，提學官遇有呈請，務須核實確據，若有受人請求妄舉者，師生人等即以行止有虧論。其從前冒濫混雜者，徑自革除」。〔註36〕整頓鄉賢、名宦祠，嚴格控制入祀程序和標準，說明統治者對鄉賢名宦祭祀的重視。

　　順康時期，由於特殊的時代背景，朝廷迫切需要通過祭祀忠義之士來宣揚忠君愛國思想。所以鄉賢名宦祠的祭祀對象很多都是忠臣義士。另外，順治、康熙推崇儒家學說，尤其是程朱理學，因此，理學之儒在這一時期容易進入鄉賢祠享受祭祀。某儒生要入祀鄉賢祠，一般是要在死後若干年後才被允許，期間需要經歷長時間考驗，但陸隴其在去世不久便被批准入祀平湖鄉賢祠，說明了陸隴其作爲平湖理學名儒的身份得到地方官員的肯定。官方選

〔註34〕俞汝楫：《禮部志稿》卷85，《嚴名宦鄉賢祀》，影印《文淵閣四庫全書》本，臺北，臺灣商務印書館1986年版。

〔註35〕吳光西等撰，褚家偉、張文玲點校：《陸隴其年譜》，197～198頁。

〔註36〕《大清會典則例》卷七十一　禮部，清文淵閣四庫全書本，第1147頁。

中陸隴其，是因爲他謹守程朱、操守清高，將其入祀鄉賢祠，可以勸導人們積極向善，爲後人樹立學習的榜樣和模範，這亦是清初統治者拉攏人心的一項重要策略。

（二）鴛湖書院祠堂奉祀

書院是我國古代一種特殊的教育組織形式，最早出現在唐朝，開始是地方民間教育機構，後來隨著時代發展成爲半官半民間的教育組織。清初統治者抑制書院的發展，逐漸將其產田和機構併入官學。然而自康熙年間開始，官方對書院發展已經相當寬鬆，各地書院興起。除了官方興辦書院以外，地方士紳舉辦書院亦屢見不鮮，如福州鼇峰書院、浙江鴛湖書院、江蘇紫陽書院等。

書院承擔著培養人才和引導學術風尚、促進社會進步的重要作用。由於書院的特殊性，書院各個學派並立，對各個時期的教育內容、宗旨、原則和方法提出過相當有價值的見解，豐富了我國古代教育的理論。祭祀作爲書院教育的重要教育內容之一，是書院對生途進行德化教育的重要手段之一。

浙江嘉興鴛湖書院是嘉興郡守吳永芳爲陸隴其而專門創辦的。康熙五十四年（1715）夏，嘉興郡守吳永芳以陸隴其「理學深醇，爲本朝第一人」，爲其請求從祀孔廟。吳永芳說：陸隴其「居官以正，律己以嚴，幼而讀書，不夠嚬笑；長而敬業，惟在躬行。孔、孟之微言，闡揚備至」，他不但是「兩浙之完人」，更爲「四海之賢士」，因此應當「位列先儒之後」，用崇正學，「俾澤永千秋，慶流百世，不獨闔省踊躍不已，而天下皆仰慕無窮矣」。〔註37〕撫院徐元夢以「本朝之人，未有從祀之例」而未從所請。吳永芳因此建鴛湖書院，專門奉祀陸隴其，以擴大其影響力而謀後圖：

> 於後樓三楹設主以祀先生，旁列生徒齋舍，延文行之士爲之師，無遠近皆得就學，器用之需咸備具焉。又與二三邑長捐置義田，量其歲之所入爲學師修脯之資，其餘以葺院宇，給司閽之口食，仍刊列一編，疊敘文案，俾永遠以遵守。〔註38〕

吳永芳講明鴛湖書院專門奉祀陸隴其的原因，是要發揚「正學」以爲國家儲備人才：

〔註37〕吳光酉等撰，諸家偉、張文玲點校：《陸隴其年譜》，198～199 頁。
〔註38〕許瑤光、吳仰賢纂：《嘉興府志》卷八 學校一 書院，清光緒五年刻本，第 30 頁。

> 鴛湖胎靈孕異，實人文之淵藪，子弟平時受業父兄之教，耳濡
> 目染，原能有所成就，今更得彙聚一堂，日奉先儒之範，讀其遺書，
> 景其懿行，且與賢師友講明以切究之，譬之業百工者居其肆以成其
> 事，而益進於廣大高明之域，於以繼美正學爲朝廷儲大有用之材，
> 是又邦家之光而都人士之所以增慶也。〔註39〕

吳永芳自稱鴛湖人文淵藪，風氣良善，得以生於斯長於斯深感自豪，鴛湖書院奉祀陸隴其，使鴛湖子弟可以觀其遺容，效法其德行，互相研討學問，有如百工彙聚切磋技藝，學業日日增進，如此進可爲國家培育棟樑之才，退可光耀門楣，爲地方增光添彩。

　　在未能請祀成功的條件下，選擇在書院中奉祀不失爲一種絕好方法，因爲孔廟祭祀具有嚴格的身份限制，其參與者必須是官員、官學教職人員和官學學生（即有科舉功名的人），一般人無法進入其中接受訓導。而書院的祭祀活動則不同，一般讀書人和書院學生皆可參與其中。雖然沒有史料記載鴛湖書院具體的祭祀儀式，但是另外奉祀陸隴其的書院即東林書院，在書院志中記載了祭祀的會約儀式：

> 一、每年一大會，或春或秋，臨期酌定，先半月遣帖啓知。每月一小會，
> 　　除正月、六月、七月、十二月祁寒盛暑不舉外，二月、八月以仲丁
> 　　之日爲始，餘月以十四日爲始，會各三日，願赴者至，不必編啓。
> 二、大會之首日捧聖像懸於講堂。午初擊鼓三聲，各具本等冠服，詣聖
> 　　像前行四拜禮。隨至道南祠，禮亦如是。禮畢，入講堂，東西分坐。
> 　　先各郡縣，次本郡，次本縣，次會主，各以齒爲序，或分不可同班
> 　　者，退一席。俟眾已齊集，東西相對二揖。申末擊磬三聲，東西相
> 　　對一揖，仍詣聖像前及道南祠，肅揖而退。第二日、第三日免拜，
> 　　早晚肅揖用常服。其小會，二月、八月如第一日之禮，餘月如第二
> 　　日、第三日之禮。

　　參與祭祀的人共同感受祭祀儀式的隆重，從而傚仿先賢，更加努力地進德修業，以期成爲國家的有用之才。總之，參與祭祀的對象增加，使得陸隴其影響擴大，爲其最後躋身孔廟加大了籌碼。

〔註39〕許瑤光、吳仰賢纂：《嘉興府志》卷八　學校一　書院，清光緒五年刻本，第30
　　　　頁。

五、張伯行對陸隴其的推尊

張伯行（1650～1725），字孝先，號敬庵，河南儀封（今蘭考縣）人。康熙二十四年（1685）進士，歷任中書舍人、濟寧道、江蘇按察使、福建巡撫、江蘇巡撫、倉場侍郎、戶部右侍郎、禮部尚書。在福建巡撫任上之時，搜集刊刻陸隴其遺書，刊刻《陸隴其年譜》，對傳揚陸隴其學說，擴大陸隴其影響作出了重要貢獻。康熙帝在位時，張伯行就受到康熙嘉獎，稱其「居官清廉，天下共知」。〔註40〕雍正即位後，升張伯行爲禮部尚書，因張伯行先後進上他所輯刊的「《濂洛關閩書集解》《近思錄集解》《續近思錄》《廣近思錄》及宋元諸儒文集」，特賜匾額「禮樂名臣」。〔註41〕

張伯行終生以程朱理學爲宗，排斥佛、道以及陸王心學，突出貢獻在於整理刊刻程朱一系的書籍，彙集成《正誼堂全書》。《正誼堂全書》中收錄陸隴其著述有《陸隴其文集》《陸隴其問學錄》《陸隴其讀朱隨筆》《陸隴其讀禮志疑》等。張伯行爲了保證《正誼堂全書》的順利刊刻，張伯行不辭辛苦，到各地訪求先儒遺書。如親自到嘉興尋訪陸隴其遺書，得《讀禮志疑》《讀朱隨筆》《問學錄》，他陸續將這些書刊刻，並且訂正《陸隴其年譜》。張伯行非常推崇陸隴其之學，認爲陸隴其之學「乃程朱嫡派，爲薛、胡後一人」，〔註42〕爲了傳播陸隴其學說，他積極向其友人和後學推薦陸隴其著作，「有來問學者，每舉先生《學術辨》示之，謂天下賞心快事未有如此等書者也」。〔註43〕

張伯行對陸隴其的力行哲學極爲推崇，他認爲篤信朱子之道且能眞正踐行的清朝名儒，「莫如陸稼書先生（陸隴其）」，因爲陸隴其主敬以立其本，窮理以致其知，返躬以踐其實，「一以朱子爲準繩」，其它雜記、尺牘、片簡隻字「無非發明洙泗、伊洛之旨，爲朱子功臣」。〔註44〕陸隴其的《讀禮志疑》探索《儀禮》《戴記》諸書，凡古今之名物、位號、吉凶、饗祭之品物序次，無不精究深考，不遺餘力，並且「皆衷以考亭之說」。〔註45〕可見，張伯行因

〔註40〕王先謙：《東華錄》康熙九十，清光緒十年長沙王氏刻本，第1781頁。

〔註41〕徐世昌著，陳祖武點校：《清儒學案》，石家莊：河北人民出版社2008年版，第495、496頁。

〔註42〕張師栻：《張清恪公年譜》卷上，清乾隆四年正誼堂刻本，第12頁。

〔註43〕張師栻：《張清恪公年譜》卷上，清乾隆四年正誼堂刻本，第12頁。

〔註44〕張伯行：《陸隴其文集序》（康熙四十八年己丑），《正誼堂全書》，同治年間福州正誼書局刻本。

〔註45〕張伯行：《讀禮志疑序》（康熙四十七年戊子），《正誼堂全書》，同治年間福州

尊崇朱熹所以才推崇朱子學的功臣陸隴其。

　　張伯行最能服膺陸隴其之處是，他生於陽明之鄉而能審擇詳辨「陽儒陰釋之學」，「掃迷空之大霧，還白日於中天」，〔註46〕尤其是在陽明心學風行天下之時，陸隴其還能堅守辟王立場：「有明以來正學或顯或晦，姚江祖金溪之說，標爲致良知，一門幾欲舉問學而廢之，天下之士，見其功業文章彪炳宇宙，莫敢置一詞，隨風而靡者比比矣，稼書陸先生獨毅然辟之而不顧此」。〔註47〕

　　張伯行最後指出陸隴其在社會道德教化方面的貢獻：「至本其所學，以見諸實用者，兩膺邑宰，德教深洽於民心；進居言路，忠藎見孚於當寧，優遊恬退，士大夫傾心景慕，海內學者聞其名，斂袵起敬；讀其書，恍然如入道之有規矩，油然自得其心之所同。然皆其學之由體以達用者也」。〔註48〕

　　張伯行大量刊刻陸隴其著作，是他利用擔任福建巡撫的職務之便，推崇理學、傳播理學的重要措施。這與他一生以倡明程朱理學爲己任的學術追求有關，尤其與其生活時代的學術環境有關。最高統治者康熙皇帝「夙好程朱，深談性理」，〔註49〕大力推崇理學，將程朱理學奉爲官方哲學，然而思想界卻不是理學一枝獨秀，而是呈現豐富多彩局面。文人士大夫有的以陸王爲宗，有的調和程朱陸王，甚至有反理學思想，如顏李學派。他們批評宋儒丟棄堯舜周孔的實學精神，敗壞社會風氣。在這種形勢下，作爲理學的支持者，張伯行身感自身責任重大，力圖以「得位遇時」的有利條件，興盛理學，以維持儒家正統思想的統治地位。

　　張伯行希望通過表彰陸隴其來影響浙江乃至全國之學風。他認爲當時陽明心學仍具有影響力，「竊維兩浙爲人文淵藪，而自姚江倡異學以來，天下風靡。識者每有世道人心之憂，不知亂苗之莠，今日尚有存者乎」。〔註50〕他又深感當時士風敗壞，「嘗慨今時之士，喜圓而惡方，好異而厭常，卑者趨於利

　　　　正誼書局刻本。
〔註46〕張伯行：《問學錄序》（康熙四十七年戊子），《正誼堂全書》，同治年間福州正誼書局刻本。
〔註47〕張伯行：《問學錄序》（康熙四十七年戊子），《正誼堂全書》，同治年間福州正誼書局刻本。
〔註48〕張伯行：《陸隴其文集序》（康熙四十八年己丑），《正誼堂全書》，同治年間福州正誼書局刻本。
〔註49〕許起：《聖崇理學》，《珊瑚舌雕談初筆》卷五，清光緒十一年木活字印本，第42頁。
〔註50〕張伯行：《答浙江彭學院》，《正誼堂文集》卷六，清乾隆刻本，第46、47頁。

祿，高者樂爲頓悟。計功謀利之心日勝，正誼明道之訓不聞，士惟務外學不知本」。因此，他大力提倡陸隴其之學，是爲了「大爲整頓一番，救陷溺扶正道使一世，咸歸一道同風之上理」。〔註51〕可見，在張伯行看來，尊陸隴其即是尊程朱，尊程朱即是尊正學。在張伯行的表彰下，陸隴其理學大儒的聲名廣爲傳播。

六、登上孔子廟堂

通過入祀鄉賢祠、名宦祠，被鴛湖書院奉祀，到遺書的大量刊刻，陸隴其理學名儒的形象逐漸造就。雍正二年（1724），議崇祀諸儒，禮部尚書張伯行抓住機會，以陸隴其「學術醇正，爲聖道嫡傳」，請求從祀。張伯行說：

> 其彰彰在人耳目者，當以平湖陸隴其爲最。隴其自幼以斯道爲己任，精研程、朱之學。兩任邑令，務以德化民，入官西臺，章奏必抒誠悃。平生端方孝友，笑言不苟，著作如林，能發前人之所未發，絲毫不詭於正，足稱昭代純儒，允宜陪祀俎豆也。〔註52〕

雍正允准，頒發上諭：

> 朕念先賢先儒，扶持名教，羽翼聖經，有關學術人心。爰命九卿詳議，今諸臣參考周詳，評論公正，甚合朕心，著依議行。〔註53〕

對於清朝統治者來說，將陸隴其從祀孔廟不僅有重要的思想導向意義，還有重要的政治意義。因爲陸隴其是一個完全符合清朝統治者需要的典範人物，政治上效忠於朝廷，爲官清廉，思想學術循守正道，崇朱黜王，體現了「道統」與「治統」的合一。

陸隴其從祀孔廟之後，便成爲國家倡導的典範式人物，其形象不斷被放大，乃至成爲一個毫無瑕疵的聖人。

乾隆元年（1736），乾隆帝令官員爲陸隴其議奏諡號，原任一等公福善奏稱：

> 查原任御史陸隴其，精研程朱之學，實爲昭代醇儒，於雍正二年經九卿議准從祀文廟。恩眷已極優渥，但以官職未合請諡之例，當年未經予諡。臣等謹按《通典》云：諡主於行而不繫爵，故宋儒

〔註51〕張伯行：《答浙江彭學院》，《正誼堂文集》卷六，清乾隆刻本，第46、47頁。

〔註52〕吳光西等撰，褚家偉、張文玲點校：《陸隴其年譜》，第199～200頁。

〔註53〕吳光西等撰，褚家偉、張文玲點校：《陸隴其年譜》，200頁。

如胡瑗、呂祖謙諸人，官職未顯，俱得予諡。今陸隴其一員，既經

從祀文廟，似應追給諡號，以示表彰。〔註54〕

乾隆下詔：「賜諡清獻，特贈內閣學士兼禮部侍郎」。〔註55〕

　　乾隆十六年（1751），高宗南巡時，「遣官賜祭（陸隴其）」。〔註56〕同年，

儀封張師載作《陸子年譜》，浙江學政雷鋐爲《陸子年譜》作序，他說：

　　　　以爲嘗讀陸子《學術辨》，與湯潛庵諸書，其於姚江之學，可

　　謂攻其壁壘，搗其巢穴，不遺餘力矣。然使陸子窮達出處，有一不

　　合乎道治心檢，身無人所難能之定力。兩任縣令，無人所莫及之，

　　治績一載，臺中無人所不敢言之。正論則講說雖明，辯駁雖切，亦

　　何足以服天下後世之心哉，世以爲知言忠臣。〔註57〕

張師載，字又渠，河南儀封人，張伯行之子，康熙五十六年（1717）舉人。

張師載治學受其父影響極深，「少讀父書，研性理之學，高宗稱其篤實」。〔註

58〕張師載之所以重編《陸隴其年譜》，是爲了承其父張伯行未竟之志：

　　　　公之年譜敘於門人，子姓者，略有數本，不飾不誣，事可考信。

　　乃或繁簡失宜，或持則寡要，未足導揚公之學術。先清恪公嘗思薈

　　萃各本，詳加釐證，刊蕪蔓，補綴闕遺，勒爲一編。以爲公言行克

　　孚之券。草創未就，某於過庭之餘，竊聞緒論，迄今忽忽將半甲子，

　　距先公之沒亦二十餘年矣。浮沉仕官，道不加修，徊念少年願學之

　　誠，日就隳沮，其何以窺見公之志業，與考定其行事哉。願先志未

　　竟，慚負析薪，而南中諸本，亦日就湮沒。〔註59〕

張師載稱讚陸隴其爲「紫陽以後一人」：

　　　　當湖陸清獻公，昭代粹儒，接孔孟之眞傳，紹程朱之正脈，凡

　　所論述，闡明幽微，黜塞邪僞，亦既家有其書矣。顧其克己之嚴，

　　造道之勇，自少而老，矻矻不懈。按其節目，良不徒以口說爲功，

　　洵乎紫陽以後一人而已。兩爲縣令，存涉中臺，清節直聲，表著天

〔註54〕張師載：《陸子年譜》（二），清乾隆十六年刻本，第76頁。

〔註55〕張師載：《陸子年譜》（二），清乾隆十六年刻本，第76頁。

〔註56〕張師載：《陸子年譜》（二），清乾隆十六年刻本，第76頁。

〔註57〕張力行、徐志鼎纂：《平湖縣志》卷十　人物志　道學，清刻本，第8頁。

〔註58〕趙爾巽：《清史稿》卷二百六十五，列傳第五十二，北京：中華書局1977年
　　　　版，第9940頁。

〔註59〕張師載：《陸子年譜序》（乾隆十年乙丑），《陸子年譜》（一），清乾隆十六年
　　　　刻本。

下。雖位未糾用，然堯舜君民之志，於此概見焉。〔註60〕

張師載希望此譜流傳後世以後，「使學者讀其書，未及詳其事，即知其事未克要其歸，此實知人論世者所大懼也。因不辭鄙陋，刪除重複，凡一言一事，去取務於精當，以見大儒具有本末」。後世學者能夠學習「公之踐履篤實，粹白無疵」，瞭解「恪守程朱，尊聞行知之」，「亦知所嚮往已」。〔註61〕

陸隴其從祀孔廟之後，其學說便高居廟堂，成為統治思想的一部份，最高統治者為了向民眾灌輸正統思想，大力表彰陸隴其。上行下效，浙江官紳因而對陸隴其推崇備至，為其編訂《年譜》，在張揚其學術的同時，還極力讚揚他清潔奉公，具「堯舜之志」的行為。之後，陸隴其「端方孝友」、「慈祥愷悌」的形象愈來愈凸顯。據清人筆記記載，曾有人提議將陸隴其生前治理獄訟的訓示刊成格言，發給每家每戶，以「化民成俗」：

> 其（陸隴其）在靈壽時示息訟云：健訟之風，最為民間大患，欲爭氣則訟之受氣愈多，欲爭財則訟之耗財愈甚。即幸而勝，亦成一刻薄無行之人，況未必勝耶。且如有一事，我果無理，固當開心見誠，自認不是。我果有理，亦當退讓一步，愈見高雅與其爭些些之氣，何如享安靜之福。我願爾民為耕田鑿井之民，不願爾民為匍匐公庭之民，但願爾民為孝友睦媛之民，不願爾民為便給善訟之民。語既透徹，而一種慈祥愷悌之意溢於言表，若作格言刊佈，家懸一紙，苟有人心者，未始不可感格，亦拯澆之一助也。〔註62〕

由此可見，陸隴其從祀孔廟之後，不僅是國家推行綱常名教的重要典範，而且成為地方官員推行教化、維護地方秩序的象徵資源。

小　結

清初統治者出於鞏固政權的需要，選中了程朱理學作為意識形態來加強對全國的思想控制。同時，思想界因反思明亡教訓，出現了一股「尊朱辟王」思潮。在最高統治者的提倡下，在思想界學風影響下，陸隴其舉起了批判王

〔註60〕 張師載：《陸子年譜序》（乾隆十年乙丑），《陸子年譜》（一），清乾隆十六年刻本。

〔註61〕 張師載：《陸子年譜序》（乾隆十年乙丑），《陸子年譜》（一），清乾隆十六年刻本。

〔註62〕 〔清〕龔煒：《陸清獻公息訟示》，錢炳寰整理：《巢林筆談》，北京：中華書局1981年版，第228頁。

學的大旗，一生以「尊朱辟王」為治學的根本宗旨。在黜王的同時，陸隴其對程朱理學的傳統範疇如「理」、「格物」、「窮理」等作了自己的發揮，尤其重視躬行實踐的理學，對清初理學重建和致用理學的發展作出了突出貢獻。

在陸隴其從祀孔廟過程中，地方官紳發揮了重要作用。從他逝後入祀地方鄉賢祠和名宦之始，當地官紳即意識到了這一象徵資源的巨大價值。於是，他們採取種種舉措傳播其學說，弘揚其美名。到雍正年間，逢名臣張伯行垂青之機緣，被力推成功登上孔子廟堂。

雍正將陸隴其從祀孔廟，將其塑造為理學偶像，實際上是希望通過「以漢御漢」的政治策略，將儒家士人變為其專制統治的順奴。清廷實際上仍遵循了傳統的「聖人之道」與「帝王之道」聯姻的政治軌道，希望借理學偶像的模範力量，來穩固其統治根基。在此情況下，作為儒家道統傳承人的陸隴其，既是士人精神世界的神聖偶像，又是道德倫理的象徵符號。

第三章　孫奇逢從祀孔廟

　　孫奇逢，（1584～1675），字啓泰，號鍾元，直隸保定府容城縣人（今屬河北省）。十七歲中舉，因「連丁父母憂」而未曾走入仕途。在明末動蕩政局中，孫奇逢關心國事，力圖力挽狂瀾。崇禎九年（1636），清軍入關大肆掠奪，「畿輔列城俱陷」，孫奇逢以一諸生身份督率親友，調和官紳，「守容城得全」，受到當地官民的敬仰。〔註1〕明朝滅亡後，由於故園被清軍圈佔，孫奇逢舉家南遷至河南輝縣夏峰村，從此隱居在此。他在此講課授徒，勤奮寫作，結交南北豪傑，儼然成北方學術重鎮。

　　此間清廷多次徵詔，甚至以國子監祭酒之職相聘，均遭拒絕，時人因此尊稱其爲「徵君」。孫奇逢著述多成於晚年隱居蘇門期間，他親自定稿的著作有《理學宗傳》《四書近指》《晚年批定四書近指》《中州人物考》《畿輔人物考》等。康熙十四年（1675）四月二十一日，孫奇逢去世，享年九十二歲，葬於夏峰東原。殯葬那天，「市者罷市，耕者廢耒」。〔註2〕

　　孫奇逢在世時，即以大儒身份享譽鄉里，晚年因講學夏峰而聲名崛起。錢穆在《清儒學案序》中指出：「夏峰、梨洲、二曲學脈同出陽明，清初稱三大儒。而夏峰之學，流衍尤遠。弟子著者有王餘祐介祺、魏一鼇蓮陸、耿極誠齋、薛鳳祚儀甫、申涵光鳧盟、趙御寬夫、湯斌潛庵諸人。其一時交流，刁包、魏裔介、魏象樞、張沐、杜越、許三禮之徒，亦如眾星之拱北斗，群

〔註1〕湯斌：《孫夏峰先生年譜》，張顯清編：《孫奇逢集》，鄭州：中州古籍出版社2006年版，第1386～1392頁。

〔註2〕湯斌：《湯子遺書》卷七 傳、墓誌、行述、狀，清文淵閣四庫全書本，第114頁。

山之仰喬嶽也。稍後顏習齋博野，得交蘇門弟子王五修、王介祺，蓋有聞於夏峰之規模二興者。其爲學門徑亦略相似。夏峰誠不愧當時北學之冠冕。孫奇逢與黃宗羲、李顒並稱「三大儒」。〔註3〕」總之，孫奇逢因其會通朱學、王學的努力，深刻影響了河北、河南的學風，使他成爲清初北學的開創者。

　　孫奇逢去世後，在門人和私淑弟子們的努力下，影響逐漸擴大。道光年間，在特定歷史條件下，最終得以榮登孔廟。這樣，孫奇逢的學術影響就不僅及於一地一時，而是超越了時空限制，成爲受後世供奉和膜拜的先賢聖人。《清儒學案》首列《孫奇逢夏峰學案》，「夏峰以豪傑之士進希聖賢，講學不分門戶，有涵蓋之量，與同時梨洲、二曲兩派同出陽明，氣魄獨大，北方學者奉爲北斗」。〔註4〕這段話高度評價了孫奇逢的人格魅力及學術影響。以下筆者循著孫奇逢在世時的學術影響、去世後聲名擴展、由地方先賢榮升一國聖人乃至對後世的歷史影響之思路，梳理孫奇逢從祀孔廟的歷程。

一、開山立派之雄風

（一）會通朱王

　　孫奇逢大半生活在明朝，明亡之時，他已過花甲之年，因此明清鼎革帶給他的打擊尤爲沉痛。他深感亡國之痛的同時，反思明亡教訓，認識到學術空談誤國的弊端，因此他不局限於程朱或陸王中的任何一派，而是超拔於程朱陸王。他說：

> 尊德性、道問學說雖不一，本是一事，本人既已相安，後世仍然聚訟。紫陽格物，人謂屬知；陽明格物，人謂屬行。又有謂窮理則格致、誠正之功皆在其中，正物則必兼舉致知、誠意正心而功始備而密，則是二子之說未嘗不合而爲一。〔註5〕

孫奇逢認爲尊德性和道問學本是一事，朱、王二說原可互爲所用，後世徒爲爭辯，毫無意義。換個角度思考，朱熹重在格物致知，求諸事物實際，陽明重在致良知，求諸心之本體，二者雖入門不同，但不應互相牴牾，「門宗分裂，使人知反而求諸事物之際，晦翁之功也。然晦翁沒而天下之實病不可不泄。詞章繁興，使人知反而求諸心性之中，陽明之功也。然陽明沒而天下之虛病

〔註3〕陳祖武：《清初學術思辨錄》，中國社會科學出版社1992年。
〔註4〕徐世昌：《清儒學案》，中國書店1990年，第1頁。
〔註5〕湯斌：《孫夏峰先生年譜》，張顯清編：《孫奇逢集下》，第1428頁。

不可不補。然陽明沒天下之虛病不可不補。」〔註6〕

在他看來，朱熹、王陽明二人各有所長，亦各有所短。以朱熹之所長正好補王陽明之所短，以王陽明之所長正好補朱熹之所短，從而以「虛」泄「實」，以「實」補「虛」，真正補救實病。在他看來，朱熹和王陽明對發揚儒學都起了重要作用，二者雖然側重點不同，但恰恰可以互補，可以互通有無。如果憑一時意氣之爭而攻擊彼此，並非正學後人。

在會通朱王的基礎上，孫奇逢建構了獨特的思想體系，避免了盲目批判朱王一方的弊病，豐富發展了理學思想，在清初影響極大，形成一股清新的學術風向。

（二）學以致用

孫奇逢為學宗旨在於經世致用，主張每個人學習儒家修己治人之學，進可經邦定國，退可修身治性：

> 學以聖人為歸，無論在上、在下，一衷於理而已矣。理者，乾之元也，天之命也，人之性也。得志，則放之家國天下者，而理未嘗有所增；不得志，則斂諸身心意知者，而理未嘗有所損。故見之行事與寄之空言，原不作歧視之。捨是，天莫屬其心，人莫必其命，而王路、道術遂為天下裂矣。〔註7〕

在他看來，「理」是天賦予每個人的，聖人是因為體味到了天賦以人的「理」才成為聖人。人在天地萬物之間最為高貴，可與天地比肩，必須懷抱「聖心」，希聖希賢，發揮主體的最大主觀能動性，開掘生命的最大價值，造就自我，維繫天下之血脈。不必畏懼成聖，成聖不易，但也不難，全在平時工夫上。他說，七十歲為學工夫較六十而縝密，八十較七十而縝密，九十較八十而縝密。「學無止境，此念無時敢懈，此心庶幾少明。」〔註8〕他主張為學「以慎獨為宗，以體認天理為要，以日用倫常為實際」。〔註9〕

他晚年居夏峰村之時，事事仍要親力親為：「此皆日用飲食事，心安意肯，不萌外願他求，便是倒，便是學。飯糗茹草，築岩耕莘，皆有終身焉之意，故能

〔註6〕張顯清編：《孫奇逢集下》，鄭州：中州古籍出版社2006年版，第1213頁。

〔註7〕孫奇逢：《理學宗傳自序》張顯清編：《孫奇逢集下》，1426頁。

〔註8〕魏裔介：《孫徵君先生傳》，張顯清編：《孫奇逢集下》，第1329頁。

〔註9〕趙爾巽：《清史稿》卷四百八十，列傳第二百六十七，北京：中華書局1977年版，第13101頁。

有而不與，今日只宜理會，求志是甚樣事情，終身求之不盡」。〔註10〕孫奇逢不僅具有實學致用的學術主張，而且在實際生活中真正貫徹，做到了知與行的合一。

這與他對朱熹理學力行哲學的認識和發揮密切相關。孫奇逢非常認同朱熹的「務爲實學主張」和「格物致知」的經世主張。朱熹認爲爲學之道不能出乎「治道」。要治理好國家，「必先格物致知，以極夫事物之變，使義理所存，纖悉畢照，則自然意誠心正而可以應天下之務」。孫奇逢深感敬佩，稱朱子「平生所學在此」。

朱熹反對「頓悟」說，認爲「下學上達之序，口講心思，躬行力究，守煩勿略，寧下勿高，寧淺勿深，寧拙勿巧，從容潛玩，存久漸明，眾理洞然」。孫奇逢指出此說甚對，雖然朱熹「一生實歷處未悟，原不容說悟。只合如此做去，以俟一旦之豁然」。〔註11〕

> 友人問如何是道學，曰日用間凡行一事，接一人無有不當，理中請之處，此所謂道也，即所謂學也，……講疑程疑朱，恐其名是，而實非道學之實，不可無道學之名，正不必由學問，無自得處，到底是襲取，徒切心勞，然非深造絕無自得果熟。〔註12〕

他主張回歸孔孟原典，折中孔子之道，建構起自我對孔孟的闡釋體系，形成了整合理學各派的內聖外王思想。具體說來：

> 儒者談學，不啻數百家，爭虛爭實，爭同爭異，是非邪正，儒釋眞僞，雄辨無已。予謂一折衷於孔子之道，則諸家之伎倆立見矣。《論語》中論學是希賢希聖之事，論孝是爲子立身之事，論仁是盡心知性之事，論政是致君澤民之事，論言行是與世酬酢之事，論富貴貧賤是境緣順逆之事，論交道是親師取友之事，論生死是生順沒寧之事。只此數卷《論語》，無義不備，千聖萬賢，不能出其範圍。識其大者爲大儒，識其小者爲小儒。不歸本於孔聖之道，則異端邪說，是謂非聖之書，不必觀可也。〔註13〕

他指出，孔聖原典尤其是《論語》，已經包含了所有有關「孝」、「仁」、「政教」、交友以及生死諸事。因此，不必糾結於儒學各派的紛爭，甚至不必爲儒佛而

〔註10〕 孫奇逢：《夏峰先生集》，張顯清編：《孫奇逢集中》，第1043頁。
〔註11〕 孫奇逢：《理學宗傳》卷六朱熹
〔註12〕 孫奇逢：《夏峰先生集》卷二，清道光二十五年大梁書院課本，第43頁。
〔註13〕 孫奇逢：《語錄》，徐世昌著，陳祖武點校：《清儒學案》第一卷《夏峰學案》，石家莊：河北人民出版社2008年版，第15頁。

爭，只要眞正研讀孔孟原典，諸家眞僞、優劣自然見分曉。如果讀書不歸本於孔聖之道，讀再多也是無益。

內黃張仲誠來夏峰聽其講學時，孫奇逢對他說，不必劃分門派，「今日使君不爲紫陽，某亦不爲象山」，只論孔子之道。舉「學而時習」而言，「一部《論語》，句句皆時習之功」。「其爲人也孝悌，便是在孝悌上時習；不可巧言令色，便是在言、色上時習；三省吾身，便是在爲人交友師傅上時習；道千乘之國，便是在敬信節愛使民上時習」。只要人們能夠做到「立志」，何處都是「時習之地」。〔註14〕

立志爲人，立志做事業，離不開內聖外王、不離日用常行的學行和實踐，「問下學即上達，卑邇即高遠，如何？曰：吾夫子一生日用起居，接人應物，莫非下學至其精義入神，達天知命則總在下學卑邇之中。所謂不離日用常行內，直造先天未畫前。若分何時爲下學，何時爲上達，何處爲卑邇，何處爲高遠，便於道理割裂，即此推之，形色亦天性，糟粕亦神奇，說心在事上見，說體在用上見，約禮在博文上見，致知在格物上見，內聖外王，一以貫之，元無許多頭緒」。〔註15〕

孫奇逢會通朱、王的主張，調和折中各儒家派別，落腳點均是內聖外王的學行追求。不論是尊德性、道問學、格物致知還是致良知，他均指出了它們的合理性以及對後世影響的積極性。最後，孫奇逢要求學人細心品讀孔孟原典，方能領會眞正的孔孟之道，即克己修身、躬行踐履、學以致用。孫奇逢力摧明末以來的清談陋習，開闢了清初崇實致用的一代學風。

二、湯斌傳師道，揚師名

孫奇逢不僅個人學有所長，碩果累累，晚年還開堂講學，提攜後進：「公樂易近人，見者皆服其誠信。生平未嘗以講學自居，不繩人以難行之事。聆其緒論，無不信聖賢之可爲」。〔註16〕孫奇逢以其獨特的抗清經歷、寬容的學術氣魄和高深的學術造詣吸引了全國的學者前來求學、交遊。由於地域限制，學者多以北方爲主，「清初北方學者，殆無一不被夏峰之澤，著籍弟子千數，直隸河南尤重」。〔註17〕孫奇逢的門人弟子眾多，著名的有湯斌、王餘祐、孫

〔註14〕湯斌：《孫夏峰先生年譜》，張顯清編：《孫奇逢集下》，第1425頁。
〔註15〕孫奇逢：《夏峰先生集》卷二，清道光二十五年大梁書院課本，第42、43頁。
〔註16〕魏裔介：《孫徵君先生傳》，張顯清編：《孫奇逢集下》，第1329頁。
〔註17〕梁啓超：《近代學風之地理的分佈》，《飲冰室合集》文集之四十一，北京：中

博雅、耿介、魏一鼇等。這些弟子將孫奇逢奉為楷模積極傳播其學說，其中，湯斌貢獻尤著。

湯斌與孫奇逢自康熙五年（1666）開始交遊，一直持續到康熙十四年（1675）孫奇逢去世。十年之間，二人來往不斷，論學論事，情誼濃濃。湯斌不時向孫奇逢求教學問，曾多次「上孫徵君先生書」。字裏行間流露出對他的敬仰，有時還會談及個人生活，更顯親密無間。孫奇逢去世後，湯斌與同門共同為其修建祠堂，並為此寫作《同門公建孫徵君先生夏峰祠堂啓》。另外還有《徵君孫鍾元先生墓誌銘》《祭孫徵君先生文》《徵君先生詩卷跋》等。為了傳揚孫奇逢人格和學問，湯斌及同門耿極共同編著《孫夏峰先生年譜》。下面就對湯斌和孫奇逢的具體交遊情況，以及孫奇逢去世後湯斌傳播夏峰學所作的努力一一展開論述，以反映湯斌在傳揚夏峰學中所作的貢獻。

（一）仰止夏峰，泰山喬嶽

康熙五年（1666），湯斌來到河南夏峰向孫奇逢求學。二人第一次會面，孫奇逢已經八十三歲，湯斌剛滿四十歲。他們一見如故，亦師亦友，學問家常無所不談。湯斌回到內黃仍寫信給孫奇逢，告知其交友情形，「晤仲誠，任道之勇，求道之切，今日罕見其匹，得此良友，殊為欣慰」。感恩他的教導，令其「如坐春風中」，表示會更加努力為學，「蒙提誨諄諄，示之以體用之大全，勖之以責任之難諉。自此以後，夙夜砥礪，斷不敢時刻稍懈以負真切指授之意。」〔註18〕

湯斌告別，孫奇逢依依不捨，作詩相送，「師友道久衰，江村不可作。策以燈燭光，空山自寂寞。舉世逐雞群，子也雲中鶴。道行待其人，乃身心有託。相視在無言，鳶魚自飛躍。……欲別不忍別，後晤有夙約，歸當過內黃，咫尺即濂洛。」〔註19〕孫奇逢對他的學問和為學態度讚賞不已，並將修訂《理學宗傳》和作序的任務交付他，湯斌欣然而受。為保證質量，常與友人張仲誠〔註20〕

華書局 1989 年版，第 52 頁。

〔註18〕 湯斌：《在內黃致孫徵君先生書》，《湯文正公（潛庵）全集》，沈雲龍主編：《近代中國史料叢刊一輯》，臺灣文海出版社，1966 年。

〔註19〕 湯斌：《孫夏峰先生年譜》，張顯清編：《孫奇逢集下》，鄭州：中州古籍出版社 2006 年版，第 1428 頁。

〔註20〕 張仲誠，時任內黃縣令，與湯斌交好。服膺夏峰學，熱心傳播夏峰學，是《理學宗傳》刊刻的主要出資者。「時內黃令張君仲誠潛修默悟，力任斯道，迎先生至署，躬俸付梓」。見湯斌：《理學宗傳序》，張顯清編：《孫奇逢集下》，1299 頁。康熙五年丙午，「仲誠與紳士講學於明倫堂，請先生（孫奇逢）登講，先

「挑燈商榷，常至夜分」，誠惶誠恐，唯恐「學識疏淺錯謬」。〔註21〕

湯斌非常感激前輩的賞識，甚至說，此書刊刻後，他人讀到此書，不要僅僅當作書看，而是要以此書「復天之所與我者耳」，即盡自己爲善之本性，成聖之本性：

> 吾之身天實生之，無一體不備；吾之性天實命之，無一理之不全。吾性實與萬物爲一體，而民胞物與不能渾合無間焉，吾性未盡也；吾性實與堯舜同量，而明倫察物不能細大克全焉，吾性未盡也；吾性實與天地合德，而戒懼恐懼不能如乾健不息焉，吾性未盡也。〔註22〕

堯舜本性與常人無異，之所以能夠成聖成賢，是因爲其能「復性」之體，回歸性之本善。而回歸本性的方法無他，即在日常反省，時時體驗上，「誠由濂洛關閩以上達孔顏曾孟，由孔顏曾孟而證諸堯舜湯文，得其所以同者，返而求之人倫日用之間，實實省察克治，實實體驗擴充，使此心渾然天理而返諸純粹至善之初焉，則寂然不動，感而遂通，中和可以位育而大本達道在我矣。」〔註23〕

總之，湯斌對《理學宗傳》評價甚高，是孫奇逢「八十年中躬行心得」的精華所在，是嚴儒釋之辨的良方，「其大意在明天人之歸，嚴儒釋之辨，蓋五經四書之後，吾儒傳心之要典也。」〔註24〕

康熙九年（1670），湯斌「再過夏峰」，「留兼山堂者浹旬」，即在孫奇逢處呆了十天，「先生語連日，載答問甚多」。孫奇逢與湯斌談及孔顏樂處，「學孔顏者需從兩喟然處會其神情」，〔註25〕表達二人對儒家達觀處世的人格理想與道德境界的追求與自負。是年，湯斌還爲《孫徵君先生像》題《像贊》一

生辭不往。仲誠復率僚屬、紳士就於行館。」見：湯斌：《孫夏峰先生年譜》，張顯清編：《孫奇逢集下》，第 1425 頁。

〔註21〕湯斌：《在内黃致孫徵君先生書》，《湯文正公（潛庵）全集·書》，沈雲龍主編：《近代中國史料叢刊第九十二輯》，臺灣文海出版社，1966 年。

〔註22〕湯斌：《理學宗傳序》，張顯清編：《孫奇逢集下》，鄭州：中州古籍出版社 2006年版，第 1299 頁。

〔註23〕湯斌：《理學宗傳序》，張顯清編：《孫奇逢集下》，鄭州：中州古籍出版社 2006年版，第 1299 頁。

〔註24〕湯斌：《理學宗傳序》，張顯清編：《孫奇逢集下》，鄭州：中州古籍出版社 2006年版，第 1299 頁。

〔註25〕湯斌：《孫夏峰先生年譜》，張顯清編：《孫奇逢集下》，第 1433、1434 頁。

首，極盡讚美之詞：「當代儒者，誰稱先覺；允惟哲人，光輝孔倬；敦行孝悌，修明禮樂；因忠貫恕，既博歸約；日新又新，鳶魚飛躍；默契先天，生臭寂寞；蘊涵元氣，發越磅礴；譬彼星漢，終古昭灼；易傳者像，難盡者學；仰止夏峰，泰山喬嶽。庚戌初秋，睢陽門人湯斌頓首題於潛陽書屋。」

孫徵君先生像贊〔註26〕

（二）理學之大宗

　　孫奇逢去世後，門人輯錄其生前著作，彙編成《孫徵君先生文集》，湯斌為之作序。想見孫奇逢在世情形，老而好學，自強不息，「九十老人，晨興拜

〔註26〕《孫夏峰先生像》，《中國學報》1913年第5期。

謁家祠，獨坐空齋，竟日無惰容。」湯斌慨嘆「自非功深於人之所不見者，烏能自強不息如此乎。」湯斌稱自明末以來，各派紛爭不息，幸虧孫奇逢獨創己說，不辨門戶，熄止爭論，於世道人心大有裨益：

> 當草昧初開，干戈未戢，人心幾如重寐，賴先生履道坦坦，貞不絕俗，使人知正心、誠意之學，所以立天經定，民彝不因運會爲遷移，振三百年儒者之緒，而爲興朝理學之大宗，……其有關於世道則一而已矣。

湯斌說，孫奇逢去世後，「躬行心得如孫先生者，不可得而見矣」。﹝註27﹞再也無法目睹孫奇逢之容貌，聽其聲音，湯斌感到無限悵然，唯有此文集的刊刻成功，方可告慰先賢，安慰自我。斯人已逝，遺著猶存，讀其文章仍讓人心曠神怡，獲益良多。湯斌所作之序文，字字透露出他對孫奇逢的感念之情，其情之深之切，令人動容。

湯斌還有《祭孫徵君先生文》一篇：

> 嗚呼道之在天下也，如元氣之在人身，彌綸磅礴，上蟠而下際者小，不離乎日用而大，即麗乎彝倫，斯誠須臾不可離矣。而胡眞見而體備者之難，其人卓哉。先生維德之純，博極造約窮理，識眞以孝悌爲盡性之基，由忠恕爲達化之門，當早年辨志定交江村，析義理於秋毫，等富貴於浮雲，固已抗志聖賢之徒，溯洙泗之津。及璫炎肆虐，禍逮清流，不避虎擾，力爲營救，雖運數難回，而天地正氣有所楮柱而長存。推其本志，故已視死生如旦暮，而恬然無恙者，以是知天之未喪夫斯文，德盛道尊徵書，歲頻衡門之間，安車蒲輪而先生堅臥不起，天下想忘高風如泰山喬嶽之嶙峋。才本王佐而不用，學爲帝師而無民。天欲存斯人之命脈，故留碩果以至今。﹝註28﹞

此篇祭文蓋棺論定，對孫奇逢的一生做了總結，對他的人格、志向、德、才等方面一一作出評介，最後得出結論：人格高尙、才能卓越一完人。

三、夏峰北學形成

　　爲追念學術貢獻和德行，孫奇逢的門人弟子以及河南、河北地方官紳在

﹝註27﹞　湯斌：《孫徵君先生文集序》，《湯文正公（潛庵）全集・序》，沈云龍主編：《近代中國史料叢刊》第九十二輯，台灣文海出版社，1966 年。

﹝註28﹞　湯斌：《祭孫征君先生文》，《湯文正公（潛庵）全集・雜文》，沈云龍主編：《近代中國史料叢刊》第九十二輯，台灣文海出版社，1966 年。

當地孫奇逢建立祠堂，歲時供奉。

比如湯斌等在夏峰村創設祠堂，學憲張潤民爲其題匾額「有功名教」。〔註29〕湯斌有《創建孫徵君祠堂啓》，認爲夏峰學「可遠紹濂洛，近比姚江，非同山林獨善無關世道之士也」，輝縣有如此賢聖，但是「祠堂未建」，導致「後學無所瞻仰」。於是湯斌與其它弟子商討建立孫徵君祠堂，使之「與邵子、洛陽朱子武彝之祠，並耀千古」，「於以報禮先儒，章示來學」。〔註30〕

河南巡撫徐潮有《創建孫徵君祠堂記》，突出強調孫奇逢的理學成就，認爲他上接孔孟眞傳：「孫奇逢於六經、四子之書各有論著，而《理學宗傳》一編，出獨是之見，息群啄之爭，眞有見於宋明諸儒，千慮殊途一致同歸者，而非徒依違調停，爲兩可之說也，誠足以繼往聖、開來學，直接尼山的派」，最後他指出：「鄉先生沒而祀於社者，當不足以盡之，固宜與周程諸賢專祀俎豆於無窮也」。〔註31〕

湯斌等學問出色的弟子學成之後，在各地創辦書院，招收弟子，致力講學，名震中州，將中州學術廣爲傳播。據黃嗣東《道學淵源錄‧清代篇》統計，在清代，河南理學家總數占全國第一位，且基本上都屬於中州夏峰北學。河南理學家以書院爲陣地，幾乎壟斷河南所有書院的教席，並且兼及社會各個方面：「清代學術對書院的影響主要由孫奇逢發端，……孫奇逢講學於輝縣百泉書院，四方來學者甚眾，耿介、李灼然、竇克勤、冉覲祖、湯斌、張沐、魏一鼇等都曾出其門下，得其眞傳後，分講河南各個書院，爲清初河南書院，特別是開封諸府書院的振興出力頗多」。〔註32〕

事實正是如此，耿介復興了著名的嵩陽書院，康熙八年（1669），湯斌建立繪川書院，在繪川書院《志學會約》中規定：「所講以身心性命綱常倫儒爲主，其書以《四書》《五經》《孝經》《小學》，濂、洛、關、閩、金溪、河東、姚江諸大儒語錄，及《通鑒綱目》《大學衍義》等書爲主」。〔註33〕竇克勤建

〔註29〕《孫徵君祠》，《輝縣志》卷九 祠祀志，清光緒二十一年刻本，第32頁。

〔註30〕湯斌：《創建孫徵君祠堂啓》，《輝縣志》卷十七 藝文志三，清光緒二十一年刻本。

〔註31〕徐潮：《創建孫徵君祠堂記》，《輝縣志》卷十六 藝文志二，清光緒二十一年刻本。

〔註32〕王洪瑞：《清代河南書院的地域分佈特徵》，《史學月刊》2004年第10期，第104頁。

〔註33〕楊向奎：《清儒學案新編》第1卷，濟南：齊魯書社1985年版，第44頁。

立朱陽書院，「倡導正學，中州自夏峰、嵩陽外，朱陽學者稱盛」。〔註34〕李來章曾在嵩陽書院講學，使得嵩陽書院與百泉書院「兩河相望，一時稱極盛焉」。〔註35〕李來章還主持南陽書院，作《南陽學規》《達天錄》以教學者，「士習日上」，重葺紫雲書院，「學者多自遠而至」。〔註36〕他們講學一本孫奇逢治學宗旨，主張爲學不分門戶，講求會通。如

　　在孫奇逢弟子和再傳弟子的努力下，一個龐大的學術團體——夏峰北學形成。夏峰北學以孫奇逢爲宗師、以會合儒學各派爲特徵，風靡清初北方學界。夏峰北學的形成，一方面使得北方學術復興。由於清兵入關，戰亂頻仍，南北大儒或死或傷，學術疲軟。值此政治學術危難之際，孫奇逢以非凡的人格魅力，以開山立派之氣概，聚攏門人弟子復興北學。另一方面，夏峰北學還使得孫奇逢聲名遠播，確立了北學之泰斗地位。正如梁啓超所說：「他因爲年壽長，資格老，人格又高尚，性情又誠摯，學問又平實，所以同時人沒有不敬仰他。門生弟子遍天下，遺老如申鳧盟涵光、劉五公餘祐⋯⋯，達官如湯孔伯斌、魏環極像樞、魏石生裔介⋯⋯皆及門受業。⋯⋯要之，夏峰是一位有肝膽、有氣骨、有才略的人。晚年加以學養，越發形成他的人格之尊嚴，所以感化力極大，屹然成爲北學重鎮」。〔註37〕

四、後世官紳奉祀

　　孫奇逢逝世當年，輝縣士紳將其木主奉祀於百泉書院。百泉書院在宋元時稱爲太極書院，位於百泉湖東岸，南宋姚樞講學於此。到了元代，許衡、竇默等著名學者又前來講學，書院取得了很大的發展，與白鹿洞書院、鵝湖書院並駕齊驅。因當時的許多名臣和學者都曾受學於此，故後人在評說理學的發展時有「宋興伊洛，元大蘇門」之說。後來因許衡等人的相繼離去，書院沉寂二百年之久。到明成化年間，太極書院復興，改名百泉書院。百泉書

〔註34〕趙爾巽：《清史稿》卷四百八十，列傳第二百六十七，北京：中華書局 1977年版，第 13138 頁。

〔註35〕趙爾巽：《清史稿》卷四百八十，列傳第二百六十七，北京：中華書局 1977年版，第 13136 頁。

〔註36〕趙爾巽：《清史稿》卷四百八十，列傳第二百六十七，北京：中華書局 1977年版，第 13136 頁。

〔註37〕梁啓超：《中國近三百年學術史》，《飲冰室合集》專集之七十五，北京：中華書局1989年版，第 42 頁。

院除了講堂、書齋之外，還有「先賢祠」，內祀周敦頤、邵雍、司馬光、程顥、程頤、張載、朱熹、張栻、呂東萊、許衡十人，另以姚樞、竇默二人配享。清順治七年（1650），孫奇逢自河北來到輝縣，在百泉書院主講「夏峰之學」，四方學者，紛至沓來，使得百泉書院與嵩陽書院、朱陽書院三足鼎立，馳名中州，在全國產生了較大影響。基於孫奇逢對百泉書院發展的貢獻，在他去世後，輝縣士紳將其木主加入「先賢祠」供奉之列，「闔郡紳士合詞上請學使，俾塑列主，春秋得奉祭祀」。〔註38〕

康熙四十五年（1706），河南巡撫徐潮應輝縣士紳所請，為孫奇逢在百泉書院中創設專祠，「大門一間，享堂三間，正庭三間，寢堂三間」，「春秋仲丁，有司致祭」，「以門人睢州湯潛庵斌、登封耿逸庵介、定興耿保汝極、獻縣王申之餘祐配享」。〔註39〕孫奇逢由在百泉書院「先賢祠」配享發展為享有專祠、門人配享的地位，說明了孫奇逢身後聲名不斷擴展。

在書院中祭祀先賢孫奇逢，不僅是簡單的朔望參拜，還有重要的教化意義，是寓教於祀的一種特殊教育方法。祭祀，是活著的人表達對祭祀對象的崇拜和感念之情，是對崇拜對象的精神追遠和道德緬懷。先賢孫奇逢的牌位供奉在書院中，事實上拉近了書院學生與其德行事迹的心理距離。在「仰而瞻其容，俯而讀其書」的日常生活中，在莊重肅穆的祭祀典禮中，學生們耳濡目染，逐漸培養起對先賢逢的禮敬和景仰之情，進而考索他的德業和功業，並以建立這樣的功業自我期許。

孫奇逢的故鄉河北容城縣亦有孫徵君祠堂，康熙十九年（1680），由縣尹孟長安率邑紳士建成。〔註40〕容城故里特地免掉夏峰村差役，強調此舉有張揚理學之盛德的作用：「夫立祠置地所奉者一人，而閭里得免差役，不惟桑梓受其惠，即異方聞之，亦將興起，曰理學之風。其感人心也如是，理學之德，其庇里井也如是。罔弗爭、自刻勵、共相勉，深究天人之旨，密契性命之微，而且砥節修行。發為文章則實學，發為政事則實心。與先生廬墓之孝，釀金之義，探極圖書，闡揚經旨，先後輝映。則上接洙泗之統，下紹濂洛之微者，又不知幾多賢哲矣」。〔註41〕

〔註38〕湯斌：《孫夏峰先生年譜》，張顯清編：《孫奇逢集》，第1446頁。

〔註39〕《孫徵君祠》，《輝縣志》卷九 祠祀志，清光緒二十一年刻本，第32頁。

〔註40〕《容城縣志》卷二 廟祠，清光緒二十二年刻本。

〔註41〕許式玉：《徵君先生故里北城村免差役碑》，《容城縣志》卷七 藝文志，光緒

在門人弟子以及河南、河北兩地官紳的努力下，孫奇逢被塑造成惠及鄉里的理學教化典範。祠堂奉祀，縱因時代變遷，仍香火不斷，傳及後世！

五、「晦而不彰」到躋身孔廟

清初，夏峰北學盛極一時，孫奇逢儼然成爲北學泰斗，逝後亦得極大哀榮。然而到乾隆時期，由於考據學興盛，夏峰北學衰落，孫奇逢聲名隱而不彰。道光年間，隨著崇實致用、反對華藻之「眞理學」興起和調和漢宋之呼聲漸漲，孫奇逢從鄉賢逐漸走向聖廟，成爲全國道德楷模的學術環境日漸成熟。恰逢孫奇逢的弟子，名臣湯斌從祀孔廟，負責禮儀的河北籍官員張志廉遂藉此東風，爲孫奇逢走向聖壇積極努力。加之晚清時期各方面社會危機凸顯，清王朝迫切需要樹立道德模範，引領社會潮流，因此，各方面條件成熟後，道光八年（1828），孫奇逢從祀孔廟，至此，孫奇逢從地方走向了全國。

（一）請祀湯斌未果：理學轉衰

乾隆二年（1737），乾隆帝諭「復元儒吳澄祀」，三年（1738）升有子若爲十二哲，並親自到太學舉行釋奠禮。〔註42〕食禮部右侍郎方苞藉帝王增祀孔廟先儒的時機，奏湯斌從祀孔廟，「故工部尙書湯斌又荷我皇上特恩賜諡文正，補入賢良祠，頃讀聖諭，求直言極諫之士，以備言官，首舉隴其以爲標準，而朝聖主尙德褒賢，非獨二臣之榮，乃邦家之光也，臣竊思湯斌實學躬行，與隴其相匹，而立朝大節則尤彰顯，故五十年來學者號稱湯陸，或謂其講學之書，雖遵朱子而亦間取陸王，殊不思陸王之身已從祀孔廟，而乃以議斌義，實無所處也。」「湯斌從祀孔廟，則可以昭本朝理學之昌明」。〔註43〕但是方苞之請「爲部議所格」。〔註44〕

乾隆四年，另有河南巡撫尹會一爲湯斌請從祀孔廟，稱其「忠孝性成，篤志聖學，以愼獨爲宗，以體認天理爲要，以躬行心得爲歸」，更稱讚其「爲昭代理學名臣」，其著述少的原因在於不輕易著述，因爲「日學貴日新，今日

二十二年刻本。

〔註42〕趙爾巽：《清史稿》卷八十四，志五十九，禮三。

〔註43〕《食禮部右侍郎俸庶吉士奏請敕下定議湯斌從祀孔廟事》，檔號：03-0293-038，軍機處錄副奏摺，乾隆四年五月初二日，中國第一歷史檔案館藏。

〔註44〕《文獻徵存錄》卷四，清咸豐八年刻本。

之所是，異日未必不以爲非」，認爲「其見道親切，踐履篤實，比之先儒司馬光、范仲淹、許衡，固均無愧於易名之美諡，而其所以發揮聖學者甚大也。」〔註45〕「廷臣議駁。以爲湯斌品行雖賢，終不若陸隴其之著作如林，不准從祀。」〔註46〕

湯斌從祀孔廟之請被駁斥，其中雖然有乾隆帝對湯斌曾爲康熙時期太子侍講之事有所介懷的緣故，更反映了乾隆初年理學衰微的狀況。乾隆帝鑒於理學不振之情形，乾隆五年（1740）十月，頒發長篇諭旨，提倡君臣上下研讀宋儒經典。「蓋近來留意詞章之學者，尚不乏人，而究心理學者蓋鮮。」「不可以僞託者獲罪於名教，遂置理學於不事。」〔註47〕

方苞和尹會一請求湯斌從祀文廟，希望以此擡高湯斌的歷史地位，是出於對湯斌的崇拜以及對理學的尊奉。方苞一生醉心程朱，並首創「義法」說，講究「文」與「道」的統一，他概括自己爲學宗旨爲「學行繼程、朱之後，文章介韓、歐之間」。〔註48〕

尹會一是清中期爲數不多的以提倡理學著名的朝臣之一，他鑒於理學不振的現狀，採取一系列措施振興理學，如刊刻《孝經》、《大學衍義》、《近思錄輯要》、《困學錄集粹》等書供士人講習。在題請湯斌從祀之後，尹會一還特意到河南孔廟中祭拜，以求庇祐，祭文曰：「道統傳心，賴有敦行之士相維相續於不絕，伏惟原任工部尚書湯斌忠孝性成，篤于志道，反躬實踐，不慕高遠，實足以正異學之支離，振俗學之痼蔽，且德在人心，功在社稷，歷久彌彰。今特題請從祀聖廟，伏祈先師默祐，永昭祀典之光，士林幸甚，斯道幸甚，謹告。」〔註49〕

繼方苞和尹會一爲湯斌請求從祀孔廟之後還有山東按察使沈廷芳和尹會一之子大理寺卿尹嘉銓。乾隆二十六年（1761），沈廷芳上摺奏請湯斌從祀，但是結果導致乾隆帝大怒，並將其停職查辦。乾隆帝稱此舉爲譁眾取寵，「無濟實政」，用以往之人用虛言進退，謂足轉移風俗，「此皆明季相沿陳腐

〔註45〕〔清〕尹會一：《健餘奏議》卷六河南上疏，清乾隆刻本，第41、42頁。
〔註46〕《大理寺卿尹嘉銓奏請將臣父尹會一及湯斌等從祀文廟事》，乾隆四十三年，清朝軍機處朱批奏摺，檔號：04-01-38-0053-001，中國第一歷史檔案館藏。
〔註47〕《高宗純皇帝實錄》卷128，乾隆五年十月己酉。
〔註48〕〔清〕蘇惇元撰《望溪先生年譜》，清咸豐刻本，第4頁。
〔註49〕〔清〕尹會一：《河南聖廟告文》，《健余先生文集》卷六祝文 清畿輔叢書本48。

惡習，朕所沈惡，」〔註50〕是舍本而逐末的愚笨之舉。乾隆四十三年（1778），大理寺卿尹嘉銓承其父尹會一之遺訓，繼續為湯斌請祀。奏稱：「今也，取陸而遺湯，似與聖門四科先德而後文學之意有間，況當盛世，重熙累洽之後，雅化作人，名宦輩出，以增祀者尚不乏人，而從祀者只有一陸隴其，尚未及元明諸儒之眾多，終屬缺典」，「詳考國史見得范文程、李光地、顧八代、張伯行，實皆在湯斌之亞，均堪從祀」。乾隆讀此奏摺，朱批「竟大肆狂吠，不可怒矣」。〔註51〕湯斌從祀孔廟之請求依然無果而終。

　　這兩次請祀失敗，很大程度上源於乾隆帝對於理學的態度。一方面乾隆認為方苞等人以從祀孔廟的行為來進退士人轉移風俗純屬臆想，而且「無濟實政」，是延續明末以來的空談陳腐惡習。另一方面，在乾隆看來，方苞等人請祀湯斌，不免有門戶之見之嫌。門戶之別向來為乾隆所惡，乾隆曾說過「惟是講學之人，有誠有偽，誠者不可多得，而偽者託於道德性命之說，欺世盜名，漸啟標榜門戶之害。此朕所深知，亦朕所深惡。」〔註52〕

　　終乾隆一朝，湯斌始終未能登上孔子廟庭。乾隆前期因其述不多，不夠傳經之儒的資格而被禮部議駁，反映了自康雍時期以后從祀標準的微妙變化。乾隆後期湯斌從祀被駁更大程度上是由於帝王個人好惡。總之，湯斌從祀失敗，恰恰反映出乾隆時期理學發展態勢，從清初極盛到逐漸失去活力而趨於衰退。

（二）從祀機緣天鑄造

1、「真理學」興起

　　康乾盛世過後，清王朝開始走下坡路。道光年間，清王朝衰敗態勢更為明顯，政治上，官吏昏庸、政風腐敗；經濟上各種賦稅多如牛毛，導致社會危機迅速加劇。龔自珍形容當時的社會衰象：「自乾隆末年以來，官吏士民，狼奸狽蹶，不士、不農、不工、不商之人，十將五六……自京師始，概乎四方，大抵富戶變貧戶，貧戶變餓者。四民之首，奔走下賤。各省大局，岌岌乎皆不可以支日月，奚暇問年歲！」〔註53〕龔自珍甚至認為當時社會已經到

〔註50〕《乾隆朝東華續錄》乾隆五十五，清光緒十年長沙王氏刻本，第1232頁。
〔註51〕《大理寺卿尹嘉銓奏請將臣父尹會一及湯斌等從祀文廟事》，乾隆四十三年，清朝軍機處朱批奏摺，檔號：04-01-38-0053-001，中國第一歷史檔案館藏。
〔註52〕《高宗純皇帝實錄》卷128，乾隆五年十月己酉。
〔註53〕龔自珍：《西域置行省議》，《龔自珍全集》上冊，上海：上海古籍出版社1975年版，第106頁。

了「日之將夕，悲風驟至」的「衰世」。〔註54〕

伴隨著國勢日衰，漢學弊端不斷暴露，遭到關心世運之學人的批評，「乾隆中葉後，士人習氣考證於不必考之地，上下務為相蒙，學術衰而人才壞」。〔註55〕潘德輿把社會風俗的敗壞、道德人心的頹墮歸結為程朱理學的衰退，他說：「程朱二子之學，今之宗之者罕矣，其宗之者率七八十年以前之人，近則目為迂疏空滯，而薄之人心風俗之患，不可不察也」。〔註56〕

潘德輿還批評乾嘉漢學專事考據辭章，而不究心「心性精微之言」，導致義理不明，「民俗薄」而「生計絀」：

> 數十年來承學之士，華者騁詞章，質者研考據，如是則可矣。
> 若其人為講學之人，則上之群公卿老於文學者，輒作色非之，又取宋元以來講學有大名者，糾其迂執疏陋，……於是為士者，必惡講學，不特心性精微之言，不偶一關慮，即倫紀理亂、官守清濁、民生利病之大故，父兄於子弟，亦未有敢相詔告敦勗者，況師友哉。
> 風尚既成，轉相祖襲，牢不可詰，……民俗薄、生計絀，獄訟繇，百害籍乘此而起。〔註57〕

這種觀點反映了當時不少士大夫的共同看法。

經過百餘年的發展，盛極一時的漢學已成強弩之末。它本身存在的瑣碎、缺乏理論思辨、漠視現實的弊病引起許多學者的不滿，誠如梁啓超所說：「嘉道以還，積威日弛，人心已漸獲解放，而當文恬武嬉之既極，稍有識者，咸知大亂之將至。追尋根源，歸咎於學非所用，則最尊嚴之學閥，自不得不首當其衝」。〔註58〕隨著社會局勢的逐步惡化，有識之士痛感漢學沉溺考據，無濟於世，漢學失去了往日那種對士子的吸引力而衰落下去。

一些人認為要救人心、救學術、救世道，就要提倡程朱理學，尊崇「正學」，公然打出復興理學的旗號。此時復興的理學，由於面臨的是整個社會走向衰退的危機，因此，不僅要揭露漢學的瑣碎弊端，更注重將義理闡發和經

〔註54〕龔自珍：《明良論二》，《龔自珍全集》上冊，上海：上海古籍出版社 1975 年版，第 31 頁。

〔註55〕沈垚：《與孫愈愚》，《落帆樓文集》卷八，民國吳興叢書本，第 124 頁。

〔註56〕潘德輿：《任東潤先生集序》，《養一齋集》卷十八，清道光刻本，第 211 頁。

〔註57〕潘德輿：《晚醒齋隨筆序》，《養一齋集》卷十九，清道光刻本，第 216 頁。

〔註58〕梁啓超：《清代學術概論》，《飲冰室合集》專集之三十四，北京：中華書局 1989 年版，第 52 頁。

世致用結合起來，在發揮理學這一主流意識形態挽救世道人心、強化倫理道德權威性作用的同時，積極努力將經世主張付諸實踐。

羅澤南在提倡程朱理學的同時，力戒空談，主張言行合一才是「眞理學」，他在《答劉孟容書》中說：

> 所示諸生持守涵養之說，誠爲學者良劑，士人讀聖賢書，不徒以之資口耳，實以之範身心。持守不固，涵養不深，雖日談仁義，終是一場鶻突。古人之學，言與行合而爲一者也，以平日之所言者勵而爲行，即以一身之所行者，發而爲言，故聞其言即已知其人也。今人之學，言與行分而爲二者也，著爲議論者，居然聖學之矩矱，見諸行事者，不免世俗之迷亂。問其言則是，問其人則非也，縱令其行事勉強支持，不至墮落，此心憧憧已不可質諸幽獨，況涵養不深，則省察不密；省察不密，則舉動必乖；舉動既乖，則言語必謬。其病相因，而其害無窮。〔註59〕

「眞理學」的興起還與道光年間興起的經世致用思潮密切相關。開明學人以匡危救時之志將眼光投向現實，主張發揚「經世致用」思潮傳統。早在清初著名思想家顧炎武、黃宗羲等曾倡導「經世之學」，但在當時高壓政策之下，詞章、考據、訓詁之學凸顯，經世之學淡出。嘉慶、道光年間，有識之士繼承並發揚前輩講求「經世致用」的傳統，反對脫離實際，反對空疏，注意研究現實問題，經世思潮再興。

過去學界對道光年間經世致用思潮的研究多集中於漕運、鹽法、河工、農業、鴉片等現實問題上，實際上現實問題在時人看來只不過是「治術」。他們認爲「治道」才是根基，關注現實問題只是手段，目的是要「存道」。經世要以能否實現治體、治本、治道爲根本標準。例如，道光六年（1826）刊行的《皇朝經世文編》，它對一系列對社會現實問題的闡述，都是以前 14 卷的「學術」「治體」爲指南，「治體一門，用以綱維庶政，凡古而不宜，或泛而罕切者，皆所勿取矣」。〔註60〕

總之，在對漢學的批評中，在經世思潮興盛中，理學復興，復興的理學特別注重「明體」以「達用」，也就是所謂斥空談、重實踐的「眞理學」。

〔註59〕〔清〕葛士濬：《清經世文續編》卷一　學術一，清光緒石印本，第 8 頁。
〔註60〕《皇朝經世文編五例》，賀長齡：《皇朝經世文編》，沈雲龍主編：《近代中國史料叢刊》第七十四輯：731，臺北：文海出版社 1972 年版。

2、漢宋調和潮流

乾嘉時期，漢學鼎盛，使得漢宋之爭全面展開，漢學家們批判理學空疏虛妄，並攻擊理學核心「理」違背儒家經典，揭示理學「以理殺人」的本質。理學則攻擊漢學瑣碎，捨本求末，毫無意義，漢宋矛盾非常尖銳。《漢學師承記》與《漢學商兌》出版，更使得漢宋之爭公開化。漢學與宋學激烈的門戶之爭，使許多學者囿於門戶之見，看不到對方的長處，治學之路越走越偏。漢學家只知在古籍中尋章摘句、考證校勘，他們視考據爲學問的極致，不善作宏觀的概括與議論。宋學家只知確守程朱，一字句不敢議，他們與漢學相爭，只是由於漢學與程朱立異。

嘉道年間，出現了調和漢宋的趨向，如李兆洛、張履、胡承珙等，他們對漢學、宋學無所偏倚，治學主張不分門戶。李兆洛論學不分漢宋，「惟以心得爲主」，反對以餖飣爲漢，以空腐爲宋，因此，「以《通鑑》《通考》二書爲學之門戶」。〔註61〕魏源贊李兆洛爲「近代通儒，一人而已」。〔註62〕張履主張「爲漢爲宋，則各從其所長，而絕不參以成見」。〔註63〕胡承珙認爲，「治經無訓詁義理之分，唯求是者而已；爲學亦無漢宋之分，唯取其是之多者而已」。〔註64〕

阮元創辦的學海堂，教學注重漢宋調融，師生中不乏基於漢學而又兼採宋學者。如陳澧，他治學善於博採眾家之長，而不囿於門戶之見，精於考據，於漢學、宋學能會其通，謂：「漢儒言義理，無異於宋儒，宋儒輕蔑漢儒者非也。近儒尊漢儒而不講義理，亦非也。」〔註65〕

以上漢宋調和的主張，或宗宋學而兼採漢學，或宗漢學而不廢宋學，或是漢宋立場較爲模糊。不管哪種類型，都主張追本溯源，以孔孟眞學化解漢宋之爭，認爲漢學、宋學皆傳聖人之道。

總之，「眞理學」的興起和漢宋調和的學術潮流，爲治學主張實用且不分門戶的孫奇逢從祀孔廟提供了極佳的學術環境。

〔註61〕 魏源：《武進李申耆先生傳》，《魏源集》上冊，北京：中華書局，1976年版，第361頁。

〔註62〕 魏源：《武進李申耆先生傳》，《魏源集》上冊，北京：中華書局，1976年版，第361頁。

〔註63〕 張履：《復顧訪溪書》，《積石文稿》卷十四，道光壬寅刊本。

〔註64〕 胡承珙：《求是堂文集》卷四，清道光十七年刻本，第62頁。

〔註65〕 陳澧：《東塾讀書記自述》，上海：商務印書館1935年版。

（三）「愼獨存誠」享孔廟

道光年間，內憂外患，國家局勢日趨衰敗，士大夫階層道德敗壞，人心離散。強化思想文化和意識形態控制，恢復綱常禮儀秩序，成爲統治者迫切需要解決的問題，統治者的文化政策即圍繞加強思想控制展開。道光帝重視和提倡程朱理學，不僅號召士人多讀程朱著作，還採取了一些提高理學地位的措施。

道光三年（1823），道光帝採納通政司參議盧浙的奏請，將清初理學名臣湯斌從祀孔廟，排列在明儒羅欽順之後。上諭指出：湯斌「正色立朝，始終一節。所學主于堅苦自持，事事講求實用，著書立說深醇篤實，中正和平，洵能倡明正學，遠契心傳」。〔註66〕

湯斌從祀，使得夏峰北學復興出現可能。清初夏峰北學盛極一時，然而隨著夏峰弟子的相繼離世以及漢學的發展，夏峰北學在乾嘉時期晦而不彰。道光朝文化政策的調整，給夏峰北學的復興提供了契機。學人開始思考如何將夏峰北學的宗師孫奇逢推上孔廟。道光八年（1828），御史張志廉以湯斌業已從祀爲由，奏請孫奇逢從祀，張志廉稱：

> 孫奇逢生平之學，有體有用，湯斌嘗稱其講道山中，公卿大臣四方學士聞風而起，其有功於斯世者大。又稱其語默動靜之氣，渾淪全體，大用光明洞徹。蓋斌親受業於其門，故其知之爲最眞而服之爲獨，至今斌幸得遭逢聖世，列祀在廡，而奇逢爲斌淵源所自出，見其行道，不愧古人造詣精醇，倡明正學，似宜從祀文廟，以彰文學而闡幽光等因。〔註67〕

張志廉，字周六，號秋艇，直隸南皮縣人，嘉慶乙丑進士，〔註68〕道光四年（1824）擢湖廣道監察御史，稽查通政司國子監事務，道光六年（1826），改補江南道。張志廉「好提拔寒唆。後進多嘉賴之」，以孫奇逢「國初巨儒，未獲祠典」奏請從祀孔廟。〔註69〕清制湖廣道稽察通政使司兼管國子監，而國子監負責「歲仲春、秋上丁，釋奠，釋菜，綜典禮儀」，〔註70〕張志廉作爲

〔註66〕王先謙：《東華續錄（道光朝）》道光七，清光緒十年長沙王氏刻本，第78、79頁。

〔註67〕《容城縣志》卷七藝文志，清光緒二十二年刻本。

〔註68〕〔清〕黃叔璥：《國朝御史題名》，清光緒刻本，第99頁。

〔註69〕殷樹森等編：《南皮縣志》卷十 宦業，清刻本。

〔註70〕趙爾巽：《清史稿》卷一百一十五，志第九十，北京：中華書局1977年版，

直隸人，希望利用職務之便，爲本地先賢爭取孔廟的一席之地。

張志廉的奏摺下禮部議奏。禮部官員議奏內容圍繞當時學術思潮的變動展開。

第一，特別突出孫奇逢爲學「以理學爲根基」，「以講求實用爲本旨」的特點：

> 國朝定鼎後移家河南之蘇門關兼山堂，讀《易》其中，倡明道術，啓迪後學，海內之士，聞風興起，有助於世道人心，良非淺鮮。湯斌受業其門，心悅誠服，謂其學以愼獨爲宗，以體認爲天理爲要，以日用倫常爲實際，又謂其博極造約窮理識眞，以孝悌爲盡性之基，由忠恕爲達化之門，蓋斌之學，實得其傳，故言之最爲親切。著有《讀易大旨》五卷，《四書近旨》二十卷，《中州人物考》八卷，俱採入《四庫全書》，其《尚書近旨》六卷，亦存其目。此外如《理學宗傳》二十六卷，湯斌稱其明天人之歸，嚴儒釋之辨，五經四書之後，吾儒傳心之要典。其它著作如《聖學錄》《歲寒居文集》諸書，具見《湯斌集》中。

> 《欽定四庫全書提要》內稱奇峰說易，發明義理，切近人事，平生之學，主於實用，故所言皆關法戒，有足取焉。《四書近指》於四子之書，挈其要領，統論大旨，間引先儒之說，以證異同。如雲聖人之訓，無非是學，其論最難，然指意不無偶偏。如論道千乘之國及大學經傳數節，未免高明之病。《中州人物考》，意在黜華藻，勵實行，恕於常人而責備賢者，頗爲不苟。惟《張玉傳》贊爲紕謬等語。臣等伏考朱子注經，後人不無議論，溫公作鑒，紫陽亦有辯證。而要不以一語之偶偏掩其全體之實學。〔註71〕

正如禮臣所述「以體認爲天理爲要，以日用倫常爲實際」〔註72〕，孫奇逢一生踐行孔子之道。所謂「不離日用常行內，直造先天未畫前」，「說心在事上見，說體在用上見」，「約禮在博文上見，致知在格物上見」，講究「內聖外王，一以貫之」。〔註73〕

第 3302 頁。

〔註71〕《遵義府志》卷二十二，清道光刻本。

〔註72〕《遵義府志》卷二十二，清道光刻本。

〔註73〕孫奇逢：《夏峰先生集》卷二，清道光二十五年大梁書院刻本，第42、43頁。

　　禮臣還特別指出《中州人物考》「意在黜華藻，勵實行」，〔註74〕這種品評客觀實在。《中州人物考》共分八卷，卷一理學，卷二經濟，卷三忠節，卷四清直，卷五方正，卷六武功，卷七隱逸，卷八補遺。選入書中的中州人物，「或以理學著，或以經濟稱，或殉難一朝，而以節義顯，或抒忠有素，而以直諫名，或居身不苟，立朝有聞，人亦不得以一節目之，則方正之謂也。此五者途轍雖分而本源乃合，第就其時其地，各成一品格，所謂君子亦仁而已矣」。〔註75〕可見，孫奇逢選取人物時以理學、事功爲重要標準，著重表彰既有節義又以經濟著稱的方正之士。孫奇逢這種「黜華藻、勵實行」的精神被禮臣看重，因爲這種精神正符合道光年間的政治文化發展需要。

　　第二，禮臣還抓住孫奇逢治學不分門戶的特點爲其請祀：

　　　　　　奇峰學術中正醇篤，不愧先儒。綜其生平，由倫常日用，契乎性天以愼獨存誠，闡夫道德學，無門戶兼傳朱陸之宗道，溯淵源足衍濂洛之脈，應准其從祀文廟西廡，在明臣呂坤之次。〔註76〕

孫奇逢治學主張合漢宋、合朱陸，統一歸本於孔子之義理宗旨。關於程朱與陸王，孫奇逢認爲「朱之道問學，自不離尊德性，陸之尊德性，亦豈能離道問學」。〔註77〕關於漢儒，孫奇逢對其態度豁達，他認爲漢儒在承傳道統過程中的作用不可小視，「周之前，江都（董仲舒）、河汾（王通）、昌黎（韓愈）不與焉。予謂三子者，衍學脈而傳世系，厥功不小」。〔註78〕因此，《理學宗傳》雖以理學爲主，也爲漢唐儒者留有適當的位置。孫奇逢折衷諸家，以孔孟爲歸旨的學術主張符合道光年間漢宋調和的學術潮流。

　　最後，禮臣議奏打動道光，道光諭旨批准孫奇逢從祀：「孫奇逢學術中正醇篤，力行孝悌，其講學著書以愼獨存誠，實足扶持名教，不愧先儒。近年節經降旨，將原任尙書湯斌及明臣劉宗周、黃道周、呂坤、唐臣陸贄從祀東西兩廡，孫奇逢著從祀文廟西廡，列於明臣呂坤之次」。〔註79〕

　　道光年間湯斌、孫奇逢先後從祀孔廟，使得夏峰北學的團體意識增強，

〔註74〕《遵義府志》卷二十二，清道光刻本。
〔註75〕孫奇逢：《中州人物考序》，《夏峰先生集》卷四，清道光二十五年大梁書院刻本，第70頁。
〔註76〕《遵義府志》卷二十二，清道光刻本。
〔註77〕孫奇逢：《孫徵君日譜錄存》卷十五，清光緒十一年刻本，第361頁。
〔註78〕孫奇逢：《孫徵君日譜錄存》卷十五，清光緒十一年刻本，第361頁。
〔註79〕李桂林：《吉林通志》卷四十五　學校志二，清光緒十七年刻本。

夏峰北學再度興起。道光十三年（1833），京師的河南同鄉組織了「正學會」，
[註80] 主要參與者有倭仁、李棠階、王寶儒等人。正學會內學者以同道而相
聚，崇奉夏峰學，可謂是道光年間夏峰北學之遺緒。

在夏峰北學的後勁中，倭仁、李棠階影響最大，他們在晚清理學復興中
扮演了重要角色。倭仁受河南歷史人文環境影響，早年治學從王學入手，後
來從遊唐鑒以及與吳廷棟等人相交以後，確立了篤守程朱的理學宗向。這對
道咸同時期的士林社會影響頗大，「自乾嘉以後，漢學盛行，洛閩一派墜緒幾
乎欲絕，先生（倭仁）起來維之，同時館閣中如鏡海唐先生鑒、丹畦何先生
桂珍、蘭泉竇先生埣、李文清公棠階、曾文正公國藩，以先生爲師友，相與
輔翼斯道，一時人才蔚起，正學昌明，遂成國朝中興翊贊之功，何其盛也！」
[註81] 李棠階，「所學成于堅苦，兼採眾說，自求心得，不分門戶，有足美焉」，
「清代中州巨儒輩起，強齋爲之後勁」。[註82] 咸豐年間，李棠階主講河朔書
院，每逢朔望日登堂講授，與諸生論義利之辨，立規約十餘條，命諸生於課
藝之外，研習經史、性理、經濟諸書，而歸本義利的辨別，務期「學有實用」。
李棠階在河朔書院講學，培養了大批河南籍士子，其學術實用精神亦影響深
遠。

小　結

孫奇逢晚年在夏峰村講學和著述，其獨特的抗清經歷和高深的學術造
詣，吸引全國學者聚集到他周圍，形成了「以體認天理爲要，以日用倫常爲
實際」爲治學宗旨的夏峰北學，夏峰北學在清初盛極一時。基於孫奇逢對理
學作出的巨大貢獻，在他去世後，百泉書院中爲其創設專祠供奉木主，河南
輝縣、河北容城等地還爲其建立專門祠堂，希圖以先賢精神感染後學，教化
後人。乾隆時期，漢學如日中天，理學受到擠壓，夏峰北學長時間晦而不彰。

[註80] 「道光十一年充順天鄉試同考官，十三年遇新鄭舉人王軫於京邸，語連日夜
　　　自覺學未得要，乃相與講王守仁、羅洪綫之學，與京師友人立社爲課，互相
　　　勉勵」。見李時燦：《李棠階傳》，《中州先哲傳》卷七 名臣，中國國家圖書館
　　　古籍館編：《中國古代地方人物傳記彙編》100 河南卷五，北京：北京燕山出
　　　版社 2008 年影印版，第 423 頁。
[註81] 黃舒昺編：《國朝中州名賢集》卷首《倭艮峰先生》，光緒十九年中州明道書
　　　院刻，第 7 頁。
[註82] 錢穆：《〈清儒學案〉序》，《中國學術思想史論叢》卷八，北京：商務印書館
　　　1997 年版，第 376 頁。

道光年間，統治者開始調整文化政策，重視理學的教化作用，將湯斌從祀孔廟，提高了理學地位的同時，使得夏峰北學復興出現可能，道光八年（1828）孫奇逢從祀孔廟，夏峰北學團體意識增強。

　　孫奇逢從祀孔廟，一方面是最高統治者的統治需要，統治者看重理學在維護自身統治方面的重要作用，將孫奇逢塑造為理學教化典範，進而塑造為儒學偶像，成為後人學習的榜樣和模範。另一方面，還與道光年間「真理學」的興起和學術趨於融合的潮流密不可分。禮臣在奏請孫奇逢從祀時，特別突出他「以講求實用為本旨」的理學和治學不分門戶的特點，最後，禮臣議奏打動道光帝，道光下旨批准孫奇逢從祀孔廟。孫奇逢從祀之後，夏峰北學再度興起，夏峰北學的後勁倭仁和李棠階還在晚清理學復興中扮演了重要角色。孫奇逢從祀孔廟，使其從一地先賢成為全國大儒，影響及於後世。其學而不已的治學態度，虛懷若谷的君子風範，贏得後世學者的敬仰和尊崇。

第四章　張履祥從祀孔廟

　　張履祥（1611～1674），字考夫，號念芝，浙江桐鄉人，世居楊園村，故
學者稱楊園先生。張履祥九歲喪父，家貧而志向不滅，自勉自愛，刻苦攻讀，
十五歲應童子試，成秀才。崇禎六年（1633），張履祥至同里顏統家任塾師，
時東南文人結社之風甚盛，皆各立門戶，著書講學，甚或評議朝政，張履祥
對風氣十分厭惡，慨然曰：「東南壇坫，西北干戈，其亂於世無所上下」。〔註
1〕他與顏統相約，不參與其活動，而是以文行相砥礪。崇禎十五年（1642），
張履祥赴杭州應鄉試，未中，其時見黃道周於靈隱寺，黃氏勸以近名爲戒，
張履祥感佩銘記，終身服膺。崇禎十七年（1644），又至山陰（今浙江紹興）
謁劉宗周，拜其爲師。同年，清兵入關，佔據北京，劉宗周絕食抗節而死，
張履祥聞知痛哭。第二年，清兵攻陷浙江，張履祥打算聯絡何商隱、呂留良
等人反清復明，未能實行，後來看到清王朝統治局勢已定，見大勢不可爲，
憤而放棄諸生身份，絕意仕進，先後在故里及嘉興、海鹽等地坐館三十餘年，
以課耕授館爲生。

　　康熙十三年（1674）七月二十八日，張履祥在貧病交加中離開人世，享
年六十四歲。著有《願學記》、《讀易筆記》、《讀史偶記》、《言行見聞錄》、《經
正錄》、《初學備忘》、《近古錄》、《訓子語》、《補農書》、《喪葬雜錄》、《訓門
人語》等，後人輯爲《楊園先生全集》。

　　張履祥作爲平民儒士的一生頗爲慘淡，他曾經敘述自己「自大亂以來，
播遷竄越，歲無寧處，舊業荒於寇戎，精志摧於愁困，顛沛橫生、疾痰繼作，

〔註 1〕張履祥：《與屠闇伯》，《楊園先生全集》卷九，北京：中華書局 2002 年版，
　　　第 257 頁。

倏忽歲之再周，而齒髮遂衰矣。奄息至今，徒以秉彝之良未甘自棄」。〔註2〕
到了晚年，更加潦倒，以致「炊煙幾絕」，年老多病的他常常只能靠朋友周濟，
《楊園先生全集》中多次記載何商隱、呂留良等或借或贈，幫助他一解燃眉
之急。康熙十三年（1674），張履祥貧病而死，身後諸事頗爲悲涼，由好友何
商隱及門人弟子草葬於楊園宅東南，後來門人因「地非爽塏」，「遷葬於楊園
村北西溪橋南百步許溪邊」。〔註3〕因爲張履祥子孫不旺，導致無人主持家祠
祭祀：「先生長子維恭早世、次子與敬未娶而殀，繼孫聖聞亦殀，繼曾孫名文
相，其後未考，今則無主後者，甚可悲也。」〔註4〕

如此一個聲譽不出鄉里的平民儒士是怎樣登上儒者的最高殿堂的呢？下
面就從張履祥的平民生活、身後影響擴大、從祀的社會環境三個方面論述張
履祥思想及其從祀孔廟的歷程。

一、平民儒士的耕讀生活

（一）貧而不改其志

張履祥一生都在與窮困的生活做鬥爭，晚年在貧病交加中回顧自己的人
生，說道，「弟之不得力學者三故，幼失先人，一也；生於窮鄉，二也；長困
衣食，三也」。〔註5〕除了因父親早逝而無人指引外，他認爲貧窮是導致他學
無成就的主要原因。在與友人的書信中，他經常會提及困窘的生活：「弟來年
每至炊煙幾絕」，〔註6〕在《與何商隱》書信中記道：「先生屢捐廩米以相貽，……
十日前，無貳特來饋金，使數畝得以及時耕耨，以寄有秋」。〔註7〕「承仁兄
惠米，不受則妻子饑困，受之又內疚於心。男子不能家食，至以廩餼歲累知
己，可歎也」。〔註8〕

借債致使他內心非常煎熬。借債本已難開口，借了難以按時償還，不借，
一家老小生活無依。張履祥困窘到不靠朋友弟子接濟就無法生活下去的地
步。然而，越是貧窮，越是磨練了堅強的意志。雖然窮困，但他從未放棄追

〔註2〕張履祥：《答張佩蒽一》，《楊園先生全集》卷十一，第 301 頁。
〔註3〕蘇惇元：《張楊園先生年譜》，《楊園先生全集》附錄，第 1517 頁。
〔註4〕蘇惇元：《張楊園先生年譜》，《楊園先生全集》附錄，第 1517 頁。
〔註5〕張履祥：《答吳仲木八》，《楊園先生全集》卷三，52 頁
〔註6〕張履祥：《與呂用晦七》，《楊園先生全集》卷七，第 200 頁。
〔註7〕張履祥：《與何商隱六十五》，卷五，第 144 頁。
〔註8〕張履祥：《與何商隱四十六》，《楊園先生全集》卷五，第 132 頁。

求更高境界，更高成就的信念。張履祥認爲，爲人應當以聖賢爲榜樣，「持志」、「守氣」、「存心」，堅苦自持，長存憂患之心。具體說來有以下幾點：

首先，張履祥立身極嚴，他說，爲人應當效法聖賢，立志做事，並且堅持不懈：

> 吾人生於天地之間，當爲可有不可無之人。以一家而論，一家不可無，一鄉而論，一鄉不可無，以至一國天下皆然。所謂「其生也榮，其死也哀」，方不負父母生我之意。今人志氣卑弱，說及此際，則以爲必非人之所能爲。噫！人特不爲耳！〔註9〕

> 凡人百事苟且，優遊地過一生，不特自己無所成就，虛生虛死，與萬物無異，即後世不振，約略可見。大禹過門不入，成湯昧爽丕顯，坐以待旦；文王日昃不暇食，周公仰思三王，夜以繼日；孔子發憤忘食，樂以忘憂，不知老之將至，自古聖賢何等志力！〔註10〕

他說：「爲學之道，始於立志」。立志就像射箭一樣，雖然箭還未射出，但是「志已及之」。成就大與否，全在志氣大小，「志大而大，志小而小」。將來是否能夠成事，「無不由是」。〔註11〕

> 此志一定，便須實做工夫，以必求其如我所志而後已。日用之間，一切外誘，凡可以奪志者，力屏絕之。如耳之於聲，目之於色，口之於味，鼻之於臭，四肢之於安佚之類，固有不知其然而浸淫入之者。惟有猛提此志，一發身省，曰「吾志如何而以是自喪乎」？則於學也，將有欲罷不能者矣。〔註12〕

立志之後，還在平時的行爲工夫，一言一行，每處一事，都要踏踏實實、立定腳跟，堅持下去。最重要的要抵住外界誘惑，凡是有消磨意志的苗頭，定然要時時提醒自己不能玩物喪志。堅持自己的志向，久而久之，會發現做學問有無窮樂趣，樂在其中矣。

第二，張履祥以朱熹、孟子等聖賢的生活態度激勵自我，堅苦自持。孟子曰：「天將降大任於是人也，必先苦其心志，勞其筋骨，餓其體膚，空乏其身，行拂亂其所爲，所以動心忍性，增益其所不能」。張履祥說，自己生活在

〔註 9〕張履祥：《答顏孝嘉》，《楊園先生全集》卷十三，第 366 頁。
〔註10〕張履祥：《備忘三》，《楊園先生全集》卷四十一，第 1121 頁。
〔註11〕張履祥：《答顏孝嘉》，《楊園先生全集》卷十三，第 365 頁。
〔註12〕張履祥：《答顏孝嘉》，《楊園先生全集》卷十三，第 365、366 頁。

亂世，加上「孤苦憂患」，正需要「從百苦中打煉出一副智力」，然後「外可以濟天下，內可以承先人」〔註13〕

在他看來，貧窮、生活磨難等問題是對個人人格的砥礪和磨練，是通往聖賢之路不可或缺的人生考驗，因此，決不能因此而怨天尤人。張履祥以儒家先賢爲立身和生活榜樣，貧而不改其志，貧而志向更堅，體現了儒家知識分子內修自我，外濟蒼生的濟世情懷。

第三，人處世間，不論貧富，待人接物應當有「寬和之氣」。他用天人感應的觀點來解釋人的處世態度，他說，「寬和之氣」才是「陽春景象」，百物由是以生長，所謂「天地之盛德氣也」。如果「刻急煩細」，雖然所持觀點或者行爲未必不對，仍然「不免秋殺氣象」，「百物遂以凋損，感召之理有然，天道人事相依也」。〔註14〕

怎樣才有「寬和之氣」呢？他認爲，就要「存其心」，也就是存其固有之良心。「惻隱之心，人皆有之；羞惡之心，人皆有之；恭敬之心，人皆有之；是非之心，人皆有之。惻隱之心，仁也；羞惡之心，義也；恭敬之心，禮也；是非之心，智也。仁義禮智，非由外鑠我也，我固有之也，弗思耳矣。」〔註15〕然而，人們先天具有的善良純真本性雖然近似，只是後天積久習染養成的習慣差異大，「一世有一世之習，一方有一方之習，一鄉有一鄉之習，一家有一家之習，一人有一人之習」。只要人人常懷「惻隱、辭讓」之心，相互寬容，理解，「人皆可以爲堯舜處」。〔註16〕

第四，人固然貧窮，但是應該安於貧窮，並且長存敬畏之心、憂患之心。他說：「大凡人之心想，多只向好底一邊，希望至於老死不已。貧想富，賤想貴，勞想逸，苦想樂，轉轉憧憧，無所紀極。且思天下，豈有人人富貴逸樂之理？」如果總是妄想，是「分內不自省」，恰恰容易招致意想不到的禍患。如果生活不順，更應當存有憂懼之心，「念及分內所缺所失，自不得不憂，自不得不懼」，當修德而不修，缺失乃至禍患不知幾何。因此，所謂「君子安而不忘危，治而不忘亂，存而不忘亡」，此種信念，不論貧富，自幼至老，不可「一日不栗栗持之」。〔註17〕

〔註13〕張履祥：《答顏孝嘉》，《楊園先生全集》卷十三，第367頁。
〔註14〕張履祥：《訓子語上》，《楊園先生全集》卷四十七，第1351頁。
〔註15〕《孟子·告子章句上》。
〔註16〕張履祥：《答顏孝嘉》，《楊園先生全集》卷十三，第369頁。
〔註17〕張履祥：《訓子語上》，《楊園先生全集》卷四十七，第1360頁。

是在貧窮中走向壓抑，還是浴火重生？張履祥無疑選擇了後者。他繼承孔孟程朱先哲精神，堅若自持，勤勉奮發，遺世孤立，卓然成一家。

（二）由王返朱、耕讀相兼

張履祥早年接受的是王學，從二十五歲讀朱熹《近思錄》等書之後，開始由服膺王學轉爲批判王學：

> 　　朱子精微，象山簡率，薛、胡謹嚴，陳、王放曠。今人多好像山，不樂朱子，於近代人物，尊陳、王而絀薛、胡。因人情便簡率而苦精詳，樂放曠而畏謹嚴；亦緣百餘年來，承陽明習氣，程、朱之書不行於世，而王、陸則家有其書。士人挾策，便已淪浹其耳目，師友之論，復固其心思，遂以先入之言爲主。雖使間讀程朱，亦只本王、陸之意，指讁其長短而已。誰復能虛心篤志，求所謂窮理以致其知，踐履以敏其行者？此種習尚不能丕變，竊憂生心害事之禍，未有艾也。〔註18〕

張履祥揭示了程朱理學和陸王心學二派的發展脈絡，理學一派從朱熹簡要精闢，到薛暄、胡居仁的嚴謹，心學一派從陸象山的簡易率性到陳獻章、王陽明的放蕩曠野。他指出，近世以來，很多學人畏懼實在工夫，懶於踏實爲學，從而選擇心學之書，使得師友相傳，爭相競逐之書皆是王學，導致理學的衰微。長此以往，學風虛浮，人無章法，禍事會接連不斷。

張履祥認爲孔孟原典和程朱之學中本就內有尊德性和道問學，只是王學人爲的將二者割離，導致天下學術分裂，紛爭不斷：

> 　　《大學》《中庸》二書，所以示後學者，至詳且切矣。《大學》之要，在於致知誠意，《中庸》之要，在於明善誠身。而求其端用力之處，一則曰格物，一則曰擇善而固執之，要之，非有二也。……自後儒分尊德性、道問學爲二事，而格致之說紛若聚訟。以愚測之，亦於朱子之說或未能詳考耳。其語格物者，或曰考之事爲之著，或察之念慮之微，或求之文字之中，或索之講論之際。噫，盡之矣。今之論者，舉其一而遺其一，相排抵，相附和，率以己意之所向者主之奴之。而不虛心平志，以求夫理至當。宜其輾轉沿習，而學術遂爲天下裂也。〔註19〕

〔註18〕 張履祥：《備忘三》，《楊園先生全集》卷四十一，第 1143 頁。
〔註19〕 張履祥：《與沈尹同二》，《楊園先生全集》卷七，185、186 頁。

張履祥還指出心學不「窮理」的弊端，實在是陽儒陰釋之學，天下學者必須要審明之：

> 象山黜窮理爲非，是欲捨規矩而自爲方圓也。……若下此以爲佛、老之眞，剽吾儒之似，以文其奸言，遂其無忌憚者，又無論已。近世學者，祖尚其說，以爲捷徑，稍及格物窮理，則謂之支離煩碎。夫惡支離則好直捷，厭煩碎則樂徑省，是以禮教陵夷，邪淫日熾，而天下之禍不可勝言。〔註20〕

張履祥將社會風氣與日俱下、人心不古的原因皆歸因於王學，不免偏頗，然而王學末流流於「好直捷」、「樂徑省」一端從而招致衰敗也是不爭事實。

張履祥批判王學，目的是爲了建設新學問，建設「讀書明理」、「明理適用」的學問。「明理適用」不只是「致君澤民」，更在於日常生活：「在親長之前，便有事親長之理，處宗族之間，便有處宗族之理，以至親戚、朋友、鄉黨、州里，無一不然。以至左右僕妾之人，亦莫不然。」〔註21〕他認爲生活中處處是「理」，讀書不是爲了空談，而是爲了「明理」，而「明理」的目的是有益於生活所用。

張履祥進一步提出了「耕讀結合」的治生思想：

> 人言耕讀不能相兼，非也。人只坐無所事事，間蕩過日，及妄求非分，營營朝夕，看得讀書是人事、外事。又爲文字章句之家，窮年累歲不得休息，故以耕爲俗末勞苦不可堪之事，患其分心。若專勤農桑，以供賦役、給衣食，而絕妄爲，以其餘間讀書修身，盡優遊也。農功有時多只半年，諺曰「農夫半年間」，況此半年之中，一月未嘗無幾日之暇，一日未嘗無幾刻之息，以是開卷誦習，講求義理，不已多乎？竊謂心逸日休，誠莫過此。〔註22〕

他不僅耕讀結合，實際上是耕、讀、教相得益彰。他自己耕田十餘畝，播種收穫，回到館中，對生徒講到，「稼穡之艱，學者尤不可不知。食者，生民之原，天下治亂，國家興廢、存亡之本也」。〔註23〕爲什麼這樣講呢？因爲耕種是事關禮義廉恥的大事，「夫能勤稼穡則可無求於人，無求於人則能立廉恥；

〔註20〕張履祥：《與何商隱一》，《楊園先生全集》卷四十一，第 110、111 頁。

〔註21〕張履祥：《答顏孝嘉》，《楊園先生全集》卷十三，第 367 頁。

〔註22〕張履祥：《備忘三》，《楊園先生全集》卷四十一，第 1122、1123 頁。

〔註23〕張履祥：《初學備忘錄上》《楊園先生全集》卷三十六，第 993 頁。

知稼穡之艱則不妄求於人，不妄求於人則能興禮讓。廉恥立、禮讓興，而人心可正，世道可隆矣」。接著他舉古代耕讀結合，後來成就非凡之士來加以說明，「古之士，出則事君，處則躬耕，故能守難進易退之節，立光明俊偉之動。……吳康齋先生講濂、洛之學，率弟子以躬耕；劉忠宣公教子讀書，兼力農。」謂治生以稼穡爲先，捨稼穡無可謂治生者」。〔註24〕

　　總之，獨特的生活經歷造就了張履祥獨特的思想體系。第一，張履祥身經亡國之痛，對空談學風誤人誤國感觸尤深，因此形成了激烈的辟王思想。晚年專門寫作《評陽明〈傳習錄〉》，條分縷析，詳細揭示王學「陽儒陰釋」之弊端。第二，貧苦的生活經歷影響張履祥的爲學思想。他闡釋孔孟、朱子治學經歷和方法，著意凸顯「堅苦自持」、立身修養極爲嚴格的精神。希望在激勵自身不因貧病而氣餒的同時，以此勉勵後世學人。第三，張履祥闡釋朱子的「居敬窮理」思想，提出「庸言庸行」、「窮理適用」的學術觀點，雖然對程朱理學發展並無多大建設作用，但是他開闢的楊園學派也不失爲清初實學思潮中的一支有價值的學派。第四，張履祥最有特點、最有價值的思想莫過於他的耕讀相兼的「治生」思想。耕種，既是爲解決生存問題，又是修養德業的重要途徑。耕讀相兼，治生以修德，既是中國古代知識分子的生活模式，又體現了他們的理想追求。

二、身後命運逆轉

　　張履祥因不好講學交遊，晚年又隱居鄉間，加之沒有後世子弟的傳揚，死後「聲譽不出鄉里」，「沒後數十載，姓氏里居幾不掛人齒頰」。〔註25〕後來能夠從一默默無聞者一躍而上登上孔子廟庭，中間過程極爲曲折。張履祥聲名的擴大得益於當地官紳的推崇，得益於他們不遺餘力搜求刊刻遺書，得益於後世學人積極傳播其學說。最後以一介平民儒士從祀孔廟成功，則是在特定時代環境下浙江官紳合力推動的結果。

　　地方官紳因看重張履祥治學尊程朱，有益於人心世道的作用，刊刻《楊園全集》，表彰其學術，將其塑造爲理學先儒的形象。隨著著作的刊行，鄉紳朱坤向學使雷鋐提出從祀孔廟的請求，並著重突出他的理學貢獻。由於張履

〔註24〕張履祥：《初學備忘錄上》《楊園先生全集》卷三十六，第 994 頁。
〔註25〕朱坤：《上雷公請以張楊園合祀陸祠書》，李廷輝修：《桐鄉縣志》卷九藝文志，清嘉慶四年刻本。

祥的學術影響力不夠，這次請祀無果而終。鑒於請祀孔廟的困難性，當地官紳便採取措施擴大張履祥在本地區的影響，以謀後圖，比如在嘉興書院、分水書院中奉祀張履祥木主，為其修建專門祠堂等。

（一）開始得到本地官方承認

乾隆年間，張履祥的身後命運開始出現轉機。乾隆十六年（1751），浙江學使雷鋐為張履祥立碑，書「理學眞儒楊園張先生之墓」。〔註26〕從現存資料來看，這是首次由政府官員出面參與擡升張履祥地位，也是張履祥地位變化的轉折點。雷鋐（1696~1760），字貫一，福建寧化人，師從著名理學家蔡世遠。〔註27〕雷鋐推崇程朱理學，主張窮理致知，躬行實踐。《清史稿》評價雷鋐說：「鋐和易誠篤，論學宗程、朱，督學政，以《小學》及《陸隴其年譜》教士。與方苞友，為文簡約沖夷得體要」。〔註28〕雷鋐受朱止泉〔註29〕影響，頗為關注張履祥學說，曾利用擔任浙江學使之便，走訪張履祥後人，努力搜求張履祥遺書，他稱：

> 余向見寶應朱止泉先生集，論當代儒者，首推楊園。姚先生在京師，得友人手錄遺書，循環讀之，益信止泉之言。……示學浙江，加意訪求先生族孫，諸生繼載出家藏本並年譜相示。嗚呼，先生之書，海內流佈甚少，學者倘得其年譜，亦可想見其語，默動止皆與道為體，而切景行之思矣。〔註30〕

在雷鋐看來，張履祥著述之價值與傳播範圍極不相稱，價值高而流傳少，為了使先儒思想不被時間淹沒，他積極鼓勵他人刊刻張履祥著作。在官方的鼓勵下，鄉紳朱坤與諸生重刻《楊園全集》，嘉興朱史黯、陳梓更相校刊，他們紛紛請浙江學使雷鋐作序，以擴大書籍本身的影響力。朱史黯對張履祥評價

〔註26〕蘇惇元：《張楊園先生年譜》，《楊園先生全集》附錄，第 1517 頁。

〔註27〕蔡世遠（1681~1734），字聞之，號梁村。蔡世遠學識淵博，尤精於性理之學，他繼承二程和朱子之學，又深研周敦頤、張載的學說，是清代閩學派的主幹，曾受福建巡撫張伯行聘請主持鼇峰書院。

〔註28〕趙爾巽：《清史稿》卷二百九十，列傳第七十七，北京：中華書局 1977 年版，第 10282 頁。

〔註29〕朱止泉（1666~1732）名澤雲，字湘陶，號止泉，寶應人（今江蘇省寶應縣），為學尊程朱，「論學術稱楊園為最醇」。見鄒鍾泉：《朱止泉先生傳》，《道南淵源錄》卷十二，清道光刻本，第 376 頁。

〔註30〕雷鋐：《張楊園先生年譜序》，姚夏編、陳梓校訂：《張楊園先生年譜》附錄，清乾隆十八年刻本。

頗高，認爲他可與已經從祀的先賢陸隴其相媲美，「奉楊園如其奉清獻公也」，張楊園之學，可以「勵於學」，刻錄《楊園集》，「廣其傳，喜所願學者厥志端，厥趨相與仰答聖世崇儒之化焉。〔註31〕朱史黯攜《楊園集》請浙江學使雷鋐作序。雷鋐欣然答應，認爲張履祥「崇正學、敦踐履」，「考楊園遊蕺山之門，而爲學則摧敬軒、敬齋，詆陽明。……蓋崇正學、敦踐履而已。文藝者宜爲陸清獻公所極稱，而學者奉其集如鴻寶也」。〔註32〕

　　陳梓敬佩張履祥，高度讚揚張履祥對理學的貢獻，其文「韓、柳、歐、蘇、薛、胡，孰能兼哉」。〔註33〕但是張履祥的遺稿散失嚴重，「時海昌所刻之板已無復存。其未刻者，蜀山歿後幼孤失稿」。陳梓多年以來孜孜以求遺稿，終於「批故籍得之」，「喜出望外」。〔註34〕陳梓特意將遺稿交給門生葉夢麟觀看，葉夢麟閱後深感刊刻遺書的迫切性：「近鴛湖謀刻備忘，顧備忘之書猶存人間，此則海內所想望而不得見者。登諸棗梨，嘉惠後學，共可緩乎！」〔註35〕陳梓表示贊同，認爲刊刻《楊園先生全集》意義重大，「世之誦習舉業者」在學習張履祥「性理文字」的同時，更要「反躬而實體之」，才符合「楊園之所望於來學」的眞正宗旨。〔註36〕

（二）朱坤請祀未果

　　在浙江學官雷鋐的倡導下，張履祥本已散失的遺著得到傳揚，一批有志於理學的士人開始研讀其著作，信奉其學說。乾隆二十一年（1756），朱坤向學使雷鋐提出將張履祥從祀孔廟的請求：

　　　　當明季姚江良知之説盛行，獨考夫張子確守程朱，其邃密似薛
　　　　文清、篤實似胡敬齋，醇乎醇者也。曾受業劉念臺門下，往來問答

〔註31〕雷鋐：《楊園先生全集序》，《楊園先生全集》，清同治十年刻重訂楊園先生全集本。
〔註32〕雷鋐：《楊園先生全集序》，《楊園先生全集》，清同治十年刻重訂楊園先生全集本。
〔註33〕陳梓：《楊園先生文鈔序》，《楊園先生全集》清同治十年刻重訂楊園先生全集本。
〔註34〕陳梓：《楊園先生文鈔序》，《楊園先生全集》清同治十年刻重訂楊園先生全集本。
〔註35〕陳梓：《楊園先生文鈔序》，《楊園先生全集》清同治十年刻重訂楊園先生全集本。
〔註36〕陳梓：《楊園先生文鈔序》，《楊園先生全集》清同治十年刻重訂楊園先生全集本。

見於《劉子文集》及張子之書。所輯《劉子粹言》尤大有功於師門者。今紹興蕺山書院爲劉子講學故里，前守曾爲專祠，以祀而配以門弟子二十二人及其子伯繩，獨遺張子。至嘉興鴛湖書院祠祀陸清獻公，而張子爲此邦先輩，均宜行廟造主合享，俾後生末學知道德之報，不在一生之顯晦，誠有死而愈明，久而愈光，如布衣張子者。則所以敦薄寬鄙、廉頑立懦，出自大人之教，思無窮矣。

今張子名不登仕籍，耕則農，讀則士，憂勤惕勵於窮廬破屋之中，間有著述，如《伊川易傳》，踐履已盡，因而寫成一布帛焉。非有錦製翠織可以娛人目也，一菽粟，焉非有異饌珍羞可以食人口也。大人今之范公也，發潛表微揭其名，而日月懸之，將見窮鄉僻壤，恥不早知有張子之學，誦其詩，讀其書，論世已知人心嚮往，而力行以求至之，其功豈小補哉。

……今清獻公與先生道德相堪，一用一不用。惟其用也，故天下知有陸子之學矣。惟其不用，故天下至今不知有張子之學，猶幸遺書具在，不至泯絕。伏冀刊佈學宮，俾師生講習倘久，而論定如宋之蔡九峰，元之趙仁甫，明之胡敬齋，俱以布衣從祀，則天下幸甚，萬世幸甚。坤知識淺陋，無所發明，好善之誠，竊懷有素冒昧請陳，不勝戰慄之至。〔註37〕

朱坤認爲本地先儒張履祥能在明末王學盛行之時守朱子家法，實爲難得。並且學問嚴密篤實，是理學醇儒。他首次將張履祥與業已從祀孔廟的陸隴其相提並論，陸隴其高居孔子廟堂，享受世人膜拜，學說隨之名揚天下。與此同時，張履祥卻沉寂不聞，實屬不當。因此，朱坤以傳播楊園學說爲己任，積極尋求途徑推動張履祥從祀孔廟。假如布衣儒士能夠從祀成功，對後人的激勵作用更加顯著。

然而這次請祀並沒有成功，由於資料缺乏，尚不能得知這次請祀過程的細節問題，根據《楊園全集》刊刻後流傳並不廣泛的情況，可推測張履祥學術影響力不夠，從祀孔廟的時機尚不成熟。

鑒於從祀孔廟這一國家正式祭祀體系的困難性，官紳爭取在本地區擴大

〔註37〕 朱坤：《上雷公請以張楊園合祀陸祠書》，李廷輝修：《桐鄉縣志》卷九藝文志，清嘉慶四年刻本。

張履祥影響。朱坤向學使雷鋐請求在嘉興書院陸清獻祠中增祀張履祥，並指出增祀張履祥是有益於後世的大事，「至嘉興書院祠祀陸清獻公，而張子為此邦先輩，均宜行廟造主合亭，俾後生末學知道德之報不在一生之顯晦，誠有死而愈明，久而益光。如布衣張子者，則所以敦薄寬鄙，廉頑立儒，出自大人之教，思無窮矣」。〔註38〕

桐鄉知縣李廷輝讀張履祥著作，仰慕其為人，他說：「讀先生文及《經正錄》《農書》諸著，皆遠契程朱，近接胡、薛，而不外劉公誠敬之旨，未嘗不慨慕想見其為人。歲癸丑（乾隆五十八年，1793）來宰邑，履先生之里，拜先生之墓，相去數十年，而流風餘韻猶有存焉」。〔註39〕

李廷輝謀求在青鎮分水書院奉祀張履祥木主：「邑之青鎮有分水書院，為諸生肄業之所，謹擇吉製栗主入祀，以誌私淑之意，亦使邑之人士知所矜式，經明行修，他日處為醇儒，出為良臣，未始非先生遺澤，有以興起於無窮也」。〔註40〕李廷輝儘管自願捐俸奉祀，但是沒有得到上級的批准：「巡撫部院批示，書院宜崇祀古昔聖賢，如以書院地小，未敢瀆祀孔子，亦宜崇祀，使越之端木夫子，未便以本朝儒者崇祀」。〔註41〕

李廷輝並沒有氣餒，謀求擴大楊園影響。他將楊園村「毀廢已久」的舊楊園祠重加修葺，「內供栗主，外樹碑記，俾春秋崇祀，相沿不替」，李廷輝希望「後之宰斯邑者，登堂拜謁，亦可想見讀書談道之風興起，邑之後學於無窮也」。〔註42〕

嘉慶十六年（1811）春，孝廉馮吉哉又提出將張履祥奉祀於分水書院的請求，浙江巡撫蔣攸銛飭令立主祀於青鎮分水書院。嘉慶二十三年（1818），桐鄉縣令黎恂修墓並重刻墓碑。〔註43〕

〔註38〕 朱坤：《上雷公請以張楊園合祀陸祠書》，李廷輝修：《桐鄉縣志》卷九藝文志，清嘉慶四年刻本。

〔註39〕 李廷輝：《祀張楊園先生於分水書院記》，李廷輝修：《桐鄉縣志》卷九藝文志，清嘉慶四年刻本。

〔註40〕 李廷輝：《祀張楊園先生於分水書院記》，李廷輝修：《桐鄉縣志》卷九藝文志，清嘉慶四年刻本。

〔註41〕 李廷輝：《祀張楊園先生於分水書院記》，李廷輝修：《桐鄉縣志》卷九藝文志，清嘉慶四年刻本。

〔註42〕 李廷輝：《祀張楊園先生於分水書院記》，李廷輝修：《桐鄉縣志》卷九藝文志，清嘉慶四年刻本。

〔註43〕 蘇惇元：《張楊園先生年譜》，《楊園先生全集》附錄，北京：中華書局 2002年，第 1517 頁。

（三）蘇惇元搜集遺著，謀求請祀

蘇惇元，字厚子，安徽桐城人。少貧困，立志學習書法及詩古文，閱先儒書後，乃立志為窮理力行之學。蘇惇元師從方東樹，治學服膺張履祥，為文宗方苞，著有《楊園年譜》《望溪年譜》及《四禮從宜遜敏錄》。〔註44〕

蘇惇元篤嗜陸隴其、張履祥書，閱讀姚夏和陳梓修訂的《張楊園先生年譜》之後，病其「疏略」，〔註45〕準備在二譜基礎上，刪繁補缺，重修《楊園年譜》。為了修訂年譜，蘇惇元努力求購張履祥著述，道光十五年（1835）夏，在友人邵映垣、邵懿辰等人的介紹下，在杭州購得張履祥的「《與人論學書》數篇」，讀之深以為快，因此「購求全書」之情更加急切，可惜「久不獲」。〔註46〕後到嘉興，友人代為購得《初學備忘》《訓子語》，蘇惇元「極歎其親切動人」。道光十六年（1836）年，蘇惇元再次到杭州，購得「《備忘》四卷」，「《祝人齋選訂全書》十六種」，「並借抄本遺稿六種」，至此，蘇惇元終於將張履祥遺書搜集完備。〔註47〕

蘇惇元說，張履祥著述「求覓甚難」，學者若不得其《全書》，「能得《年譜》讀之」，亦可窺見其端緒，〔註48〕這正是他重訂《楊園年譜》的原因。

道光十六年（1836），蘇惇元從浙江回到桐城，將《張履祥全集》呈給老師方東樹閱覽。蘇惇元讚歎張履祥學術純正平實，「不愧為純儒」：

> 竊歎先生之學誠如當湖之言，自宋以來得朱子正傳者，首稱西山、魯齋、敬軒、敬齋、整庵、當湖諸先生，書純正平實，介乎諸儒之間，而精詳親切，殆又過之。讀其書，能令人仰而興起也。夫士希賢希聖，驟希孔孟，無從而入，必以程朱為階梯，希程朱以近代純儒為階梯，不又得所從入乎。嘗謂今日為學，宜奉當湖為師，益時代近則效法易。及讀先生書，體用兼備，鉅細畢舉，是又一最切近之師也。〔註49〕

〔註44〕方宗誠：《柏堂師友言行記》卷一，民國15年京華印書局本，第4頁。

〔註45〕李榕：《（民國）杭州府志》卷一百七十，民國11年本，第4674頁。

〔註46〕蘇惇元：《重編張楊園先生年譜後序》，《楊園先生全集》附錄，第1518頁。

〔註47〕蘇惇元：《重編張楊園先生年譜後序》，《楊園先生全集》附錄，第1518頁。

〔註48〕蘇惇元：《重編〔清〕蘇惇元：《重編張楊園先生年譜後序》，《楊園先生全集》附錄，第1518頁。

〔註49〕蘇惇元：《重編張楊園先生年譜後序》，《楊園先生全集》附錄，第1518頁。

極力勸導方東樹「啓學使沈公鼎甫奏請從祀孔子廟庭」。〔註50〕方東樹閱畢全集，「業信悅服」，發出「如凍餓者之獲饗食布帛」的感歎。他說：

> 近代眞儒，惟陸清獻公及張楊園先生爲得洛、閩正傳。自陳、湛不主敬、高、顧不識性，山陰不主致知，故所趨無不差。而清獻與先生實爲迷途之明燭矣。先生嘗師山陰，故不敢誦言其失，然其爲學之明辨審諦，所以補救彌縫之者亦至矣。先生實開清獻之先。清獻尤服膺先生之粹，顧清獻官成而功顯，名德加於海內，先生行誼著述，前輩論說雖備，而終不著，則以其迹既隱，而其書又不克盛行於世，學者罕見故也。〔註51〕

方東樹推尊程朱，認爲程朱才是上接孔孟眞傳的「有體有用之學」：

> 植之先生，平生著述，專以衛道爲己任。嘗曰取人宜寬，論道宜嚴。又曰：毒草似參，不辨明之，則人誤食死矣。又曰：天下萬事萬物，莫非實理之。所爲禮樂、兵刑、河漕、水利、錢穀、關市，大經大法，皆當究心，此安民之實用也；道德、義理所以用此之權衡也。聖人從廣大心中流出一以貫之，偏才小儒分而不能合，則交相蔽，講用者遺體，講體者不達用，斯道術所以衰，政治所以敝也。
> 〔註52〕

張履祥的學術正符合他的這一要求。張履祥在恪守程朱的同時，強調篤實和實行，他說：「爲學最喜是實，最忌是浮，《記》曰：『甘受和，白受采，忠信之人可以學禮』，忠信只一實字，故敬曰『篤敬』，信曰『篤信』，行曰『篤行』，好曰『篤好』，無所往而不用是實也。」〔註53〕

　　方東樹認爲近世儒者，張履祥最能得程朱理學之正傳，與陸隴其同爲後輩學人效法的榜樣。爲此，方東樹積極爲刊刻其遺書而奔走。道光十七年（1837），方東樹拜謁安徽督學使沈鼎甫，請求沈鼎甫代爲陳請張履祥從祀孔廟，並幫助刊佈張履祥遺書。沈鼎甫讚揚方東樹的氣魄，答應爲張履祥請祀。然而這次請祀仍然無果而終，主要原因是已承諾爲張履祥奏請從祀的沈鼎甫

〔註50〕蘇惇元：《重編〔清〕蘇惇元：《重編張楊園先生年譜後序》，《楊園先生全集》附錄，第 1519 頁。
〔註51〕方東樹：《重編張楊園先生年譜序》，《楊園先生全集》附錄，第 1487 頁。
〔註52〕方宗誠：《柏堂師友言行記》卷一，民國 15 年京華印書局本，第 3、4 頁。
〔註53〕張履祥：《初學備忘序目》，《楊園先生全集》卷三十六，第 998 頁。

侍郎「尋試竣入都，因疾引退」。〔註54〕

蘇惇元得知此事後甚感惋惜，但仍孜孜以求，如拜謁張履祥墓，繼續刊刻《張履祥遺書》：「淳元復遊浙，詣先生鄉，謁祠墓，稽志乘，訪求逸事，又交平湖顧豫康廣譽，假所藏海昌元刻《文集》《言行見聞錄》《訓門人語》及未刻全本《願學記》《日省錄》，陳頵躬元本《年譜》等書。又假觀海昌元刻《全書》《備忘》五卷、《訓子語》二卷、《初學備忘》二卷、《學規》一卷、《喪祭雜說》一卷、《補農書》二卷、《詩文集》十八卷、《言行見聞錄》四卷、《近鑒》二卷、《經正錄》一卷、《近古錄》四卷、《喪祭雜錄》一卷、《訓門人語》三卷」。〔註55〕蘇惇元對張履祥今後能夠從祀孔廟抱有希望，他說：「請祀之舉，仍望海內有心君子焉」。〔註56〕

方東樹、蘇惇元師徒目睹國家日益動蕩不安的局面，深深感到乾嘉學術埋首考據、漠視現實所帶來的危機，批評乾嘉學者「學不知要，敝精耗神」，「與之畢世，驗之身心性命，試之國計民生，無些子益處」。方東樹還勸勉蘇惇元要做到學以致用，他說：「士不能經世濟民，著書維挽道教，或亦補不耕織而衣食之咎也」。〔註57〕表達了他以學術救世的立場和思路，在方東樹的教導下，蘇惇元亦講求力行之學。方東樹、蘇惇元提倡學以致用，而張履祥的「有體有用之學」正符合他們的治學宗旨，因此，得到他們的表彰和提倡。

在方東樹、蘇惇元的努力下，張履祥著述得到傳播，張履祥作為理學名儒的形象愈加穩固。道光二十五年（1845），唐鑒《國朝學案小識》即明確了張履祥在道統傳承中的正統地位。唐鑒認為張履祥對程朱理學的突出貢獻僅次於陸隴其，「國朝稼書、楊園兩先生起而倡之，倒檔群囂，統歸一是，其行至卓，其辨至嚴」。〔註58〕這種觀點得到後來理學家的普便認同，賀瑞麟認為「陸稼書為國朝理學之宗，次楊園」，〔註59〕另外如倭仁、曾國藩、吳廷棟、何桂珍等，皆從唐鑒問學，受唐鑒影響而服膺楊園學說，無疑大大擡高了張履祥的學術地位和影響力。

〔註54〕蘇惇元：《重編張楊園先生年譜後序》，《楊園先生全集》附錄，第1519頁。
〔註55〕蘇惇元：《重編張楊園先生年譜後序》，《楊園先生全集》附錄，第1519頁。
〔註56〕蘇惇元：《重編張楊園先生年譜後序》，《楊園先生全集》附錄，第1519頁。
〔註57〕鄭福照：《方儀衛先生年譜》，清同治七年刻《儀衛軒文集》本，第5頁。
〔註58〕唐鑒：《國朝學案小識》，《四部備要·子部》，上海：中華書局1931年鉛印本。
〔註59〕賀瑞麟：《清麓答問》卷3，民國7年刻本，第38頁。

三、同治年間從祀成功

（一）從祀的社會環境

1、重建孔廟象徵權威

太平天國運動時期，江浙地區是起義軍與清軍對抗的膠著地，在太平軍佔領期間，其地孔廟幾乎無一幸免。江寧府學在明代時為國子監，清初改為府學，咸豐三年（1853），太平軍始入城，即「首先毀之」。〔註60〕上元、江寧兩縣縣學在明代時為應天府學，清初改為縣學，咸豐年間，太平天國建都南京，縣學亦毀於戰火。蘇州孔廟創始於宋代，歷代間有修整，道光二十一年（1841）大修，「紳士董國華偕諸同人募資修大成殿，重建明倫堂，郡人汪正董其役，逾年而告竣。」但於「咸豐十年毀」，〔註61〕「大成殿棟樑僅有存焉」。〔註62〕浙江桐鄉孔廟在太平軍攻入之後遭到破壞，僅存大成殿，「桐鄉為嘉郡屬邑，咸豐庚申……粵賊由蘇入浙，郡邑皆陷，桐邑為其所據者四年。廨舍廟宇蹂躪殆遍，猶幸文廟之大成殿巋然獨存，像舍沿明初之制亦尚無恙，而門欄戶牖、兩廡旁屋則已蕩無復遺」。〔註63〕

太平軍除了毀壞孔廟建築之外，還將矛頭對準儒家文化的心臟儒經，指責孔子之書「差錯甚多」，說「到太平時，一概要焚燒」。〔註64〕在這一思想指導下，太平軍定都天京後，即宣佈儒家經典為妖書，嚴禁軍民習誦和收藏，嚴令：「凡一切妖書如有敢念誦教習者，一概皆斬」，〔註65〕「凡一切孔孟諸子百家妖書邪說者盡行焚除，皆不准買賣藏讀也，否則問罪也」，〔註66〕有些地區因此出現了「敢將孔孟橫稱妖，經史文章盡日燒」的局面。〔註67〕後來，

〔註60〕　《續纂江寧府志》卷五　學校，清光緒七年刻本，第 1 頁。

〔註61〕　馮桂芬：《同治蘇州府志》卷二十五　學校一，清光緒九年刊本，第 776 頁。

〔註62〕　《丁日昌重修蘇州府學後記》，馮桂芬：《同治蘇州府志》卷二十五　學校一，清光緒九年刊本，第 798 頁。

〔註63〕　《嚴辰重修桐鄉縣學宮碑記》，《光緒桐鄉縣志》卷四　建置志　學宮，清光緒十三年蘇州陶漱藝齋刻本，第 19 頁。

〔註64〕　《天父天兄聖旨：新發現的太平天國珍貴文獻史料》，瀋陽：遼寧人民出版社 1986 年版，第 7 頁。

〔註65〕　《賊情彙纂》卷八　偽文告下，中國史學會：《太平天國》第三冊，上海：上海人民出版社 2000 年版，第 232 頁。

〔註66〕　《詔書蓋璽頒行論》，中國史學會：《太平天國》第一冊，上海：上海人民出版社 2000 年版，第 313 頁。

〔註67〕　太平天國歷史博物館編：《太平天國史料叢編簡輯》第六冊，北京：中華書局

太平天國領導人調整激烈反孔政策，不再盡行焚燒儒經，轉而根據拜上帝教教義對儒家經典進行刪改，將涉及鬼神、祭祀、吉禮等內容刪除，並直書孔子之名，以動搖孔子之神聖權威，進而動搖清王朝的統治秩序。

孔孟之道是歷代封建王朝賴以存在的精神支柱，具有神聖不可侵犯的崇高地位，竟然受到起義者如此褻瀆，不能不在統治者中引起強烈震動。為了維繫孔孟道統，統治者打出「衛道」旗號，在軍事上對太平軍進行打擊的同時，積極重修孔廟，以重建孔廟象徵權威。

在鎮壓太平天國運動後不久，江西道監察御史汪朝棨上奏請求興建江寧等府州縣孔廟，認為孔廟為「風化之原」，它的興建「有裨於國家」，可以使士人「心思有所凝聚約束，而不敢侈然自放於規矩之外」，即使是普通民眾和閭閻婦孺「亦聞風觀感，而潛消其犯上作亂之心」。〔註68〕背負禮儀教化功能的孔廟，「大半被賊焚毀，有片瓦無存，僅剩地址者有被毀半壁」，此種惡劣狀況造成了士子「藉口謀食投效軍營及干與地方公事，冀圖薪水兼謀保舉於聖賢，修身為學工夫久置不講」。〔註69〕汪朝棨認為，興修孔廟迫在眉睫，是攸關清廷文教振興、淳風厚俗的大事。

同治三年（1864），清軍在英法聯軍的協助下攻佔蘇州，即著手重建蘇州孔廟，至同治七年（1868）告竣。祭孔禮儀因長年廢棄而殘缺不全，「執事不備，管、簫、簋、尊、罍之具缺。其數琴瑟、鍾磬、簫管、枳敔陳而不能作，羽龠廢而不復用」，巡撫丁日昌「為之蹙然」，認為孔廟是供士大夫按時瞻仰之地，可起「景賢希聖」之效，而禮儀不備不僅不足以彰巨典，會動搖「風俗人心之本」。〔註70〕因此，「集府縣學諸生百有餘人，習禮容，遶滬城，舞生教之舞」，「於仲秋上丁將事禮儀既備，鐘鼓既飭，登降有度，駿奔走在廟肅肅乎，離離乎，有可觀焉」。〔註71〕

1963 年版，第 386 頁。

〔註68〕 《江西道監察御史汪朝棨奏為江南江寧等府州縣學宮請飭興建事》，軍機處錄副奏摺，檔號：03-4986-024，同治四年二月二十五日，中國第一歷史檔案館藏。

〔註69〕 《江西道監察御史汪朝棨奏為江南江寧等府州縣學宮請飭興建事》，軍機處錄副奏摺，檔號：03-4986-024，同治四年二月二十五日，中國第一歷史檔案館藏。

〔註70〕 《丁日昌重修蘇州府學後記》，馮桂芬：《同治蘇州府志》卷二十五 學校一，清光緒九年刊本，第 798 頁。

〔註71〕 《丁日昌重修蘇州府學後記》，馮桂芬：《同治蘇州府志》卷二十五 學校一，

咸豐五年（1855），清兵收復上海城池後，當地官紳重建孔廟，新置孔廟神牌和祭祀所用禮器。應寶時在《重修上海縣學記》中強調孔廟在風俗人心教化中的重要作用：「上海夙稱財藪，爰起戎心。二十年間，三遭兵燹。諸生以爲利利耶，利害耶，苟知利之爲害，當思義之爲利。思義之爲利，則必人人親其親，長其長，家絃歌而戶禮樂相規相勸以求踐乎。聖賢之途，使異域殊方皆向風慕義，謀閉而不興盜竊，亂賊而不作，是即學之大效而義之大利也。」〔註72〕

孔廟的興衰事關政教風俗能否順利推行，因此，清統治者在戰爭剛結束即斥重資興修孔廟，以重建孔廟象徵權威，恢復國家象徵權力對地方和下層民眾的威懾力，從而確保統治秩序的穩定。

2、「崇正學以黜邪教」

咸豐年間，各種社會矛盾極爲尖銳，洪秀全領導的農民起義在攻城破地的同時，發佈《奉天討胡檄布四方諭》，直指滿族的種族妖魔性與「道統」的虛僞性：

> 夫中國首也，胡虜足也。中國神州也，胡虜妖人也。……夫中國有中國之形象，今滿洲悉令削髮，拖一長尾於後，是使中國之人，變爲禽獸也。中國有中國之衣冠，今滿洲另置頂戴，胡衣猴冠，壞先代之服冕，是使中國之人，忘其根本也。中國有中國之人倫，前僞妖康熙暗令韃子一人管十家，淫亂中國之女子、是欲中國之人盡爲胡種也。

> ……逆有大體，夏夷有定名，各宜順天，脫鬼成人。公等苦滿洲之禍久矣，至今而猶不知變計，同心戮力，掃蕩胡塵，其何以對上帝於高天乎！〔註73〕

這篇檄文令統治階層驚恐萬分，迫使清廷直接面對自身統治的正當性問題，加緊強化思想文化控制。咸豐元年（1851），咸豐剛即位不久即頒發上諭，申明「崇正學以黜邪教」之旨：

清光緒九年刊本，第 798 頁。

〔註72〕《同治六年三月蘇松太道應寶時重修上海縣學記》，《同治上海縣志》卷九學校，清同治十年本，第 9 頁。

〔註73〕楊秀清、蕭朝貴：《奉天討胡檄布四方諭》，《太平天國印書》上冊，南京：江蘇人民出版社 1979 年版，第 109 頁。

近來邪教流傳，蔓延各省，始不過燒香斂錢，煽惑愚民，漸至
聚眾滋事，總因地方官平日化導無方，民間父兄、師長又不能隨時
訓迪，俾頑蒙、服教、畏刑，不至爲邪說所惑。我皇考曾命儒臣恭
闡《聖諭廣訓》黜異端以崇正學一條，編撰《四言韻文》頒行各省，
啓發愚民。朕思《性理》諸書均爲導民正軌，著各直省督撫會同各
該學政轉飭地方官及各學教官，於書院、家塾教授生徒，均令以《御
纂性理精義》、《聖諭廣訓》爲課讀講習之要，使之家喻戶曉，禮義
廉恥油然自生，斯邪教不禁而自化，經正民興，庶收實效。各該督
撫等務當實力奉行，毋得視爲迂闊具文，日久生懈，則風俗人心蒸
蒸日上，朕實有厚望焉。〔註74〕

不少士大夫也將禍亂根源歸結到文化原因，認爲學術不明，人心敗壞才
導致動亂升級。只有黜異端、明正學，才能讓士人敦習禮儀教化，讓民眾安
分守己，才能穩定統治秩序。

進入同治朝，太平天國起義的高潮已過，清廷有暇反思和調整自己的文
化政策。同治元年（1862）三月初，蔣琦齡上「中興十二策」，力倡「崇正學」，
他說：「世之治亂，原於人心風俗」，而人心風俗「原於教化」，教化「原於學
術」，因此，學術是「政教之本」，只有施以教化，倡明「正學」，才能「厚風
俗」而「致太平」。〔註75〕蔣琦齡的奏陳引起清政府的重視，是年三月下旬，
同治帝詔告天下，要求各省切實加強程朱理學的宣揚：

我朝崇儒重道，正學昌明，士子循誦習傳，咸知宗尚程朱，以
闡聖教。惟沿習既久，或徒驚道學之虛名，而於天理民彝之實際未
能研求，勢且誤入歧途，於風俗人心大有關係。各直省學政等躬司
牖迪，凡校閱試藝，固宜恪遵功令，悉以程朱講義爲宗，尤應將《性
理》諸書隨時闡揚，使躬列膠庠者，咸知探濂洛關閩之淵源，以格
致誠正爲本務，身體力行、務求實踐，不徒以空語靈明流爲偽學。
至鄭、孔諸儒，學尚考據，爲歷代典章文物所宗，理無偏廢。惟不
得矜口耳之記誦，荒心身之踐履，尤在職司教士者區別後先，薰陶
樂育，士習既端，民風斯厚，海宇承平，奇衺不作，於以觀政教之

〔註74〕王先謙：《東華續錄（咸豐朝）》咸豐六，清光緒刻本，第 90 頁。
〔註75〕〔清〕李元度：《國朝先正事略補編》卷一，清光緒十一年敦懷書屋刻本，第
　　　　7、8 頁。

成焉。〔註76〕

上諭雖然提到對漢宋應該無所偏廢，但是又強調各省學政要以「程朱講義爲宗」，無疑擡高了程朱理學的地位。在最高統治者的號召下，理學興盛起來。

太平天國起義猛烈衝擊了孔孟儒學的象徵權威，極大地破壞了清王朝的正常統治秩序，因此，清王朝在重修孔廟的同時，更加重視理學在加強思想控制方面的作用，注重表彰「正學」，以重建綱常，穩定統治。在此背景下，浙江官紳展開了一系列推崇張履祥的活動，爲其最後從祀成功打下了良好的基礎。

（二）浙江官紳對張履祥的推崇

1、左宗棠、許瑤光表彰張履祥

左宗棠（1812～1885），字季高，湖南湘陰人，道光十二年（1832）舉人，三試禮部不第，遂絕意仕進，究心輿地和兵法。太平天國起義爆發後，左宗棠先後入湖南巡撫張亮基、駱秉章幕，爲鎮壓太平軍多所籌劃。咸豐十年（1860），太平軍攻破江南大營後，又隨同兩江總督曾國藩襄辦軍務，咸豐十一年（1861），太平軍攻克杭州，由曾國藩舉薦他任浙江巡撫，督辦軍務。

左宗棠在學術上服膺程朱理學，他說：「願承學之士，以程朱爲準的」，〔註77〕他還批評學人不知宗程朱之本源，造成學術日下的狀況，「其有志於學者，又競於聲音、訓詁、校讎之習，以搏擊儒先爲能，或藉經世爲名，謏聞動眾，取給口舌，博聲譽爲名高，而學術益裂」。〔註78〕

左宗棠尊奉程朱理學，對理學大儒張履祥極爲推崇，擔任浙江巡撫期間，採取措施，擴大張履祥的影響。同治三年（1864）春，左宗棠率軍攻陷杭州，控制浙江全境，爲了表彰張履祥遺風，在桐鄉楊園村的張履祥墓碑上親筆題字，「書大儒楊園張先生」，還爲張履祥「置守田宅」，「俾其後人世守勿替」。〔註79〕左宗棠寫作《張楊園先生寒風佇立圖跋》，稱讚張履祥的德行流芳百世：

　　國朝理學以陸清獻公、張楊園先生爲大宗，兩先生同郡、同時、

〔註76〕劉錦藻：《清續文獻通考》卷九十七　學校考四，民國景十通本，第 1882、1883 頁。

〔註77〕左宗棠：《南菁書院題額跋尾》，《左文襄公集》文集卷二，清光緒十八年刻本，第 23 頁。

〔註78〕左宗棠：《南菁書院題額跋尾》，《左文襄公集》文集卷二，清光緒十八年刻本，第 23 頁。

〔註79〕羅正鈞：《左文襄公年譜》卷三，清光緒二十三年湘陰左氏刻本，第 85 頁。

同道，而迄未謀面，即此亦見先正之篤學闇修，無人之見者存也。
清獻一宰嘉定，一宰靈壽，道未大行而世爭傳之。考夫先生（張履
祥）則課徒鄉塾，聲譽不出里巷，弟子顏商隱、凌渝安皆卓然有以
自見。遺風流韻所被，至今猶未艾也。……茲展先生《寒風佇立圖》，
益知松柏後凋之義，先生矢之夙矣。〔註80〕

左宗棠收復浙江後，奉命率軍入江西、福建，追擊太平軍李世賢、汪海洋部，
嘉興知府許瑤光〔註81〕在錢塘江為其送行，臨行前左宗棠對許瑤光說：

我朝浙西人文，以陸清獻、張楊園為最，皆嘉興人也。清獻於
雍正初祀東廡，未祀以前，郡守吳永芳為並駕湖書院奉清獻栗主，
於敦宿齋置辦義田，繕修脯以課士，清獻之風可以楷模後進矣。惟
楊園與清獻同時，學問篤實純粹，遠紹閩洛，近淑山陰，惜未從祀
孔廟，蓋其迹隱而其書未盛行也。余既飭修其墓暨務本堂於桐鄉青
鎮矣，汝曷思以表彰之。〔註82〕

從這段話中可以看出，左宗棠已經有為張履祥請求從祀孔廟之意，只礙於戰
事繁忙，難以完成夙願。關於左宗棠意欲請祀張履祥，桐鄉士紳嚴辰亦有文
記載：「甲子之春，大兵壓境，賊懼乞降，……邑人士乃語之曰：今總制閩浙、
湘陰左公方欲表彰吾邑張楊園，先生以倡明道學，正議修墓道建專祠，且將
為從祀孔庭之請，而浙之士大夫亦欲上書左公，屬為秉筆」。〔註83〕

左宗棠向許瑤光表明推動張履祥從祀孔廟之意，並且鼓勵許瑤光努力表
彰張履祥之學。許瑤光大感振奮，但是對請祀之舉頗有顧慮，「惟從祀之典自
咸豐十年後限制甚嚴」，如果貿然請求張履祥從祀孔廟，「准駁難測」。〔註84〕

〔註80〕 左宗棠：《左文襄公集》卷二，清光緒十八年刻本，第22頁。
〔註81〕 許瑤光（1817～1881），字雪門，號復齋，晚號復叟。他任嘉興知府，是仰仗
左宗棠的大力舉薦。同治三年（1864）四月十八日，閩浙總督左宗棠上了一道
《為委任許瑤光署理嘉興府知府等員缺事》的奏摺，認為許瑤光守潔才長，堪
以委署嘉興府事，奏摺為同治帝所批准，許光瑤即赴嘉興上任。見：《閩浙總
督左宗棠奏為委任許瑤光署理嘉興府知府等員缺事》，軍機處朱批奏摺附片，
檔號：04-01-16-0174-002，同治三年四月十八日，中國第一歷史檔案館藏。
〔註82〕 許瑤光、吳仰賢纂：《嘉興府志》卷八學校一 書院，清光緒五年刻本，第32
頁。
〔註83〕 《嚴辰重修桐鄉縣學宮碑記》，《光緒桐鄉縣志》卷四 建置志 學宮，清光緒
十三年蘇州陶漱藝齋刻本，第19頁。
〔註84〕 許瑤光、吳仰賢纂：《嘉興府志》卷八學校一 書院，清光緒五年刻本，第32
頁。

許瑤光再三考慮之後，決定先在書院奉祀張履祥，擴大其影響後再作它圖。

許瑤光重建鴛湖書院，繼續供奉陸宣公（陸贄）、陸清獻（陸隴其）栗主的同時，「增奉楊園（張履祥）栗主」。〔註85〕鴛湖書院，本是康熙年間嘉興郡守吳永芳爲奉祀理學名儒陸隴其而建立的。道光十三年（1833），知府覺羅克倡捐修葺，「改後樓爲平屋（五楹）」，咸豐十年毀於戰火。」〔註86〕同治三年（1864）浙江初步平定，爲了響應朝廷「興學育才」的號召，〔註87〕知府許瑤光集資重建鴛湖書院。

許瑤光講明在鴛湖書院中奉祀張履祥的原因：

> 考嘉興往哲，推唐陸宣公爲最著，宣公經濟在名臣中，學術在純儒中，宇宙所其欽慕，不獨嘉興也。然於配祀中，瞻其名位，則尊敬之心多而親企之心或轉淡，是推而崇之，爲天下所共戴，不如引而近之，爲鄉里所監，稱而觀感興起之獲益彌多也。於是決議增宣公於清獻、楊園位，上書諡不諱，所以申禾人之敬也。慨自後世取士，尚文藝詞，宗詩伯，推重名流，傳衍既久，好事者或拓其逸士，著爲年譜，又復刻橡丹楹以標榜之，馨香俎豆以報賽之因。〔註88〕

許瑤光說，由於張履祥偏居陋巷，重視實踐，品行不俗，著作「又不求工於章句」，才導致道高而和寡，「無人識其姓氏」。其它地區知曉張履祥的人少尚可原諒，但如果「里居相近，歲月相接，而黨庠術序中，亦無複道其梗概如張楊園者」，導致「鄉里賢哲之風衰微不彰」，「後進之士，無所效法，而日與浮華相逐」，那麼就是「守土者」的罪責了。〔註89〕

〔註85〕許瑤光、吳仰賢纂：《嘉興府志》卷八學校一　書院，清光緒五年刻本，第32頁。

〔註86〕許瑤光、吳仰賢纂：《嘉興府志》卷八學校一　書院，清光緒五年刻本，第32頁。

〔註87〕「新天子受寶命之二年秋，飭禮臣議興學校，以各直省府州縣書院相表裏。自經亂後，月課廢弛，士氣無由振，應由督臣、撫臣檄各屬，於事平後設法經理，俾士子得處觀摩，潛心學問，以符朝廷樂育人材之至意，甚盛典也」。見：許瑤光、吳仰賢纂：《嘉興府志》卷八學校一　書院，清光緒五年刻本，第32頁。

〔註88〕許瑤光、吳仰賢纂：《嘉興府志》卷八學校一　書院，清光緒五年刻本，第32、33頁。

〔註89〕許瑤光、吳仰賢纂：《嘉興府志》卷八學校一　書院，清光緒五年刻本，第33頁。

許瑤光表明奉祀張履祥的最終目的，是要借其以鼓勵人心，端正學術，從而實現國家富強：「瑤之是舉，蓋猶遵前太守吳公之遺意，冀學者知聖賢相傳之微緒，振於古不絕。於今得於鼓篋肄業之餘，羹牆相見，庶幾學術正而人心日古，風俗日醇厚，成國家中興之盛」。〔註90〕

2、嚴辰推崇張履祥

嚴辰（1822～1893），原名仲澤，字緝生，號達叟，桐鄉青鎮（今烏鎮）人。清道光二十三年（1843）舉人，咸豐九年（1859）進士，授翰林院庶吉士。三年後任刑部主事，不久辭歸鄉里。嚴辰熱心地方興革，重視文化教育，同治四年（1865），他在青鎮創辦立志書院，自任書院山長。同治十年（1871），又於書院前河埠之西建文昌閣。其後，嚴辰任桐鄉桐溪書院、濮院翔雲書院山長多年，建立鄉鎮義塾六處，為鄉里培育大量人才。

嚴辰非常崇拜鄉先賢張履祥，太平天國起義後，他偕當地士紳在青鎮建立立志書院。立志書院前身是分水書院，咸豐年間毀於戰火。同治四年（1865）嚴辰重建之後，取張履祥的格言「大凡為學尤須立志」中的「立志」二字作為書院名稱。嚴辰還按照分水書院的舊規供奉楊園栗主，「於春秋二仲請桐鄉邑尊臨祭」。〔註91〕

立志書院初落成時，嚴辰偕桐鄉士紳和書院學生公祭張履祥，祭文如下：

惟光緒某年某月某朔，越若干日某甲子宜祭之辰，主祭官具官某某，謹偕邑紳具官某某等，率同書院肄業生童，謹以酒醴牲牢致祭於先儒張楊園先生之靈。曰：

嗚呼，尼山道大千載下，猶多附驥志賢，桐水風清一邑中，遂有特豚之祀。惟先生生丁陽九節守在三，接道脈於程朱，探心源於洙泗，六十載闇修自矢，為梨洲學案之所遺，二百年潛德彌光，豈語水主人之能玷。

際朝廷之右道，賴卿之敢言，遂荷恩綸俾，從大祀陸清獻，兩朝廉吏，辨異端而道本同符。湯文正一代名臣，紹絕學而功堪相垺，

〔註90〕 許瑤光、吳仰賢纂：《嘉興府志》卷八學校一 書院，清光緒五年刻本，第33頁。

〔註91〕 《嚴辰桐鄉桐溪書院祭三賢堂祝文》，《光緒桐鄉縣志》卷四 建置志 書院，清光緒十三年蘇州陶漱藝齋刻本，第5、6頁。

惟異數不容夫濫竊。本朝僅得其三，乃間氣偏有所獨鍾，吾郡已居其
二，顧典隆祔廟明禋，既偏於寰區而禮重，始基尸祝，尤嚴於鄉里。

當此期逢二仲，地屬雙溪，踵分水之遺規，藉先儒之靈爽，更
院名爲立志。本先生遺訓之發端，修祀事以明虔，願多士聞風而起，
懦思所嗜，而祭還先肺豈嫌累，閔仲叔之肝，歆其祀而臭，恰如蘭
何妨，薦屈大夫之芝。惟此日吉，庶其知遺澤長存，與諸生揖讓而
升，猶想見寒風佇立。嗚呼，勒成書爲五十四卷，遺言永壽棗梨，
享歲祀於千百區，來格定先桑梓，尚饗。〔註92〕

嚴辰認爲張履祥之學問功德可與湯斌、陸隴其媲美。桐鄉有此先賢，後輩學
者應當秉承先賢遺訓，遠紹絕學，以成國家中興之才。

嚴辰在擔任桐溪書院山長期間，改造桐溪書院後院東三楹作爲「三賢
堂」，「供奉張楊園先生栗主」，每遇春秋二仲，「官紳率肄業生童致祭」。〔註
93〕嚴辰稱：「惟楊園先生學術之正，天下宗仰」，「而互相南北學道之士尤極嚮
慕」。〔註94〕供奉張履祥木主的三賢堂與桐溪書院講堂相臨，官方希望以張履
祥精神感染書院學生的目的很明顯。有三賢堂對聯爲證：

結兩年文字因緣，桃李已成陰，戰邑難忘辛苦地，看一邑科名
蔚起，梧桐方毓秀出，群定有棟樑材。……德行政事文學四科得其
三，總是聖門傳，派名儒循吏才人，千秋能有幾，豈徒鄉里典型。
嚴辰題講堂聯云：創典講舍，俎豆三賢，閭里有先型，願與諸生同
效法，僻在鄉隅，絃歌四境，膠庠多後起，總由長吏善陶成。題三
賢堂聯云：立德立功立言，小邑竟傳三不朽，曰庠曰校曰序，瓣香
願祝萬斯年。〔註95〕

張履祥在左宗棠、許瑤光等「得位遇時」的官員表彰下，在士紳嚴辰等人的
推崇中，聲名不斷擴大，爲其最後從祀孔廟做好了鋪墊。

〔註92〕　《嚴辰桐鄉縣青鎭官紳公祭立志書院》，《光緒桐鄉縣志》卷四　建置志　書院，
　　　　　清光緒十三年蘇州陶漱藝齋刻本，第8、9頁。
〔註93〕　《光緒桐鄉縣志》卷四建置志書院，清光緒十三年蘇州陶漱藝齋刻本，第1
　　　　　頁。
〔註94〕　《嚴辰桐鄉桐溪書院祭三賢堂祝文》，《光緒桐鄉縣志》卷四　建置志　書院，
　　　　　清光緒十三年蘇州陶漱藝齋刻本，第3頁。
〔註95〕　《光緒桐鄉縣志》卷四　建置志　書院，清光緒十三年蘇州陶漱藝齋刻本，第
　　　　　1、2頁。

（三）躋身孔廟

隨著張履祥影響的擴大，浙江士紳認為請求張履祥從祀孔廟的時機已經到來。同治九年（1870），浙江士紳陸以恬、沈祖懋、嚴辰等聯名向浙江學政請求代為請祀張履祥，他們稱：

> （張履祥）平生學問專務居敬窮理，躬行實踐，不託空言，力闢姚江良知之學，一以關閩濂洛為宗，著有《楊園全書》三十四卷。當有明之季，復社講學盛行，標榜門戶，恣為橫議。先生一意潛修，不入社、不講學，不於授徒外納拜門人，篤志力學，卓為一代純儒。
> 〔註96〕

張履祥乃一代大儒，其德行學業艱苦卓絕，「繼往開來」，身不登仕版，足不出里巷，「而天下知之」，較之通經致用出身者，「其成德尤難，其成名尤不易」，但是卻僅供奉於鄉賢祠而不入祀孔廟，「不足以致崇極之意」。〔註97〕他們還特別突出太平天國起義過後，樹立張履祥為儒學偶像，對倡明「正學」，表彰德行，美化風俗的重要意義：

> 方今粵逆倡亂至數十載，使仗天威一旦掃蕩，而人民荼毒已不堪言。推原其故，皆由鄉無正人君子講明正學，化導愚頑而異端之教從而簧鼓，故民之稍有聰明才力者，不安於鑿井耕田而犯上作亂至於此極。若得如楊園先生之安貧樂道，纂明聖教者，以為表率，移風易俗，左券可操。倘蒙奏請恩准其從祀，俾天下咸知一介儒生，闇修爾室，生雖未沾一命之榮，而數百年後尚得仰邀曠典，俎豆千秋，則草野之間，抱負非常而為有司所遺者，皆將不攻乎異端而惟潛修之是尚，似於今日之風俗人心有裨益。〔註98〕

他們認為，江浙地區異端橫行，才讓太平軍有機可乘，如果准許張履祥從祀孔廟，成為天下儒生表率，那麼士人便可潛心修德而不作亂，於風俗人心有益，於國家統治穩定有益。

徐樹銘代為奏請，稱：

〔註96〕《光緒桐鄉縣志》卷十三 人物上，清光緒十三年蘇州陶漱藝齋刻本，第 25
～27 頁。

〔註97〕《光緒桐鄉縣志》卷十三 人物上，清光緒十三年蘇州陶漱藝齋刻本，第 25
～27 頁。

〔註98〕《光緒桐鄉縣志》卷十三 人物上，清光緒十三年蘇州陶漱藝齋刻本，第 25
～27 頁。

該先儒張履祥溫粹從容，精密純正，光輝篤實，力正後儒偏頗
之趨，晦蝕之道賴以復，渲洵有以接薛、胡之學脈，開陸氏之先聲，
而篤志程朱，立身端直，持論純正，見之《欽定四庫全書提要》，立
身行己，無愧真儒，已荷聖明之鑒察。……懇聖恩俯准先儒張履祥
從祀孔子廟庭，以為尊崇正學者勸。〔註99〕

同治十年（1871），徐樹銘奏摺下禮部議奏，禮部根據咸豐十年（1860）和同
治二年（1863）從祀章程，詳細陳明張履祥在著述及躬行實踐方面的貢獻：

詳閱全書，其《經正錄》一冊，蓋示人以《小學》之基，而漸
臻於《大學》之域，《願學記》、《備忘》各書則博學、審問、慎思、
明辨、篤行之功寓焉。至《訓子語答問》及門人所記，則因材之篤
也。《見聞錄》《近古錄》知取善之，……至《農書》一冊，尤惓惓
以農桑為急務，所謂正德、利用、厚生者，不過是也。臣等復加詳
覆，先儒張履祥祖述孔孟，憲章程朱，立論不尚高遠，行事頗近中
庸，洵足羽翼聖經，扶持名教。與僅據空言率請從祀者有別，臣等
公同酌議，擬如該學政所請，准以先儒張履祥從祀文廟，其位次在
東廡先儒孫奇逢之次。〔註100〕

禮部奏請得到同治帝批准：「諭先儒張履祥從祀聖廟，位列東廡明儒孫奇逢之
次」。〔註101〕張履祥終於躋身孔廟，成為正統學術代表。

　　張履祥從祀之後，嚴辰看到了扭轉世道人心、美化社會風俗的希望，他
說，古代並無「科第之榮」，只是「以道德為志」，而「功名不足以勸其心」。
今天的社會價值取向卻去古甚遠，「士人自束髮受書，凡父兄之望其子弟者，
無不以入學為榮，有以此貢成，均登乙科者，其榮加倍，更上有捷南宮入詞
垣者，其榮又倍，至有高掇巍科，得所謂鼎甲狀元者，則非常之榮矣」。

　　嚴辰認為科第之榮不如道德之榮，尤其不如位列孔子廟堂之榮，登科容
易，而「列祀兩廡者，歷歷可指也」。古往今來，無道德功名，僅獲登科之榮
的人非常多，但淹沒無聞甚至遭受唾罵的亦不少見。屈指可數功臣配享太廟，

〔註99〕《光緒桐鄉縣志》卷十三　人物上，清光緒十三年蘇州陶漱藝齋刻本，第 20
　　　　～22 頁。
〔註100〕《光緒桐鄉縣志》卷十三　人物上，清光緒十三年蘇州陶漱藝齋刻本，第 23
　　　　～25 頁。
〔註101〕〔清〕劉錦藻：《清續文獻通考》卷九十八　學校考五，民國景十通本，第 1894
　　　　頁。

崇祀昭忠祠，影響範圍也無法與從祀孔庭相比。從祀孔廟，可以獲得自中央到地方，自帝王到大臣乃至普通儒生的崇祀和敬仰，「自太學外，合天下郡縣至有千七百十數，區之廣耶」，可見，「功名之榮，不如道德矣」。〔註102〕

嚴辰勸勉士人一心向學，修身養性，向本地鄉賢張履祥看齊。如此便可不必僅憑藉科舉榮光，而以道德流芳百世。「我國家歷聖相承，名儒輩出，然得膺從祀之巨典者，自湯文正、陸清獻外僅得楊園而三，顧二公猶得所藉手，以一展其學而留歿世之名，楊園則僅一諸生耳，手不操寸柄，足不出里巷，今日儼然躋於湯陸之上，然則道德之榮，並無籍於功名。」〔註103〕

浙江士紳崇祀張履祥，包含著深厚的地方榮譽感和認同觀念。江浙地區在明清文化領域享有較大優勢，人們的優越感時常體現於對本區域名人的稱頌誇耀之中，「浙中講學者代不乏其人，明以前姑不具論，於本朝吾得二人焉，一桐鄉張先生，一平湖陸先生也，二先生皆祖述程朱而粹乎其醇者然。」〔註104〕張履祥從祀之後，「邑人士聞命歡呼奔走相告，以為從來未有之事」，士紳為此舉行格外隆重的祭祀儀式，以顯示桐鄉作為楊園故里的特殊榮耀：「邑人士聞命歡呼奔走相告，以為從來未有之事，余為請於權知邑事丹徒戴君，及石、錢兩學官，謹筮吉日，特舉釋菜之禮於先師，而謹奉楊園栗主從祀東廡。凡邑人之名在朝籍，及學中之弟子員，與桐溪、立志兩書院之肄業生皆與祭」。〔註105〕

小　結

張履祥生前不過是「足不出里巷」的一介書生，身後經歷近兩個世紀的周折，終於登上儒家的最高殿堂——孔廟，從某種意義上來說，每一次請祀活動都代表著參與者的各自心態和他們對張履祥的評價。

乾隆年間的第一次請祀計劃中，由於張履祥著述流傳不廣、聲譽太低，計劃並未及實施就無果而終。道光年間，在理學開始復興的背景下，張履祥

〔註102〕《嚴辰重修桐鄉縣學宮碑記》，《光緒桐鄉縣志》卷四 建置志 學宮，清光緒十三年蘇州陶漱藝齋刻本，第19頁。

〔註103〕《嚴辰重修桐鄉縣學宮碑記》，《光緒桐鄉縣志》卷四 建置志 學宮，清光緒十三年蘇州陶漱藝齋刻本，第19頁。

〔註104〕楊昌竣：《三魚堂文集序》，陸隴其：《三魚堂文集》，清同治七年刻本。

〔註105〕《嚴辰重修桐鄉縣學宮碑記》，《光緒桐鄉縣志》卷四 建置志 學宮，清光緒十三年蘇州陶漱藝齋刻本，第19頁。

著述陸續被刊刻。方東樹、蘇惇元師徒出於對張履祥的推崇，計劃再次為之請祀孔廟，但因為承諾代為請祀的沈鼎甫侍郎因病辭官，請祀計劃仍沒有實行。前兩次請祀計劃雖然都沒有成功，但卻會促進張履祥聲名的傳播。在國家社會日益動盪不安的境況下，一部份學者反思學術，認為正是乾嘉漢學使得「學問」與「現實世界」脫離，才導致危機越來越嚴重。他們開始關注有體有用的「真理學」。在對「真理學」的提倡中，尊崇程朱而踐履篤實的先賢張履祥受到學者的青睞。蘇惇元、方東樹和唐鑒對張履祥的表彰，使得張履祥作為理學名儒的形象愈加穩固。

太平天國起義以摧枯拉朽之勢摧垮清廷半壁江山，中國傳統社會面臨前所未有之大變動。面對局勢混亂，人心不穩，「聖教」崩潰的危險局面，士大夫深感憂慮，他們認為只有崇「正學」才能端學術、厚風俗、正人心，才能挽狂瀾於既倒，扶大廈之將傾。如何推崇理學、張揚「正學」，就成了統治者亟需解決的迫切問題，將理學大儒推上孔子廟堂，成為儒學偶像無疑是理想選擇。因為一旦儒學偶像被塑造成功，就成為國家正統價值觀念的象徵，就代表著「斯道正統」，可以以此引導天下士人的價值取向，進而形成有利於統治穩定的社會風向。浙江官紳正是抓住國家表彰「正學」、推崇理學的大好機遇，不失時機地擡出先賢張履祥，最後朝廷按照從祀章程和程序予以批准，張履祥終於得以躋身孔廟，成為一代學術偶像。

從清廷方面來看，允准張履祥從祀孔廟，是要通過表彰醇儒，塑造「正學」楷模的方式來樹立正統權威，進而達到維護綱常禮儀秩序的目的。從江浙士紳方面來看，在與中央保持意識形態一致的前提下，推動張履祥從祀孔廟還是他們維護地方秩序，保障自身政治文化權力的需要。江浙地區號稱人文淵藪，傳統文化積澱深厚，作為地方基層精英的紳士，對於太平天國起義帶來的文化危機感受深刻。大部份士紳的權力和威望來自於科舉，因此，他們擔負著維護傳統倫常綱紀的職責，在他們眼裏，只有捍衛了倫常，才能維護地方秩序的穩定，才能維護他們在本地區的地位。因此，他們熱衷於為本地先賢張履祥修墓、建祠、刊刻書籍，並在鴛湖、立志、桐溪等眾多書院中奉祀木主，以弘揚楊園學說為己任。總之，浙江士紳推動張履祥從祀孔廟，既是出於「衛道」的自覺性，又是出於利用理學教化資源來維持地方秩序，以保證自身文化權力的需要。

第五章　顧、黃、王三大儒從祀孔廟

　　顧炎武、黃宗羲、王夫之三大儒從祀孔廟，特點鮮明，過程曲折。晚晴時期，由於社會大變局的刺激，顧炎武的經世精神得到復活，顧祠會祭成為京師學者競相追求的時尚和潮流。王夫之則因其湖南後輩對其尊崇備至而名聲凸顯。以下就重點探討晚晴時期王夫之形象之轉換；三大儒被請求從祀孔廟的曲折歷程；趙啓霖請求三大儒從祀孔廟的學術環境，三大儒從祀與立憲之爭，三大儒從祀成功反映的時代特徵。

一、京師士大夫與顧祠會祭

　　嘉慶年間，阮元任國史館總纂，創設《儒林傳》，將顧炎武列為清學第一人。道光二十一年（1841），江蘇巡撫梁章鉅會同江蘇學政毛式郇上疏「崑山縣先儒顧炎武砥礪廉隅，匡扶名教，題請入祀鄉賢祠」。奉旨下部議奏，禮部於當年十二月十七日覆奏稱：

> 　　今查該省送事實冊，內開已故江蘇崑山縣先儒顧炎武，植躬清峻，砥行端方，講求經世之學，歷覽天下府州縣志，及歷代奏疏文集。復周流西北，偏行邊塞，得之目驗，成一百二十卷，曰《天下郡國利病書》。別有一百卷曰《肇域志》，又著有《音學五書考》，古功深斟酌，允當其餘。所著有《日知錄》三十二卷，《五經同異》三冊，《左傳杜解補正》三卷，《九經誤字》一卷，《石經考》一卷，《金石文字記》六卷《求古錄》一卷，《吳才老韻補正》一卷，《二十一史表》十卷，《歷代宅京記》二十卷，《昌平山水記》二卷，《十九陵

圖志》六卷，《萬歲山考》一卷，《岱嶽記》八卷，《北平古今記》十
卷，《建康古今記》十卷，《營平二州史事》六卷，《筆錄》十五卷，
《詩律蒙告》一卷。其它雜著不可枚舉。所有顧炎武題請入祀鄉賢
之處，繫屬名實相副，臣等謹擬准其入祀鄉賢祠。〔註1〕

禮部奏議中所稱的「該省所送事實冊」中所開列的顧炎武書籍，即是時任江
蘇巡撫的梁章鉅等開列的。他所舉著作以地理學著作爲首，這與道光年間西
北史地學的興盛有關，而且梁章鉅自身與西北史地研究者龔自珍、徐松等有
交誼。顧炎武是梁章鉅推崇的鄉賢，其「講求經世之學」的特點最能適應當
時潮流。

　　道光二十三年（1843），以何紹基爲代表的京師學者在慈仁寺修建了顧炎
武祠。道光二十四年開始，京師士大夫開始每年在此舉行公祭顧炎武的集會。
發起人何紹基稱「阮師撰《國史儒林傳》，以先生居首」。何紹基用《國史儒
林傳》來說明祭祀顧炎武的合法性。

　　顧祠會祭的興盛期集中在道光二十四年（1844）到同治十二年（1873），
有人稱：「自道光甲辰以來，京朝仕宦之號稱名士者，幾無一不與此祭」。〔註
2〕顧炎武的影響隨著顧祠會祭這一交遊網絡迅速擴散。日後在顧炎武從祀孔
廟過程中發揮作用的不少士大夫都曾是顧祠會祭的成員。根據《顧先生祠會
祭題名第一卷子》翁同龢咸豐七年春祭、咸豐七年亭林生日、咸豐七年秋祭、
咸豐八年亭林生日、咸豐十年亭林生日、咸豐十一年春祭、咸豐十一年亭林
生日、同治四年秋祭、同治五年春祭等就此與祭；張之洞同治三年秋祭、同
治四年秋祭、同治九年亭林生日、同治九年秋祭、同治十一年春祭等五次與
祭；潘祖蔭咸豐十年亭林生日與祭。〔註3〕他們在後來顧炎武從祀孔廟中的態
度，顯然受到顧祠會祭的影響。在呈請從祀奏摺中，顧祠會祭成爲將顧炎武
從祀的重要理由：如光緒十一年（1885）十一月二十一日，兵部尙書潘祖蔭
等會奏黃宗羲、顧炎武從祀文廟時，認爲顧炎武爲經學開山，「道光年間京朝
各官特建顧炎武祠於京師，春秋祀事，直省學人咸爲執事，迄今不絕」，「人

〔註1〕〔清〕張穆：《顧亭林先生年譜》，清道光二十四年刻本，第72、73頁。
〔註2〕雷夢水：《慈仁寺集市》，《北京文史資料精華·府園名址》，北京出版社2000
　　　　年版，第329頁。
〔註3〕《顧先生祠會祭題名第一卷子》，民國初（1912～1921）影印本。見段志強：
　　　　《舊廟新神：顧炎武、王夫之、黃宗羲從祀孔廟研究（1876～1908）》，清華
　　　　大學碩士學位論文，2009年，第17頁。

心所在即定論所憑」，因此應當將顧炎武從祀孔廟。〔註4〕

　　儘管顧炎武在道光年間影響擴大，甚至形成崇拜的風氣。但是不能一概而論，許多士人不能不顧及其晚明遺民身份，而對其有所顧忌。禮部奏江蘇巡撫開列的顧炎武著述書單中，多開列其地理學著作，而其重要著作《亭林文集》和《亭林詩集》沒有出現在書單中，是因為兩書在乾隆年間被列入禁燬書籍。〔註5〕參與顧祠會祭的魯一同（1805～1864）回顧道「朝士或不興，與者疑登仙，以茲盛傳播，亦復遭譏譚。」〔註6〕說明不少士大夫不敢參與顧祠會祭。孫衣言記述「始顧先生祠初成，余實在京師，予友孔　山、葉潤臣、朱伯韓、厲要予一拜先生。予未敢往也。」〔註7〕畢道遠道出了清廷對顧炎武從祀孔廟有所疑慮的原因。

二、湖湘士人與王夫之形象的放大

　　晚清時期，明末清初湖南學者王夫之的學說，得到了廣泛而持續的傳播，自道光之際鄧顯鶴編輯刊刻《船山遺書》、同治年間曾國藩兄弟開鉅資重刻《船山遺書》到清光緒三十四年王夫之從祀文廟，王夫之學說從不為人知到影響漸大並擴至全國。

　　王闓運在《邗江王氏族譜序》中敘述了船山學說被湖湘士人挖掘和傳播的歷程：

　　　　船山祖籍維揚，本勳華世胄，遭明社鼎沸，避世隱居，鄉人無
　　　　聞知者。至道光時，始得鄧南村表彰之，……而船山始顯。江南人

〔註4〕　〔清〕朱壽朋《東華續錄（光緒朝）》光緒七十三，清宣統元年上海集成圖書公司本，第1927頁。

〔註5〕　《亭林遺書》被列入抽燬的書目中。據《軍機處奏准抽燬書目》載：「查此書係崑山顧氏撰，以所著十書合為一編，內除《亭林文集》《亭林詩集》二種均有偏謬詞句，應行銷毀，又《昌平山水記》一種亦有乖謬之處，應行抽毀外，其《左傳杜解補正》《九經誤字》《石經考》《金石文字記》《韻補》、《正菴十事》及《顧氏譜系考》等七種，均繫辯證經史之書，有補考正，查無干礙，應請勿庸銷毀。」見英廉等編：《清代禁燬書目四種》，《叢書集成初編》本，上海，商務印書館1937年版，第85頁。見段志強：《舊廟新神：顧炎武、王夫之、黃宗羲從祀孔廟研究（1876～1908）》，清華大學碩士學位論文，2009年，第16頁。

〔註6〕　魯一同：《四月三日同人祀顧亭林先生於報國寺遂為展禊之會賦五十韻》，《通父詩存》卷四，近代中國史料叢刊第368冊，臺北文海出版社，第15頁。

〔註7〕　《顧先生祠會祭題名第一卷子》，民國初（1912～1921）影印本，同治七年條。

士好博通，見而信好之，以匹顧亭林。曾文正夙喜顧學，以薑齋多新說，甚為稱揚。其弟國荃亦喜誦之，尤以未盡刻為憾。會兵興，湘潭刻板散失，而國荃克江南，文正督兩江。國荃出兩萬金，開局金陵，盡搜船山遺書，除有避忌者，悉刻之，於是王學大行。

郭嵩燾尤好之，建思賢講舍於省城，祀船山，又請於朝，謂宜從祀文廟，議格不行。及入為兵部侍郎，再請之，禮部依例行文，衡陽始祀之鄉賢，繼則從祀孔子。而先是，衡陽令張憲和已創立船山書院，彭剛直又改建書院於東洲，俱祀船山。凡論種族者皆依託船山。〔註8〕

楊念群曾指出，湘人知識群體在晚清以前仍是一個「極為籠統模糊的概念」，在咸同之際湘軍崛起以前，湖南常常有被世人目為「文化沙漠」之虞。〔註9〕的確，湖南因地處內陸，在文化上的業績無法與號稱「人文淵藪」的江浙地區媲美。但自晚清湘軍崛起之後，湘人群體意識高漲，軍事政治上取得了奪目光彩後，文化上的失落也需要填補。因此湖湘士人抓住王夫之這一歷史資源，結合各自的現實需要，在為自身政治目構建理論依據的同時，不斷放大王夫之形象，充分體現了日益高漲的湖湘情結。曾國藩兄弟刊刻《船山遺書》是此種文化意識的反應，郭嵩燾等湖湘士人塑造船山偶像，呈請王夫之從祀孔廟亦是此種情結的集中體現。

（一）理學經世名儒

1、「道器並用」

王闓運曾稱讚曾國藩對王夫之學說的傳揚之功。的確如此，曾國藩不僅精心研讀船山著作，而且全力推動金陵版《船山遺書》的刊刻，從而使王夫之學說能夠在湖南學界廣為傳播更為其走向全國打下了基礎。

早在道光年間，曾國藩就接觸到了王夫之學說。《船山遺書》〔註10〕刊刻後，王夫之學說在湖南士人中得到廣泛傳播，唐鑒、魏源、李元度等人都對王夫之思想推崇備至，曾精研其著作。曾國藩在他們中受到王夫之學說的影

〔註8〕 王闓運：《邘江王氏族譜序》，馬積高主編：《湘綺樓詩文集》第一冊，嶽麓書社 1996 年版，第 394～395 頁。

〔註9〕 楊念群：《儒學地域化的近代形態——三大知識群體互動的比較研究》，三聯書店 1997 年版，第 160 頁。

〔註10〕 此處指鄧顯鶴湘潭刻版《船山遺書》，後來毀於太平天國起義的戰火。

響。同治元年（1862），曾國藩於戎馬倥傯之際開始獨立系統研讀船山著述，據《曾國藩日記》記錄：八月「早飯後清理文件，……倦甚，不能說話，午刻小睡，閱王而農《莊子解》。」〔註11〕十月日日，「閱王而農所注張子《正蒙》，於盡性知命之旨，略有所會，蓋盡其所可知者，於己，性也；聽其不可知者，於天，命也。」〔註12〕

他接著加以發揮：

> 農夫之服田力穡，勤者有秋，惰者歉收，性也；為稼湯世，終歸湮爛，命也。愛人、治人、禮人，性也；愛之而不親，治之而不治，禮之而不答，命也。聖人之不可及處，在盡性以至於命。盡性尤下學之事，至於命則上達矣。當盡性之時，功力已至十分，而效驗或有應有不應，聖人於此淡然泊然。若知之若不知之，若著力若不著力，此種消息最難體驗。若於性分當盡之事，百倍其功以赴之，而俟命之學，則以淡如泊如為宗，庶幾近道乎！〔註13〕

在曾國藩看來，王夫之於聖人之道，已經有所體會。所謂聖人之道，即「盡性知命」盡性，就是發揮仁者愛人之本性，不管生於治世還是亂世，都要積極盡力，發揮主觀能動性。知命，就是無論何種處境，都要以淡泊的態度處於世間。

十月二十八日，「二更三點入內室，閱王而農《通鑑論》楊儀、孫資諸篇」。十月二十九日，「二更四點入內室，閱《通鑑論》何晏等篇。」〔註14〕此後，一直到曾國藩去世，《日記》中都有曾國藩研讀王夫之著作的記載。

在研讀王夫之著作的同時，曾國藩高度重視《船山遺書》的刊刻工作。同治五年（1866）五月，反覆閱讀王夫之《禮記章句》，為重新刻板作準備：「船山先生《大學》、《中庸》皆全錄朱注，而以己說衍之，仍第於《禮記》中，以還四十九篇之舊。余因先生說《禮》多通於性命之原故，急取《中庸》閱之。」〔註15〕「夜又批《禮記》二條。余閱此書，本為校對訛字，以便修板再行刷印。乃覆查全書，辯論經義者半，校出錯訛者半，蓋非校讎家之體

〔註11〕曾國藩：《曾國藩全集·日記》，第 787 頁。
〔註12〕曾國藩：《曾國藩全集·日記》，第 814 頁。
〔註13〕曾國藩：《曾國藩全集·日記》，第 814 頁。
〔註14〕曾國藩：《曾國藩全集·日記》，第 820、821 頁。
〔註15〕曾國藩：《曾國藩全集·日記》，第 1264 頁。

例。然其中亦微有可存者，若前數年在安慶、金陵時，則反不能如此之精勤。此軍營事簡，老年差可慰悅之境，而流寇縱橫，制敵無術，體衰目昏，學問無成，則又深為憂灼之境也」。〔註16〕

雖然軍務繁忙，曾國藩卻沒有中斷對王夫之著作的校讎工作，可見對王夫之的推崇程度。曾國藩之所以選中王夫之，是因為其學說正切合他經世理學的主張。

道光以後，原來被譏笑為空疏無用的理學，以新特點程復興之勢，即理學與經世致用的結合。曾國藩的經世理學非常突出，其師唐鑒劃分學術為三門：「曰義理、曰考核、曰文章。……至經濟之學，即在義理之內」。〔註17〕曾國藩將此種立意擴展為四科：

> 為學之術有四：曰義理，曰考據，曰辭章，曰經濟。義理者，在孔門為德行之科，今世目為宋學者也；考據者，在孔門為文學之科，今世目為漢學者也；辭章者，在孔門為言語之科，從古藝文及今世制義詩賦皆是也；經濟者，在孔門為政事之科，前代典禮、政書，及當世掌故皆是也。〔註18〕

曾國藩將「經濟」一科獨立出來，作為孔門四科之一，突出經世之學重要地位的同時，強調「義理」與「經濟」二者合一，不能截然分為二途。王夫之《周易外傳》講到：「無其道則無其器，人類能言之。……無其器則無其道，人鮮能言之。而固其誠然者也。洪荒無揖讓之道，唐虞無弔伐之道，漢、唐無今日之道，則今日無他年之道者多矣。未有弓矢而無射道，未有車馬而無御道，未有牢醴璧幣、鍾磬管絃而無禮樂之道，未有弟而無兄道，道之可有而無者多矣。故無其器則無其道，誠然之言也，而人特未之察耳。……古之聖人能治器，而不能治道。治器者則謂之道，道得則謂之德；器成則謂之行，器用之廣，則謂之變通；器傚之著，則謂之事業。」〔註19〕

王夫之強調了「道」和「器」同等重要，聖人善於治「器」，即客觀踐行，踐行事業，是真正的道，才配稱「德」。由此可見，從理論依據和價值取向上

〔註16〕曾國藩：《曾國藩全集・日記》，第1276頁。

〔註17〕曾國藩：《曾國藩全集・日記》，第92頁。

〔註18〕曾國藩：《勸學篇示直隸士子》，《曾國藩全集・詩文》，長沙：嶽麓書社1986年版，第442頁。

〔註19〕王夫之：《周易外傳・繫辭上傳》，中華書局，1977年，第203頁。

來看，王夫之之思想與曾國藩高度契合。

2、「仁」、「禮」兼採

曾國藩對王夫之的兩部著作《張子正蒙注》和《禮記章句》表彰不遺餘力：

> 昔仲尼好語求仁，而推言執禮。孟氏亦仁禮並稱，蓋聖王所以平物我之情，而息天下之爭，內之莫大於仁，外之莫急於禮。自孔孟在時，老莊已鄙棄禮教。楊墨之指不同，而同於賊仁。厥後眾流歧出，載籍焚燒，微言中絕，人紀綻焉。漢儒掇拾遺經，小戴氏乃作記，以存禮於什一。又千餘年，宋儒遠承墜緒，橫渠張氏乃作《正蒙》，以討論爲仁之方。船山先生注《正蒙》數萬言，注《禮記》數十萬言，幽以究民物之同原，顯以綱維萬事，弭世亂於未形。其於古昔明體達用、盈科後進之旨，往往近之。〔註20〕

「仁」與「禮」是儒學體系的兩個核心價值概念。儒家文化追求的政治理想是統治者能夠效法上古聖王，對內修己、正心，對外能夠「爲政以德」，在內在修養和外在的政治制度方面實現「仁」與「禮」的貫通和統一。然而，無論是漢學還是宋學，對此宗旨都有不同程度的偏離。宋學末流空談心性，「置四海之困窮不言，而終日講危精一之說」，對切於實用的經世之術避而不談。漢學家沉溺於細鎖的考據，於經濟治術了無益處。

曾國藩對王夫之的「仁」、「禮」統一大加讚揚，「荒山敝榻，終歲孳孳，以求所謂育物之仁，經邦之禮。窮探極論，千變而不離其宗；曠百世不見知，而無所於悔。」〔註21〕總之，「仁」「禮」是曾國藩調和漢宋，統一於經世理學的基礎和落腳點。

首先，曾國藩著力表彰王夫之，是因爲船山之學能夠遠承宋儒之墜緒，強調「求仁」的內心修養。人們專事考據，不事理學弊病叢生：「是以風俗人心日壞，不知禮義廉恥爲何事。至於外夷入侵，輒皆望風而靡，無恥之徒，爭以悅媚夷人爲事，而不顧國家之大辱」。〔註22〕曾國藩稱船山之學是「育物之仁」，恰恰反映出他本人的政治和學術理想。希望弘揚船山儒學的內在人格

〔註20〕 曾國藩：《船山遺書序》，《王船山先生遺書》，清同治四年刻本。
〔註21〕 曾國藩：《船山遺書序》，《王船山先生遺書》，清同治四年刻本。
〔註22〕 姚瑩：《復黃又圍書》，《中復堂全集·東溟文外集》卷一，同治丁卯安福縣署刻本，第34頁。

力量，充分發揮道德情操和主體自覺的精神，激勵士人致力於修己、治人的經世理學，從而眞正的達到治國平天下的理想境界。

第二，曾國藩表彰王夫之，還在於船山實用之學的綱領「禮治」符合他以禮治己、以禮治軍、以禮治國的需要。王夫之說：「夫禮之爲教，至矣大矣，天地之所自位也，鬼神之所自餒也，仁義之以爲體，孝悌之以爲用者也，五倫之經緯，人禽之所分辨，治亂之所司，賢不孝之所裁者也，捨此而道無所麗矣。曾國藩繼承了王夫之的這一思想，「古之君子之所以盡其心、養其性者，不可得而見。其修身、齊家、治國、平天下，則一秉乎禮。自其內爲者言之，捨禮無所謂道德；自外焉者言之，捨禮無所謂政事」。〔註23〕「先王之道，所謂修己治人、經緯萬彙者，何歸乎？亦日禮而已矣」。〔註24〕

曾國藩闡揚王夫之的「仁」、「禮」兼採學說，有深刻的現實關懷。外夷入侵，社會風俗與日俱下，對此他深感懨慮。希圖通過表彰船山學說，激勵自我修身，進而美化社會風俗，從而維護「禮」之封建秩序。總之，「仁」、「禮」兼採學說對王夫之構建理經世理學理論產生了重要影響。

（二）新學變法先驅

甲午戰爭失敗，湖湘士人盡管努力塑造船山爲「正學」楷模，希圖以船山理學經世精神凝聚力量，〔註25〕實際上，船山的「正學」形象已漸漸消褪。船山之學因其精神層面上的所謂「叛逆」成份很難被滿洲權貴認可，而難以被從祀社會地位最高的文廟。恰恰是這種「叛逆」成份卻被另一部份湖湘士人挖掘，並披上了西學外衣，船山被塑造成一全新的形象，即具有濃厚西學色彩的民權理論構造者，代表人物就是譚嗣同。

1895 年，日本攻陷劉公島，繼而攻陷山海關外的牛莊、營口，清廷屈辱與日議和，簽訂《馬關條約》，割讓臺灣。譚嗣同對此局勢深感憂慮和悲憤，曾寫兩封長信，「一上其師歐陽瓣姜先生，一致其友貝元徵先生」，兩書均爲「主變通，行西法，以應付時勢」〔註26〕。譚嗣同認爲要救亡圖存，就不可

〔註23〕曾國藩：《筆記二十七則》，《曾國藩全集·詩文》，第 358 頁。

〔註24〕曾國藩：《聖哲畫像記》，《曾國藩全集·詩文》，第 250 頁。

〔註25〕户華爲在《船山崇祀與近代湖湘地方文化建構》中指出：王闓運多次提到自己參加祭祀船山的經歷，光緒二十二年，「始祭船山以鄉賢之禮，與此六年，今稍習矣」，光緒二十五年，「夜肄秋祭船山儀」。户華爲：《船山崇祀與近代湖湘地方文化建構》，《湖南大學學報》2003 年第 6 期。

〔註26〕譚訓聰：《清譚復生先生嗣同年譜》（新編中國名人年譜集成第十一輯），臺灣

守舊，而要「盡變西法」。首先必須要以「教育賢才爲急務」，而教育賢才有要以學習「算學格致」爲主。譚嗣同平日喜歡鑽研「算學」，曾擬在瀏陽設立算學館，但卻「崎阻百出」〔註27〕，於是他便寫萬言信給老師歐陽中鵠，「請廢經課，兼分南臺書院膏火，興算學格致」〔註28〕。歐陽中鵠將這封信「加批加跋，刻爲《興算學議》，以當家喻戶曉」〔註29〕。

譚嗣同爲尋求變法的理論支撐，從傳統中尋找歷史資源，找到了船山的「道不離器」理論，對之重新闡釋，使其爲變法服務。但是譚嗣同對王船山及其學說的認識，經歷了一個變化過程。甲午戰爭之前，與其它湖湘精英一樣，譚嗣同將船山看作理學名儒。

爲了反映這個變化過程以及分析甲午戰爭對船山形象改變所起的作用，首先有必要對甲午戰前譚嗣同的船山之學作一簡單介紹。這與他早年所受的教育和師友交往有關。譚嗣同五歲時在北京師從著名學者畢蓴齋，在其指導下讀《四書》，十歲時便跟隨歐陽中鵠讀書，在他的指導下，譚嗣同開始接觸船山學說。歐陽中鵠非常推崇王船山，特別重視《俟解》一書，說：「船山遺書中《俟解》一卷，最爲深切著明，可取爲嚴師之對。中鵠……大懼嗜欲滔滔，無所底止，其尤稍能自克者，此書之力也！」又說：船山之說「常使人驚心動魄，若芒刺在背，不敢不有所忌憚者，則船山之言，有以扶植世教於無窮也。」〔註30〕1889 年，譚嗣同在京師結識同邑進士劉人熙，並開始跟隨劉人熙系統學習船山理論。〔註31〕劉人熙特別推崇王船山，認爲船山能「闡鄒魯之宏旨，暢濂洛之精義，明漢唐之故訓，掃末學之秕糠」，楚

　　　商務印書館 1980 年版，第 15 頁。

〔註27〕《瀏陽興算記——關於 1895～1897 年『瀏陽興算』的未刊史料之一》，《湖南歷史資料》1959 年第 2 期，第 159 頁。

〔註28〕《瀏陽興算記——關於 1895～1897 年『瀏陽興算』的未刊史料之一》，《湖南歷史資料》1959 年第 2 期，第 160 頁。

〔註29〕歐陽中鵠：《復王鐵珊舍人書》，《湖南歷史資料》，1959 年第 3 期，第 145 頁。

〔註30〕歐陽中鵠：《復譚泗孫》，《辦姜未刊函稿》抄本第一冊，轉引自賈維：《譚嗣同與晚清士人交往研究》，湖南大學出版社 2003 年版，第 29 頁。

〔註31〕關於譚嗣同在北京結識劉人熙，並跟隨其學習船山學，譚訓聰在《清譚復生先生嗣同年譜》中有記載：「光緒十五年（1889），是年公在京師，識同邑進士劉公人熙（蔚廬），從遊問學，得聞永嘉學派之淵源，研究張橫渠、王船山先儒學理，時劉公任工部主事。」譚訓聰：《清譚復生先生嗣同年譜》，《新編中國名人年譜集成》第十一輯，臺灣商務印書館 1980 年版，第 11 頁。

人士稱之曰：「周子之後，一人而已；天下學士宗之曰：孟子之後，一人而已。」〔註32〕

在歐陽中鵠和劉人熙的影響下，譚嗣同推崇王船山，《張子正蒙參兩篇補注》和《王志》，〔註33〕爲此專門寫作並「肆力讀《四書訓義》」，〔註34〕注重內省工夫，反省過去的浮誇之言：「嗣同早歲瞀瞀，不自揣量，喜談經世略，乃正其不能自治喜怒哀樂之見端，苟不自治，何暇治人？苟欲自治，又何暇言治人？」在此，譚嗣同將心性之學置於經世之學之上。另外，譚嗣同還學習王船山的《周易內外傳》，讚賞王船山的「精義之學」，講道：「宋儒以善談名理，稱爲道學，或曰理學。理之與道，虛懸無薄，由是輒易爲世詬病。王船山先生乃改稱精義之學，然不若六朝人目清談元旨爲義學也。義學乎！義學乎！其斯爲學者正名之宏軌乎？」〔註35〕

譚嗣同早期的船山理學研究，還受好友貝元徵的影響。貝元徵是劉人熙的女婿，曾從劉人熙學習船山之學，譚嗣同稱讚「貝元徵之溫純，而又推元徵足醫嗣同之偏弊」。〔註36〕譚嗣同在三十歲之前的船山之學，主要是對船山心性理學的發揮。

甲午戰後，譚嗣同研究重點，轉向西學，並以船山之學作爲行西法的理論支撐。譚嗣同說，現今之亂世，「與衡陽王子所處不無少異」，個人雖然不能力挽狂瀾，仍應抱有變革社會之熱誠，「隱尤當有所以隱。爲天地立心，爲生民立命，以續衡陽王子之續脈，使孔、孟、程、朱之傳不綴於地。」爲此，就要做到治學合一，不能只是「著書立說」，而要「徵諸實事」，〔註37〕即要爲救亡圖存而行變法。

首先，譚嗣同與其老師歐陽中鵠都主張遷都，譚嗣同說「西遷之請，最

〔註32〕劉人熙：《重刻〈四書訓義〉序》，《劉人熙集》，湖南人民出版社2009年版，第313頁。

〔註33〕譚嗣同：《三十自紀》，蔡尚思，方行編：《譚嗣同全集》，中華書局1998年版，第56頁。

〔註34〕譚嗣同：《石菊影廬筆識·思篇》，蔡尚思，方行編：《譚嗣同全集》，中華書局1998年版，第138、139頁。

〔註35〕譚嗣同：《石菊影廬筆識·學篇》，蔡尚思，方行編：《譚嗣同全集》，中華書局1998年版，第122頁。

〔註36〕譚嗣同：《石菊影廬筆識·思篇》，蔡尚思，方行編：《譚嗣同全集》，中華書局1998年版，第138頁。

〔註37〕譚嗣同：《興算學議·上歐陽中鵠書》，蔡尚思，方行編：《譚嗣同全集》，中華書局1998年版，第164、165頁。

爲曲突徙薪之法」，〔註38〕歐陽中鵠極爲贊成，舉實例論證「唐、宋以遷而存，明以不遷而亡」，並且說遷都的主張爲「衡陽王先生論之詳矣」。〔註39〕

其次，譚嗣同提出了行西法的迫切性和可行性。面對列強侵略，民族危亡，中國的問題究竟出在哪裏？振興中國的出路在何方？譚嗣同認爲中國的根本問題不在於「道」，而在於器，借用王船山的「道不離器」理論，作爲行西法的依據。衡陽王子曰：「無其器則無其道，無弓矢則無射之道，無車馬則無御之道，洪荒無揖讓之道，唐、虞無弔伐之道，漢、唐無今日之道，則今日無他年之道者多矣。」又曰：「道之可有而且無者多矣，故爲無其器則無其道。」譚嗣同對此深表贊同：

> 今日所行之法，三代之法耶？周、孔之法耶？抑亦暴秦所變之弊法，又經兩千年之喪亂，爲夷既變矣，道之且無者不能終無，道之可有者自須亟有也。……嗟乎！不變今之法，雖周、孔復起，必不能以今之法治今之天下，斷斷然矣。〔註40〕

以王船山的器本論爲基點，形成了譚嗣同獨特的「器體道用」論，成爲維新變法的基本理論依據。所謂「器」，即社會經濟、政治之大法，社會經濟政治之制度。譚嗣同的「道器論」由學術理論而訴諸社會制度變革之實踐，將船山之學與西方民主學說結合起來，認爲船山早就有「興民權之微旨」，〔註41〕但是船山此說被遮蔽，而假託孔氏之專制學說卻大爲盛行，才導致目前的衰微局面。要改變衰微局面，就必須革除弊政而行西政。要行西政，在當時專制條件下，就要有大無畏的精神，「即令付諸衡陽王子之《噩夢》，而萬無可爲之時，斯益有一息尙存之責。縱然春蠶到死，猶復搗麝成塵。」〔註42〕

唐才常於王船山「民主」思想的闡釋良多，自稱「素服膺王船山之學說」，主講時務學堂時，「日以王船山、黃梨洲、顧亭林之言論，啓迪後進」，他還

〔註38〕譚嗣同：《興算學議・上歐陽中鵠書》，蔡尙思，方行編：《譚嗣同全集》，中華書局1998年版，第155頁。

〔註39〕譚嗣同：《興算學議・上歐陽中鵠書》，蔡尙思，方行編：《譚嗣同全集》，中華書局1998年版，第169頁。

〔註40〕譚嗣同：《興算學議・上歐陽中鵠書》，蔡尙思，方行編：《譚嗣同全集》，中華書局1998年版，第160、161頁。

〔註41〕譚嗣同：《上歐陽中鵠書》，蔡尙思，方行編：《譚嗣同全集》，中華書局1998年版，第464頁。

〔註42〕譚嗣同：《興算學議・上歐陽中鵠書》，蔡尙思，方行編：《譚嗣同全集》，中華書局，1998年版，第164頁。

勉勵諸生「熟讀《黃書》、《噩夢》、《明夷待訪錄》、《日知錄》等書」，並與諸生共同研究學習，發揮其中的民主、民權之說。〔註43〕

這樣，時務學堂成為譚嗣同、唐才常等人以顧、黃、王三大儒學說為依據傳播民主思想的中心，正如梁啓超在《清代學術概論》中講到：

> 嗣同與黃遵憲、熊希齡等，設時務學堂於長沙，聘啓超主講席，唐才常為助教。……所言皆當時一派之民約論，又多言清代故實，臚舉失政，盛倡革命。……時學生皆住舍，不與外通，堂內空氣日日激變，外間莫或知之，及年假，諸生歸省，出札記示親友，全湘大嘩。……又竊印《明夷待訪錄》《揚州十日記》等書，加以暗語，秘密分佈，傳播革命思想，信奉者日眾，於是湖南新舊派大鬨。〔註44〕

將此引文與《唐才常烈士年譜》中有關唐才常鼓勵諸生閱讀顧、黃、王三大儒著作的內容兩相對照，時務學堂私下所印之書應當有王船山的著作在內。可能由於事務繁忙，梁啓超並無時間系統研讀王船山著作，正如他自己所說「我讀船山書，都是壯飛教我」。〔註45〕但這並不影響他在時務學堂中向學生傳授船山「民主」思想。時務學堂出身的許多學生如蔡鍔、蔡鍾沈、秦力山等，後來走上反滿革命之路，不能不說受到船山「民主」思想的影響。

戊戌變法失敗，時務學堂被迫停辦，但是船山「民主」思想的種子已經播撒在中華大地上，思想的光輝不會因為某次運動的暫時失敗而隱卻光芒，相反，在遇到合適的歷史機遇時會迸發更激烈的力量，正像梁啓超預言的那樣：「船山的復活，只怕還在今日以後哩」，王船山的民族主義被之後的革命者繼續發揮，成為反滿利刃。

三、三大儒從祀孔廟的曲折歷程

（一）王夫之從祀孔廟的歷程

1、地域競爭：郭嵩燾謀求王夫之從祀孔廟

同治年間，郭嵩燾主講城南書院時，在宋儒張栻祠旁建立王船山祠，「率

〔註43〕 唐才質：《唐才常烈士年譜》《唐才常集》，中華書局1980年版，第273頁。

〔註44〕 梁啓超：《清代學術概論》，上海古籍出版社2009年版，第84、85頁。

〔註45〕 梁啓超著，朱維錚校注：《梁啓超論清學史二種》，復旦大學出版社1985年版，第184頁。

諸生習禮其中，群懷感激興奮之意」。〔註46〕光緒元年（1875），他將原湘水校經堂遷往別處，在原址改建船山祠，親自主持安立神位。郭嵩燾爲王夫之建立專祠，希望能擴大其影響而從祀孔廟加大籌碼，「咸以爲兩廡之祀，當在宋五子之列，而至今不獲祀於鄉」，希望「以鄉賢之遺業，祐啓後進，闢吾楚之榛荒」。〔註47〕

光緒二年（1876）八月二十日，郭嵩燾第一次陳請王夫之從祀孔廟，他說陸隴其、湯斌、孫奇逢、張履祥、陸世儀，「均經先後從祀」，理學名儒，極一時之盛。而王夫之「學行精粹」卻未能從祀。況且湖南「自周子敦頤後，從無辦過從祀成案」，如果王夫之能夠從祀孔廟，「實足以光盛典而式士林」，〔註48〕對於提高湖南學界在全國的地位有重要意義。然而郭嵩燾的請求被禮部議駁。

郭嵩燾對此結果非常失望，尤其是光緒六年（1880）聞聽浙江巡撫梅小岩爲宋儒輔廣請祀成功後，非常驚訝。他稱慶源（即輔廣）書「浮淺無甚精意」，「一經浙撫奏請，部臣無肯議駁者」。而船山之學，「勝於慶源奚止百倍」卻不能從祀。郭嵩燾回憶起禮部議駁之事，「寓書鄉人，屬具呈另行題奏，而爲李輔堂所持，事寢不行。徐桐（蔭）軒方任禮部尚書，立意議駁」。這些令他失望，但更失望傷心的是「吾楚人不務表彰先達，竟無一能主其事者」，聽聞輔廣從祀後，「爲之垂淚竟日」。〔註49〕

郭嵩燾感到獨力難支，暫時無力推動王夫之榮登孔子廟，於是退而在地方繼續進行祭祀船山祠堂的活動和集會。光緒五年（1879），郭嵩燾創辦禁煙公社，光緒七年（1881），又創辦思賢講舍，「專祭船山先生」。〔註50〕每逢船山生日，禁煙公社和思賢講社都要舉行會講和祭祀船山的活動。

光緒六年（1880）九月初一日，禁煙公社會員「會集曾文正祠之浩園，

〔註46〕郭嵩燾：《請以王夫之從祀文廟疏》（光緒二），《郭嵩燾奏稿》，長沙：嶽麓書社1983年版，第351頁。

〔註47〕郭嵩燾：《船山先生祠安位告文》，《養知書屋詩文集》，《近代中國史料叢刊》第十六輯152，臺北文海出版社1968年版，第1458頁。

〔註48〕郭嵩燾：《船山先生祠安位告文》，《養知書屋詩文集》，《近代中國史料叢刊》第十六輯152，臺北文海出版社1968年版，第1458頁。

〔註49〕郭嵩燾：《郭嵩燾日記》第四卷，光緒六年四月十三日，長沙：湖南人民出版社1981年版，第43頁。

〔註50〕郭嵩燾：《郭嵩燾日記》第四卷，光緒七年九月一日，長沙：湖南人民出版社1981年版，第216頁。

公祭王船山先生。會者周幼庵、傅青餘……及意城共十四人」。〔註51〕光緒七年開始，每逢船山生日，集會公祭，光緒七年（1881）九月初一日，「庚寅，致祭王船山先生，……是午禁煙公社會講，集者十六人。大概言禁煙公社與思賢講舍相附麗。初定章程歲凡四集，以屈子、周子及船山先生及曾文正公生日，略誌景仰先賢之意」。〔註52〕光緒八年（1882）九月初一日，「甲申。詣船山祠行禮，會者十一人」。〔註53〕

光緒七年（1881），〔註54〕同年三月廿六日，思賢講舍開館，郭嵩燾率領諸生致船山祠行禮：「朱禹田、張笠臣及意城先至，監院陸恒齋，同詣船山先生祠行禮，諸生至者十五人：潘碧泉……隨班行禮，各以齒序」。郭嵩燾勉勵諸生，「自重以爲立身之本，講求禮法以爲接人應務之方，親師取友以求共學之益，讀書務實以立爲學之程」。〔註55〕每逢船山生日，思賢講舍要進行會講和祭祀船山活動，「光緒七年九月初一日庚寅。致祭王船山先生，以是日爲船山生辰，講舍歲一致祭。……今歲開立思賢講舍，專祀船山先生，即日開館，及九月朔日祭期，爲春秋兩次會講，以後當遂爲定例」。〔註56〕

禁煙公社和思賢講舍祭祀王夫之，具有明顯的地域競爭意味，表現了郭嵩燾「守先生之道，以待後之學者；請從祀於朝，猶有望於鄉人」的既無奈又執著的心態。〔註57〕王船山雖然不能從祀孔廟，然而在本地祭祀，仍可勉勵湖南士人見賢思齊，奮發有爲，改良湖南學風。因爲郭嵩燾感到近年湖南風俗與日俱下，無法與直隸、山東比肩：

> 數年以來，亦覺人心風俗，日趨涼薄，然亦勉強相安。自增加

〔註51〕郭嵩燾：《郭嵩燾日記》第四卷，光緒六年九月初一日，長沙：湖南人民出版社1981年版，第87頁。

〔註52〕郭嵩燾：《郭嵩燾日記》第四卷，光緒七年九月初一日，長沙：湖南人民出版社1981年版，第216頁。

〔註53〕郭嵩燾：《郭嵩燾日記》第四卷，光緒八年九月初一日，長沙：湖南人民出版社1981年版，第318頁。

〔註54〕郭嵩燾：《郭嵩燾日記》第四卷，光緒七年三月十四日，長沙：湖南人民出版社1981年版，第153頁。

〔註55〕郭嵩燾：《郭嵩燾日記》第四卷，光緒七年三月二十六日，長沙：湖南人民出版社1981年版，第167頁。

〔註56〕郭嵩燾：《郭嵩燾日記》第四卷，光緒七年九月初一日，長沙：湖南人民出版社1981年版，第216頁。

〔註57〕戶華爲：《船山崇祀與近代湖湘地方文化建構》，《湖南大學學報》（社會科學版），2003年第6期，第32頁。

鹽引，受累繁多，生計日益蕭條，密查人心之偷敝，亦竟窮於思議。
今年山東、直隸水災，奉天雨災，江南里下河一帶水災，廣東風
災，……湖南去歲歉收，今年便覺饑荒，又兼以蟲荒、水荒，然亦
竟得中稔，教之各省災荒，固爲勝之。此爲可幸，亦最爲可懼，以
人心風俗尚不能及山東、直隸、奉天一帶之淳樸，而反幸邀天眷，
此尤當猛省者。〔註58〕

在郭嵩燾看來，湖南雖然年頭不好，但是較之其它省之災荒，並不算最嚴重，
但是風氣卻最爲惡劣，於湖南地方穩定非常不利。他說，「自古世道之亂，原
本人心風俗」，尋其源頭，「其患皆起於士大夫」。〔註59〕因此，公祭王船山，
是爲了以此結交同仁，砥礪學業德業，共同進步，「由近及遠，由小推大，先
使人知務本向學」，「以待賢哲之興」，〔註60〕等待他日，有能力之人重新爲王
船山從祀孔廟而奔走，進而振興湖湘，強大國家。

2、請祀王夫之再次無果而終

光緒二十年（1894）十二月，甲午戰爭爆發已有五個月，淮軍節節敗退，
日軍步步緊逼。大連、旅順皆已失守，日軍又計劃進攻威海衛，情勢十分危
急。清政府於是任命湘系元老、兩江總督劉坤一爲欽差大臣，督辦東征軍務，
「所有關內外防剿各軍，均歸節制」。〔註61〕在這樣的背景之下，兩湖士紳開
始了提請王夫之從祀孔廟的活動。這次請祀由兩湖書院肄業湖北優貢生王葆
心、湖南廩生蔣鑫合詞，請湖北學政孔祥霖代爲呈請：

我朝崇儒重道，凡有功聖教未曾袝薦文廟者，歷經奏准從祀。
而學行純備、博大淵微如衡陽王夫之，不登兩廡，實爲闕典。……其
尤邃者，如《大學衍》《中庸衍》，則宗朱子而黜異說，《周易內外傳》
則斥附會而演眞銓，《讀四書大傳說》有申《集注》者，有補《集注》
者，則極深研，幾以求合乎孔孟之道。至其注《禮記》數十萬言，幽

〔註58〕郭嵩燾：《郭嵩燾日記》第四卷，光緒九年九月初一日，長沙：湖南人民出版
社1981年版，第415、416頁。

〔註59〕郭嵩燾：《郭嵩燾日記》第四卷，光緒九年九月初一日，長沙：湖南人民出版
社1981年版，第415、416頁。

〔註60〕郭嵩燾：《郭嵩燾日記》第四卷，光緒七年九月初一日，長沙：湖南人民出版
社1981年版，第216頁。

〔註61〕朱壽朋：《東華續錄（光緒朝）》卷一百二十三，清宣統元年上海集成圖書公
司本，第3312頁。

以究民物之同原，顯以綱維萬事。……如此，與宋道學濂、洛、關、
閩易世同稱。從周、程、朱遊者，類多升主配食，彬彬一堂。獨張弟
子既鮮顯赫者，私淑又曠代無能。夫之乃能遠紹絕業，注《正蒙》數
萬言，發明張子論仁之旨，以明人倫，以察庶物，而合於《西銘》所
謂同胞同與者八百餘年，繼橫渠者夫之一人而已。〔註62〕

這次請祀王夫之活動，雖然由湖北學政出面，但是幕後主持者仍以湖南人為
主。湖湘士人認為王夫之接續張載之學脈，因而將其塑造成為發揚張載學說
的理學名儒。湖湘士人抓住國家亟需忠君救世之楷模的機遇，著力塑造王夫
之「正學之儒」的形象：

當時與黃宗羲、顧炎武同以經學開風氣之先，而夫之所著尤多
且粹，其學問賅備也。……是以咸同之際，中興將帥半湘省，儒生
其得力夫之遺書者唐多。……是夫之固前明之遺老，亦我朝之功臣，
此其學術精純，經綸卓越，又有明驗者也。今海疆有事，異教潛興。
補救之方，惟在培養人材，出膺艱巨，則獎真儒而昭崇報，使天下
咸曉然於聖學之體用，故有如是之兼賅者，以正人心，以扶士氣。
當今急務，無過於此。〔註63〕

湖湘士人普遍認為，在鎮壓太平天國之時湘軍創立的「湘軍神話」，是得力於
對王夫之精神的傳揚。在瓜分亡國的危難之際，湖湘士人希望將王夫之從祀
孔廟，成為國家正統儒學偶像，以此薰染全國人心和士氣，鼓舞湘人再創「湘
軍神話」。

《船山遺書》刊刻後，王夫之學說在湖南乃至各地廣為流傳。湖南士人，
一時之間，紛紛以讀王氏之書，談王氏之學為自豪：「王氏學初不甚顯，曾國藩
刊其遺書三十餘種，湘人始知尊重」，〔註64〕「於是王學大行」。〔註65〕隨著王
夫之影響的進一步擴大，從祀孔廟之議再次被提上日程。

湖湘士人努力將地方偶像推向國家正統象徵體系的原因是多方面的：一

〔註62〕 朱壽朋：《東華續錄（光緒朝）》卷一百二十三，清宣統元年上海集成圖書公
司本，第3314、3315頁。

〔註63〕 朱壽朋：《東華續錄（光緒朝）》卷一百二十三，清宣統元年上海集成圖書公
司本，第3316頁。

〔註64〕 胡思敬：《三先生崇祀》，《國聞備乘》，上海書店出版社1997年版。

〔註65〕 王闓運：《邘江王氏族譜序》，馬積高主編：《湘綺樓詩文集》第一冊，長沙：
嶽麓書社1996年版，第395頁。

方面，湖湘士人希圖借塑造王夫之理學名儒形象以扶持名教、砥礪士風；另一方面，湖湘士人希望將王夫之精神推廣至全國，凝聚全國力量來對抗因戰爭挫敗而產生的文化認同危機；最後，湖湘士人還希望借王夫之影響的進一步擴大來提高湖湘文化在全國的影響。

近代湖湘士人選擇王夫之作為可資利用的歷史資源，根植於湖湘獨特的人文地理環境以及湖湘文化崇尚理學、尊崇理學經世的歷史傳統中。

第一，湖南獨特的人文地理環境。錢基博曾概括湘地人文地理：「湖南之為省，北阻大江，南薄五嶺，西接黔蜀，群苗所萃，蓋四塞之國。其地水少而山多。重山疊嶺，灘河峻激，而舟車不易為交通。頑石赭土，地質剛堅，而民性多流於倔強。以故風氣錮塞，常不為中原人文所沾被」。〔註66〕湖南地處內陸，造成湘人堅忍的性格特徵。還造成湖湘「崇尚實際，修身力行」的學風，這就為崇尚具有剛毅品格的先賢造就了良好氛圍，王船山因此以「忠孝友悌、遁世不悔、德行純全」〔註67〕的大儒被湖湘士人崇祀。

第二，自宋明以來的湖南理學傳統。自宋明以來，湖南一直有篤信程朱理學的傳統，被稱為「理學之邦」。清廷入關之後，將程朱理學作為官方統治學說，湖南理學也繼續發揮維持禮教的功能湖湘先賢王船山因續張載學說之脈，在晚清被拉入湖湘理學正統序列中。

第三，道光以來湖湘經世理學的發展。道光以後，各種社會政治危機日益暴露，以解決危機來應對時局的經世致用之學應運而起。魏源提倡以經術為治術，曾國藩提出義理、考據、詞章、經濟為一，貫穿其中的靈魂就是對務實之學的重視。在甲午戰爭的背景下，國家更亟需忠君和文韜武略的有用之才，故而湖湘士人在這次請祀王夫之活動中，著力塑造其理學經世名儒之形象。

光緒二十年（1894），湖北學政孔祥林出面奏請王夫之從祀孔廟，奏摺「下禮部議奏」。〔註68〕禮部會奏初步意見未見記載，內閣會奏結果是主張議駁，由大學士李鴻章領銜。李鴻章強調《四庫提要》著錄王夫之各書如《春秋家說》「多臆斷之詞」，四庫未經採入如《周易內外傳》《禮記章句》《四書稗疏》《讀四書大全說》《張子正蒙注》《思問錄》各種，「皆不免純駁互見，似未足

〔註66〕錢基博：《近百年湖南學風》，長沙：嶽麓書社 1985 年版，第 1 頁。
〔註67〕朱壽朋：《東華續錄（光緒朝）》光緒一百二十三，清宣統元年上海集成圖書公司本，第 3314 頁。
〔註68〕朱壽朋：《東華續錄（光緒朝）》光緒一百二十三，清宣統元年上海集成圖書公司本，第 3316 頁。

當闡明聖學，傳授道統之目」，《讀四書大全說》及《四書稗疏》兩書「頗多攻駁朱子之處」。《遺書》內又有《老子衍》《莊子通》《三藏法師八識規知》，「儒、佛、老莊混然一途」，至於《瀟湘怨》、《黑鼓詞》、《龍舟會雜劇》等書，「多錄感憤，向涉遊戲」。〔註69〕決定：「學政所請王夫之從祀文廟之處，擬毋庸議」。〔註70〕自咸同年間以來，孔廟從祀標準趨於嚴格，儘管湖湘士人努力塑造王夫之理學經世之儒形象，清廷卻認為其著述不純，甚至有「攻駁朱子之處」，不足以「傳授道統」，未批准其從祀孔廟。

（二）陳寶琛奏請顧、黃從祀引發爭議

光緒十年（1884）三月二十四日，江西學政陳寶琛奏請黃宗羲、顧炎武從祀孔廟。他指出二人在清代學術史上的地位無人能做：「宗羲為明御史尊素之子，炎武為明贊善紹芳之後，家傳忠孝，學有淵源。而生當明季，經術荒蕪，或囿於性理之空言，或汩於制義之俗體，《漢注》《唐疏》棄置不談。宗羲倡之於前，炎武繼之於後，承學之士始習古經，而其時若閻若璩、胡渭、顧祖禹、周惕之輩，其後若王鳴盛、錢大昕、江永、戴震之徒，莫不聞風興起，由淺逮深，炳然述作，與古同功」。〔註71〕

陳寶琛指出二人從祀孔廟具有重要的現實意義，「祖宗栽培之厚、景運訏合之隆，必有英絕領袖之才，為之辟草昧之氣，開文治之先。彼宗羲、炎武者，或亦彼蒼於明社，將屋之時，篤生此人，以備我國家起化之用，歟帛蕢之功，濫觴之業，幸際盛明。似不容置之不論也」。國家正值危機時刻，正是用人之際，但是士風日下，「漸至僥倖科舉，廢棄詩書」，其或粗通訓詁，「則妄訾宋儒」，或略識時務，「又迂視王道」。人才之衰，肇於學術。如果能將宗羲、炎武二人從祀孔廟，「樹之風聲，勸其觀感，使天下咸曉然於學問經濟自有本原，理非空談，功無速化。行己有恥為質，讀書以有用為程。則功名不

〔註69〕 《李鴻章等奏為遵照奏定章程會議湖北學政孔祥霖奏請將明儒王夫之從祀文廟事》，軍機處錄副奏摺，檔號：03-7174-010，光緒二十一年七月十一日，中國第一歷史檔案館藏。

〔註70〕 《李鴻章等奏為遵照奏定章程會議湖北學政孔祥霖奏請將明儒王夫之從祀文廟事》，軍機處錄副奏摺，檔號：03-7174-010，光緒二十一年七月十一日，中國第一歷史檔案館藏。

〔註71〕 陳寶琛：《請以黃宗羲、顧炎武從祀文廟摺》，《滄趣樓奏議·詩集》，沈雲龍主編：《近代中國史料叢刊》第四十輯：397，臺北：文海出版社1969年版，第225、226頁。

貽，氣節之羞而風俗可受」。〔註72〕陳寶琛奏摺上達後，由軍機大臣奉旨，禮部議奏。

據何冠彪研究，當時朝臣對黃、顧二人應否從祀，存在論爭，有些意見，「出於意氣，與學術無關」。〔註73〕李慈銘日記記載：

> 馬蔚林（彥森）來，謂春間陳寶琛奏請以顧炎武、黃宗羲兩先生從祀文廟，禮部各司堂官莫知誰何，紛紜至今（原注：其疏初發鈔時，一日，翰林堂院學士（徐桐）接見編修檢各官，朱蓉生（一新）往謁，聞掌院與諸學士及辦事諸翰林言：「陳伯潛此疏甚奇，顧某尚有小板《日知錄》一書，可備後場策科，黃某何人耶」？皆曰然）。近日尚書畢道遠發憤謂諸司曰：「二人學問我所不知，但以品行言，二人在康熙時皆抗不出俗，尚得從祀耶？」因擲還蔚林所呈《國史‧儒林傳》曰：「我必駁」。蔚林商於余，余曰：兩先生本不爲今日從祀計，況出於福建之子（陳寶琛）之請，辱已甚矣，而尚欲求山東不識字之尚書（畢道遠），屈意議准，何以爲兩先生地耶？
> 蔚林一笑而去。〔註74〕

時任禮部主事的馬彥森〔註75〕主張顧、黃從祀，並打算擬奏請准，「有云世儒從語錄入，立講學之名，其理學皆儒先之餘緒，宗羲炎武從經學入，不立講學之名，其理學接孔孟之眞傳」。〔註76〕爲促進從祀成功，馬彥森先去拜謁禮部堂官以探聽消息。通過李慈銘的記載可知，禮部主要官員有的對顧、黃二人並不熟悉，有的則對顧、黃二人的遺民身份頗有顧慮。最後，禮部會議之後，初步打算議駁。

根據清朝體制，從祀事件一般由禮部主稿，提出初步意見，然後送到內閣，由大學士六部九卿會議，議定之後再聯銜上奏。內閣就禮部議駁結果舉

〔註72〕陳寶琛：《請以黃宗羲、顧炎武從祀文廟摺》，《滄趣樓奏議‧詩集》，沈雲龍主編：《近代中國史料叢刊》第四十輯：397，臺北：文海出版社1969年版，第226～229頁。

〔註73〕何冠彪：《黃宗羲、顧炎武、王夫之入祀文廟始末》，《明清人物與著述》，香港圖書出版公司1996年版，第73頁。

〔註74〕李慈銘：《越縵堂日記》（12～18），光緒十年十一月五日，揚州廣陵書社2004年影印本。

〔註75〕馬彥森，原名既閒，字晉三，號蔚林，臨海人。光緒丁丑進士。見〔清〕潘衍桐：《兩浙輶軒續錄》卷五十，清光緒刻本，第2447頁。

〔註76〕〔清〕潘衍桐：《兩浙輶軒續錄》卷五十，清光緒刻本，第2447頁。

行會議，未能達成一致。大學士李鴻章、大學士額勒和布、協辦大學士吏部尚書恩承、協辦大學士戶部尚書閻敬銘、吏部尚書徐桐、尚書彭玉麟等贊同禮部議駁結果。由李鴻章領銜上奏，稱：今黃宗羲、顧炎武，「《國史儒林傳》載其生平學行，亦僅著述家言，未有躬行實踐，似不足當闡明聖學、傳授道統之目」。「臣等公同商酌，該學政請將黃宗羲、顧炎武從祀文廟之處，擬毋庸議」。「惟該故儒等志節矯然，博贍通貫，足爲閭黨矜式，應准其入祀鄉賢，以彰褒旌」。〔註77〕署兵部尚書潘祖蔭、工部尚書翁同龢、署吏部左侍郎通政使司通政使周家楣、署禮部左侍郎孫詒經、戶部右侍郎孫家鼐、署督察院左副都御史徐樹銘、國子監祭酒宗室盛昱、署祭酒龍湛霖不同意議駁結果，決定「另摺具奏」。

奏摺由工部尚書潘祖蔭領銜，翁同龢、孫家鼐、孫詒經、周家楣、徐樹銘、盛昱等十人聯銜，以顧、黃二儒合「古誼」「今制」「成憲」三個理由爲之請祀。〔註78〕何冠彪《黃宗羲、顧炎武、王夫之入祀文廟始末》〔註79〕一文對這三個理由的具體內容有詳細陳述，在此不再展開。

奏摺再次交由內閣會奏，之後仍未能達成一致。武英殿大學士額勒和布認爲二儒「篤信好古則有餘，純粹以精則未足」，〔註80〕不足以傳授道統，因此主張議駁。戶部尚書翁同龢等七人、太常寺少卿徐志祥、禮部侍郎尚賢不肯附和，因此分別上了三份請求顧、黃從祀的奏摺。何冠彪在《黃宗羲、顧炎武、王夫之入祀文廟始末》一文中講到「至於贊成從祀的三份奏摺，皆不可考，無法知道它們的內容」。〔註81〕並非如此，三份奏摺均可考。

戶部尚書翁同龢領銜的奏摺稱，顧炎武和黃宗羲「原本忠孝、實事求是」，對清初學術貢獻極大，「一洗明季空談心性之弊，古聖遺經，賴以不墜」，他

〔註77〕《大學士李鴻章等奏爲遵章會議江西學政陳寶琛奏請將先儒黃宗羲、顧炎武從祀文廟一摺事》，軍機處錄副奏摺，檔號：03-7209-005，光緒十一年十一月二十一日，中國第一歷史檔案館藏。

〔註78〕《署兵部尚書潘祖蔭等奏爲遵議江西學政陳寶琛奏請先儒黃宗羲、顧炎武從祀文廟請旨准行事》，軍機處錄副奏摺，檔號：03-7209-006，光緒十一年十一月二十一日，中國第一歷史檔案館藏。

〔註79〕何冠彪：《黃宗羲、顧炎武、王夫之入祀文廟始末》，《明清人物與著述》，香港圖書出版公司1996年版。

〔註80〕朱壽朋：《東華續錄（光緒朝）》光緒七十四，清宣統元年上海集成圖書公司本，第1951頁。

〔註81〕何冠彪：《黃宗羲、顧炎武、王夫之入祀文廟始末》，《明清人物與著述》，香港圖書出版公司1996年版，第79頁。

們二人爲天下學士所服膺，因此不能附和禮部所謂「僅著述家言，非有躬行實踐」等說辭。〔註82〕這份奏摺除了戶部尙書翁同龢之外，還有工部尙書潘祖蔭、署吏部左侍郎通政使周家楣、戶部左侍郎孫詒經、戶部右侍郎孫家鼐、國子監祭酒盛昱、署國子監祭酒龍湛霖等六人一同署名，他們均要求光緒帝能夠重申禮部奏稿。

太常寺少卿徐致祥說，國家之治亂，「繫乎學術之邪正」，學術之邪正，「由乎朝廷之取捨」，當今之世，「氣節流爲卑靡，機變百出，人心日卽澆漓」，將二儒從祀，可以「挽頹風而維世教」、「端風俗而正人心」，可以令庶士大夫「競相觀感，恪守師承，蒸蒸焉砥礪於實學」，從而副朝廷「黜邪崇正」、「尊崇道統」之深衷。〔註83〕

禮部侍郎尙賢明確反對「篤信好古則有餘，純粹以精則未足」的說法，他說：孔子集群聖之大成，其生平自任不過曰「信而好古」，又曰「好古敏求」，孔子所說好古者，「卽堯舜以來相傳之道統」。二儒既然篤信好古，「其能闡明聖學可知」。至云純粹以精，「不獨近世從祀諸儒，發其書而指謫之，未必絕無可議，經學如許鄭，理學如程朱，可謂卓絕千古矣，間有罅漏，亦不能無待於後人之糾繩」，因此，純粹以精的說法不足以「爲二儒病」。〔註84〕尙賢仍請旨准將黃宗羲、顧炎武從祀，「以崇正學而順輿情」。〔註85〕

翁同龢、徐致祥、尙賢所上的三份請求從祀的奏摺，有一個共同特點，就是認爲顧炎武、黃宗羲篤信好古，能傳授堯舜以來之道統，並且突出二儒黜虛崇實的學術特點，二人從祀，可以「振興實學」、「力救空疏」。

上諭並未採納這三份奏摺，而是根據額勒和布等人的意見，參考廷臣議

〔註82〕　《戶部尙書翁同龢等奏爲遵旨會議故儒黃宗羲、顧炎武從祀文廟事》，軍機處錄副奏摺，檔號：03-5543-021，光緒十二年二月十五日，中國第一歷史檔案館藏。

〔註83〕　《太常寺少卿徐致祥奏爲遵旨會議故儒黃宗羲、顧炎武從祀文廟事》，軍機處錄副奏摺，檔號：03-5543-019，光緒十二年二月十五日，中國第一歷史檔案館藏。

〔註84〕　《禮部侍郎尙賢等奏爲遵旨會議故儒黃宗羲、顧炎武從祀文廟事》，軍機處錄副奏摺，檔號：03-5543-020，光緒十二年二月十五日，中國第一歷史檔案館藏。

〔註85〕　《禮部侍郎尙賢等奏爲遵旨會議故儒黃宗羲、顧炎武從祀文廟事》，軍機處錄副奏摺，檔號：03-5543-020，光緒十二年二月十五日，中國第一歷史檔案館藏。

論，「照禮臣原奏議駁」，〔註86〕不准二儒從祀，仍准其入鄉賢祠。

　　拋開顧炎武、黃宗羲二人因遺民身份爲士人所顧忌的緣由，分析顧、黃二人從祀爭議所反映的政治與學術意蘊，卓有意味。

　　從政治方面看，是受南北兩黨之爭的影響。〔註87〕正如胡思敬所說：「顧、黃崇祀之議則自陳寶琛發之，是時朝臣分南北兩黨，北黨主駁，以李鴻藻爲首，孫毓汶、張之萬、張佩綸等附之；南黨主准，以潘祖蔭、翁同龢爲首，孫家鼐、孫詒經、汪鳴鑾、李文田，朱一新等附之。主駁者謂二儒生平著述僅託空言，不足當闡明聖學、傳授道統之目，推禮部主稿、漢大學士李鴻章領銜，合詞以駁。議上，祖蔭等聯名疏爭，詔下廷臣再議。北黨復推滿大學士領銜，請仍照禮臣前議，其事遂寢。」〔註88〕

　　從學術方面來考察，要從主從派健將潘祖蔭著手。潘祖蔭以提倡經學著稱，「夙治《說文》，耽耆漢學，所刻書幾及百種，皆有功學者」，曾編輯刊刻《滂喜齋叢書》《功順堂叢書》等。〔註89〕他在咸豐年間就曾參與顧祠會祭，推崇顧炎武的經世之志、致用之學。他認爲顧、黃二儒對樸學貢獻巨大，完全符合從祀標準：「明季心學盛行，顏山農、何心隱、李贄之徒，標目狂禪蕩無禮法，細行不謹，束書不觀，學術既壞，國運隨之。黃宗羲排斥其根株，顧炎武痛絕其支蔓，自二儒興而禪學息矣，禪學息而樸學起矣，絕續之交，固由景運之隆，亦該故儒教澤之力，所謂闡明聖學，傳授道統者非歟」，「至於經綸卓越之稱，該二儒皆以經濟交推，特以身丁末運，心在勝朝，自不能奮迹昌期，各抒偉略」。〔註90〕

〔註86〕 翁同龢：《翁同龢日記》第四冊，光緒十二年二月十五日，北京：中華書局1992年版，第2000頁。

〔註87〕 光緒朝的政局，内部派系矛盾複雜。軍機大臣中有所謂「南派」和「北派」之分，南派以軍機大臣沈桂芬爲首，與奕訢、文祥關係密切，勢力強大。北派以軍機大臣李鴻藻爲首，勢力相對較弱，但在慈禧的扶植下（爲了壓制奕訢勢力），李鴻藻周圍也聚集了一幫清流黨人。隨著時間的推移，南北兩派的勢力強弱也有所變化，尤其是甲申易樞之變後，南北二派皆遭到不同程度的打擊，但是二派的矛盾和爭鬥始終沒有停止。

〔註88〕 胡思敬：《三先生崇祀》，《國聞備乘》卷三，北京：中華書局2007年版，第103頁。

〔註89〕 〔清〕丁仁：《八千卷樓書目》卷十三子部，民國本，第336頁。

〔註90〕 《署兵部尚書潘祖蔭等奏爲遵議江西學政陳寶琛奏請先儒黃宗羲、顧炎武從祀文廟請旨准行事》，軍起處錄副奏摺，檔號：03-7209-006，光緒十一年十一月二十一日，中國第一歷史檔案館藏。

顧、黃二人興樸學而息禪學，對儒學傳承有功，足以擔當「傳授道統」之任。爲陳寶琛代寫奏請顧、黃二人從祀奏章的謝章鋌，〔註91〕批評理學壓制實學的發展，說：身居高位之大臣「託理學門面爲藏身拒人之具，陳義雖高而悠謬不切於事情」。〔註92〕如能將「於實學講求經濟」的顧、黃二人從祀，才能「以此風天下」而救世。〔註93〕

以潘祖蔭、謝章鋌爲代表的主從派，基於對樸學的推崇而主張從祀顧、黃二儒，雖然一再強調「非爲爭赤幟」，〔註94〕「不敢矯同立異，致涉紛爭」，〔註95〕，仍不免被冠以爭門戶的嫌疑。禮臣雖然肯定顧炎武、黃宗羲在「篤信好古」方面的貢獻，但根據道光以來孔廟從祀標準，〔註96〕以二儒「不足

〔註91〕謝章鋌：（1820～1903），字枚如，福建長樂縣人，生於福州。同治三年（1864）中舉，光緒二年（1876）成進士，時年已五十八歲，遂灰心仕途，專心致志於學術與教育。光緒三年（1877）三月，主講芝山書院，光緒十年（1884），受陳寶琛延請，出任江西白鹿洞書院山長，講授程朱理學。兩年後辭職回福州。光緒十三年（1887）起，主講福州致用書院十六年，並建賭棋山莊，藏書萬卷。他長於詩文，生平著作二十餘種，彙編爲《賭棋山莊全集》刊行。通過謝章鋌的《課餘偶錄》可以得知，光緒十年陳寶琛奏請顧炎武、黃宗羲二人從祀，實際上是由謝章鋌代寫的。「陳伯潛閣學任江西學政時請將黃、顧二公從祀廟廷，爲部議所駁。兵部尚書潘祖蔭等具疏爭之，其言詳確、無懈可擊，有旨廷議，仍爲當軸所格。……潘議上後，舉廷多以爲韙，而張子青尚書力主部議。聞尚有十數人欲再具疏爭之，以爲人勸阻而罷，此固於黃顧二公無所損益也。原奏爲予所擬，節錄於後，以質識者。」這在以往的研究中沒有提到過。見謝章鋌：《課餘偶錄》卷一，《賭棋山莊全集》，沈雲龍主編：《近代中國史料叢刊續集》第十五輯：141～150，臺北：文海出版社1974年版，第2699～2700頁。
〔註92〕謝章鋌：《課餘偶錄》卷一，《賭棋山莊全集》，沈雲龍主編：《近代中國史料叢刊續集》第十五輯141～150，臺北：文海出版社1974年版，第2700頁。
〔註93〕謝章鋌：《課餘偶錄》卷一，《賭棋山莊全集》，沈雲龍主編：《近代中國史料叢刊續集》第十五輯141～150，臺北：文海出版社1974年版，第2700頁。
〔註94〕謝章鋌：《課餘偶錄》卷一，《賭棋山莊全集》，沈雲龍主編：《近代中國史料叢刊續集》第十五輯141～150，臺北：文海出版社1974年版，第2700頁。
〔註95〕《戶部尚書翁同龢等奏爲遵旨會議故儒黃宗羲、顧炎武從祀文廟事》，軍機處錄副奏摺，檔號：03-5543-021，光緒十二年二月十五日，中國第一歷史檔案館藏。
〔註96〕道光九年（1829）諭：「若僅著述家言，闡明心性，未有躬行實踐、超越等倫，列祀鄉賢已足彰褒旌之義，豈宜升祔廟庭，稍滋冒濫」。咸豐十年（1860）諭：「嗣後從祀文廟，應以闡明聖學，傳授道統爲斷」。見王先謙：《東華續錄》道光二十，清光緒十年長沙王氏刻本，第299頁；劉錦藻：《清續文獻通考》卷九十八學校考五，民國景十通本，第1893頁。

以傳授道統」爲由加以駁斥。最後光緒帝採納禮臣意見，不准二儒從祀。

（三）趙啟霖奏請三大儒從祀成功

光緒三十三年（1907）正月二十八日，御史趙啓霖奏請將王夫之、黃宗羲、顧炎武從祀孔廟。〔註97〕趙啓霖是湖南人，有學者因此認爲，趙啓霖這次奏請將黃宗羲、顧炎武一道提名，原因是，避免重蹈郭嵩燾覆轍。避免「一鄉阿好」之嫌。〔註98〕此種說法可能是受胡思敬的影響：「啓霖，湘潭人，夙宗仰船山，欲續成郭氏未竟之志而難於措辭，乃並援顧、黃二先生以請。」〔註99〕避免被懷疑「一鄉阿好」是原因之一，但不是全部。趙啓霖將顧炎武、黃宗羲一併拉上並不只是爲了替王夫之做襯托，還是鑒於清末三大家並稱的潮流，如當時有「《日知錄》、《明夷待訪錄》、《讀通鑒論》盛行於世」的說法。〔註100〕

趙啓霖的這道請祀奏章，在禮部和內閣中引發軒然大波。由於該奏章將顧、黃、王三大儒同時納入請祀日程，致使內部爭論更加複雜。這次爭論的焦點問題集中在黃宗羲身上。禮部郎中吳國鏞「擬以黃氏書駁雜，摘其可議者數條，上說帖於堂官」，〔註101〕可見，吳國鏞主張從祀顧炎武、王夫之而否定黃宗羲，禮部尙書浦良，郵傳部尙書陳璧、吏部尙書陸潤祥、都察院左都副御史陳銘侃等人，都主張駁斥黃宗羲，形成了「駁黃」一派。〔註102〕時任軍機大臣併兼管學部的張之洞，則反其道而行之，力主黃宗羲理應從祀孔廟。

在駁黃派和主黃派勢同水火之際，主祀派健將曹元忠爲了三大儒從祀四處遊走：「時吳縣曹君直中翰元忠，方任禮學館編纂事，甚爲總裁浦玉岑尙

〔註97〕《署江蘇道監察御史趙啓霖奏爲請將國初大儒從祀孔廟事》，軍機處錄副奏摺，檔號：03-5576-008，光緒三十三年正月二十八日，中國第一歷史檔案館藏。

〔註98〕陳勇勤：《光緒間關於王夫之從祀文廟的爭論》，《中州學刊》1997年第1期，第133頁。

〔註99〕胡思敬：《三先生崇祀》，《國聞備乘》卷三，北京：中華書局2007年版，第104頁。

〔註100〕胡思敬：《三先生崇祀》，《國聞備乘》卷三，北京：中華書局2007年版，第104頁。

〔註101〕胡思敬：《三先生崇祀》，《國聞備乘》卷三，北京：中華書局2007年版，第104頁。

〔註102〕胡思敬：《三先生崇祀》，《國聞備乘》卷三，北京：中華書局2007年版，第104頁。

書所倚重，乃代爲草奏，主張從祀之說甚力。又懼勢孤不易達目的，爲之奔走遊說，求得各朝士之同意，朝士中固多明達者，已十之七八贊成從祀之議矣」。〔註103〕曹元忠得知孫家鼐極力反對三大儒從祀，知「其陳奏必有理由」，深知「非先破其說，恐終不得其綱領」，於是「特於晉謁時，深探其意旨」。〔註104〕得知孫家鼐奏摺中「以曾國藩刻黃梨洲著述中多方圈，足證其必有詆毀本朝之語，固宜罷其從祀云云」，曹元忠既「探得其情」，「立即辭歸，取所代具之摺稿，重加刪改」。〔註105〕

曹元忠修改之後的奏摺，特意強調雍正十一年（1733）四月所發佈的上諭，上諭主旨是此後清朝人刊寫書籍，「凡遇胡虜、夷狄等字」，不必再作空白或者更換，如有違背，「照大不敬律治罪」。〔註106〕曹元忠藉此說，「聖朝向不以文字語言罪人」，不能「轉設文網，以繩前朝遺老」。〔註107〕曹元忠打探反對從祀一方的虛實後，對症下藥，爲三大儒從祀打下了良好的基礎。

光緒三十四年（1908）九月一日，禮部對各部門的主張進行整合後覆奏：擬將顧炎武從祀，請旨准行，其王夫之、黃宗羲應否與顧炎武一律從祀之處，恭候聖裁。〔註108〕禮部覆奏請旨定奪的同日，大學士孫家鼐奏請朝廷否決黃宗羲、王夫之從祀，禮部侍郎郭曾炘，協理京畿道監察御史徐定超，掌陝西監察御史吳緯炳，學部左侍郎嚴修、學部右侍郎宗室寶熙、署郵傳部左侍郎吳郁生、大理院正卿定成、大理院少卿劉若曾等奏請將三大儒一併從祀，各摺留中，三大儒從祀仍無結果。

最後因手握重權的大臣張之洞、袁世凱的參與，使從祀結果最終倒向了主從一派。據陳衍（1856～1937）自訂年譜「光緒三十四年」條所記：

> 廣雅（張之洞）至軍機處，見各部說帖皆以三大儒頗言民權，議駁，廣雅因疏《孟子》言民權者數條曰：「諸君將並孟子亦擯出文廟乎？」袁尚書世凱時亦軍機大臣，至曰：「我議准，誰敢議駁！」

〔註103〕《顧亭林、黃梨洲、王船山先生從祀記》，《文藝雜誌》1913年第8期。
〔註104〕《顧亭林、黃梨洲、王船山先生從祀記》，《文藝雜誌》1913年第8期。
〔註105〕《顧亭林、黃梨洲、王船山先生從祀記》，《文藝雜誌》1913年第8期。
〔註106〕朱壽朋：《東華續錄（光緒朝）》光緒二百二十，清宣統元年上海集成圖書公司本，第5654頁。
〔註107〕朱壽朋：《東華續錄（光緒朝）》光緒二百二十，清宣統元年上海集成圖書公司本，第5654頁。
〔註108〕朱壽朋：《東華續錄（光緒朝）》光緒二百二十，清宣統元年上海集成圖書公司本，第5654、5655頁。

於是各部長紛紛取說帖回，改作議准矣。〔註109〕

有報紙記載張之洞為三大儒從祀而改動禮部奏摺一事：「禮部議覆顧炎武、黃宗羲、王夫之入祀聖廟一摺，因摺中措辭不甚妥洽，經念二日，張中堂在政務處改易數字，因此溥玉岑尚書大為不悅，謂張中堂斷不能擅改禮部稿件，頗起衝突」。〔註110〕張之洞、袁世凱不惜動用手中權力推動三大儒從祀：「張、袁兩軍機則謂黃說並無流弊，如禮部奏駁，擬單銜或兩人聯銜特疏奏請，務使得以從祀而後已」。〔註111〕

光緒三十四年（1908）九月二日，光緒帝奉慈禧懿旨，發佈上諭：「禮部會奏遵議先儒從祀分別請旨一摺，顧炎武、王夫之、黃宗羲均著從祀文廟」，〔註112〕至此，三大儒終於登上了孔子廟堂。

四、三大儒從祀孔廟的政治與學術意蘊

（一）趙啟霖奏請三大儒從祀的學術環境

1、官方保存國粹

清末西學的廣泛傳播，導致儒學地位一落千丈。新政推行後，新式學堂如雨後春筍般涌現，士人暢談西學，趨好按照西方學術門類分列的政藝學等，儒家經學淪為點綴之用，「國學將等於敝帚」。〔註113〕科舉制廢除後，新式學堂和出國留學成為時尚選擇，儒學傳播體系趨於中斷。引起某些官員的深深憂慮，他們敏銳地覺察到儒學意識形態的衰微會危及自身統治，於是揚起了保存國粹的大旗。

光緒三十年（1904），張之洞奏請湖北設立存古學堂，稱只有如此才能「存國粹而息亂源」。還指出，「東西洋強國之本，原實在於此」。〔註114〕光緒三十一年（1905），袁世凱等人奏請廢除科舉，但顧慮「科舉一停，將至荒經」，

〔註109〕陳聲暨、王眞：《石遺先生年譜》卷 5，沈雲龍主編：《近代中國史料叢刊》第二十八輯：277，臺北：文海出版社 1969 年版，第 191～192 頁。

〔註110〕《張中堂擅改禮部稿件》，《現世史》1908 年第 1 期 禮教叢記欄。

〔註111〕《議駁黃梨洲從祀孔廟》，《現世史》1908 年第 1 期 禮教叢記欄。

〔註112〕朱壽朋：《東華續錄（光緒朝）》光緒二百二十，清宣統元年上海集成圖書公司本，第 5655 頁。

〔註113〕《福建道監察御史趙炳麟奏為保存國粹專門學堂請設國學事》，軍機處錄副奏摺，檔號：03-7218-087，光緒三十二年九月二十五日，中國第一歷史檔案館藏。

〔註114〕劉錦藻：《清續文獻通考》卷一百七學校考十四，民國景十通本，第 2041 頁。

於是在興辦新式學堂的同時，注重尊經學以保存國粹，「科舉停矣，尚有切要之辦法數端，而學堂乃可相維於不敝，在尊經學也。……蓋於保存國粹，尤為兢兢」。〔註115〕

同年，河南巡撫陳夔龍奏請河南設立尊經學堂以保國粹，以西方存古致強來論證設立尊經學堂的必要性：「今環海各國政事藝能日新一日，而皆有保存國粹之義，互相師法，而皆以本國語文為重。是以其人之遊歷他國者，無喜新、背本、棄同、即異之患」，「蓋存古者，古今之常道，中西之通義，況中國古學其大端，皆所以法天明倫，崇仁屬，義尤粹之粹者，西人且多誦論語尊孔子，況中國士民乎」。而中國「各省學堂自垣外，竟有顯背欽定章程，輕蔑中文，廢棄經書者充其類」，因此，設立尊經學堂具有極其重要的意義，「存古者，所以存道也，所以存國也，所以存民也；存古學堂，曲突徙薪，以防燎原也，疏淪決排，以救滔天也」。〔註116〕

光緒三十二年（1906），福建道監察御史趙炳麟奏請設立國學專門學堂，「以保存國粹」。趙炳霖從西方政治學角度出發，論證了「國學」重要作用。他認為，一個民族、一個國家要自立於世界，依靠的是「一國之精神」，也就是這個國家歷史上的政治、法律等制度。而中國「自周秦以來文物典章燦然大備，世界稱文明古國」，主要得益於中國碩學通儒「遞相傳衍，綿延不絕」，西國文明有關於治平者，也莫出「國學之範圍」。〔註117〕自奏定學堂章程頒佈後，中西兼學，雖「用意良善」，但會導致「西學難究其精微，中學轉荒」，因此，「擬請旨變通奏定章程，每省設國學專門學堂一所，大省以二百人為額，中省百五十人，小省百人，分經史文學三科，……似於中西學業兩有裨益」，並可「保存國粹，堅國民之愛國心」。〔註118〕

〔註115〕《袁世凱、趙爾巽、張之洞等會奏立停科舉推廣學校摺》（光緒三十一年八月四日，即 1905 年 9 月 2 日），陳元暉主編：《中國近代教育史資料彙編・學制演變》，上海：上海教育出版社 2007 年版，第 531 頁。

〔註116〕劉錦藻：《清續文獻通考》卷一百七學校考十四，民國景十通本，第 2043、2044 頁。

〔註117〕《福建道監察御史趙炳麟為保存國粹專門學堂請設國學事》，軍機處錄副奏摺，檔號：03-7218-087，光緒三十二年九月二十五日，中國第一歷史檔案館藏。

〔註118〕《福建道監察御史趙炳麟奏為保存國粹專門學堂請設國學事》，軍機處錄副奏摺，檔號：03-7218-087，光緒三十二年九月二十五日，中國第一歷史檔案館藏。

清政府官員認爲中西文明各有所長，各有其不同的特質。「國學」是國粹，是中國的立國之本，是中華民族精神支柱，事關國家與民族的生死存亡。只有保存國學，才能統一人心，堅定人們的愛國信念，才能穩定國家統治根基。

在「保存國粹」成爲一種呼聲的背景下，顧炎武、黃宗羲、王夫之三人成爲「國粹」的代表人物，被推到從祀孔廟的前臺。光緒三十三年（1907）正月二十八日，署江蘇道監察御史趙啓霖奏請顧炎武、黃宗羲、王夫之從祀孔廟，他說：「竊維時世遷變而日新，聖道昭垂而不敝。自中外交通，學說紛雜，後生昧於別擇或至輕詆國學，自忘本原」，將三大儒從祀，可以「光道學而崇國粹」。〔註119〕

郭曾炘在請准三大儒從祀的奏摺中亦以保存國粹、維持中學爲念：

中華聲明文物開化最先，自西書盛行，學徒見異思遷，浮薄之流至有蔑棄彝倫，鄙夷宗國，故深識者常有保存國粹爲思。然訓詁之學多墨守而鮮通，性理之書或習傳而滋僞末流之弊。適啓後學之疑，惟夫之、宗羲、炎武，其書多合於教科。其識能通夫時變，根柢六籍，旁涉九流。治舊聞者，可資以爲津。逮講新學者，亦不能出其範圍。倘荷聖明表彰，亦堅群倫信仰，微言大義或不致終蝕，於旁行畫革之書，是可以維中學也。〔註120〕

自近代以來，在西學的衝擊下，儒學已漸不敷實用而遭到批判，科舉制廢除後，儒家經學不再是國家取士的唯一標準，儒學無用論流傳甚廣。一些官員對此頗爲擔憂，力求在接受西學的同時保住經學一脈，三大儒學說既合乎時代變革，又不離乎中國固有的經史之學，因此，將三大儒樹立爲偶像，便滿足了清政府在新政時期既要求變革又要守住國粹的願望。

2、祭孔升爲大祀

光緒三十二年（1906）三月，清政府批准了學部《請將教育宗旨宣示天下》的奏摺，將「尊孔」列入五項教育宗旨之一；同年，清廷以「孔子至聖，德配大地，萬世師表」，將祭孔典禮升爲大祀。〔註121〕

〔註119〕《署江蘇道監察御史趙啓霖奏爲請將國初大儒從祀孔廟事》，軍機處錄副奏摺，檔號：03-5576-008，光緒三十三年正月二十八日，中國第一歷史檔案館藏。
〔註120〕郭曾炘：《請旨特准故儒王夫之黃宗羲、顧炎武從祀文廟摺》，《郭文安公奏疏》，民國間侯官郭氏刻本。
〔註121〕朱壽朋：《東華續錄（光緒朝）》光緒二百三，清宣統元年上海集成圖書公司本，第5282頁。

最先上表請求升格祭孔典禮的是學部主事姚大榮，姚大榮指出當前教育宗旨是「悉秉孔門緒論」而「率從孔教」。爲「表彰正道」起見，應當隆重祭孔典禮。他陳述理由：「道與時爲變通，禮隨世爲沿革，外界之習染既深，則衛道之防維宜峻」，只有實行「尊孔主義」才能與西國抗衡。西方國家以信奉宗教而強盛，以宗教爲「主位」，才得以團結人心，使得人心歸向。而孔子雖「尊之曰至聖，親之曰先師」，但僅列爲中祀，視孔子「若在賓位」，無法統一人心。

如何統一人心，只有將孔子「與圜丘方澤同躋大祀」，成爲主位，才能起到與西方宗教同樣的作用。舉清初之例，「康熙年間聖祖仁皇帝以朱子升配先哲，而理學大興」，「雍正年間世宗憲皇帝復以鄭康成從祀，而經學昌盛」。民間風向，「悉視朝廷意旨爲轉移」，如能將祭孔典禮升爲大祀，便能「振薄海內外之人心」，「豫定民志」，從而使得「教育普及，科學博綜」。〔註122〕姚大榮打著學習西方國家政教的旗號，提出了升祭孔典禮爲大祀的建議，儘管他對西方近代國家政教業已分離的狀況還不甚瞭解，卻敏銳地覺察到政治變革與意識形態的密切關係。姚氏官僅正六品，奏摺不能直接上達朝廷，而由學部代呈，學部建議將此事交給禮部復議具奏。禮部認爲升孔子爲大祀是對推行新政、培育新式「人材」的思想強化舉措。清政府要繼續存在下去，就要推行新政。而要爲專制政治體制提供保障，就要加強思想控制，提升祭孔規制。當時有士人揭示了大祀的政治意蘊：

> 近年變通學校，聖訓煌煌，其大綱則在於崇正學、明人倫。去冬升先師爲大祀，盛典崇隆，尤爲歷代所未有。今之爲學生者，向皆讀聖賢書，而行憲之始，又將取材於學堂。宜如和勉從事，以仰副皇上柄用儒術之至意，乃何以植黨營私、干名犯分與。夫荒經茂古之流，猶未斂迹於天下，則以朝廷有推尊孔子之實而學堂終乏願學孔子之徒也。夫正學一日不興，則邪說一日不息，邪說一日不息則人倫或將至於淪棄。時勢如此，人心如此，斯文一線，流弊百出，膺教育之責者，不聞竭力補救，爲吾道壯干城。雖民智不無開通，文明漸以發達，終非正本清源之計也。〔註123〕

〔註122〕《學部尚書榮慶等奏爲代奏學部主事姚大榮呈稱爲請升孔廟爲大祀以符遵孔宗旨請旨事》，軍機處錄副奏摺，檔號：03-5575-063，光緒三十二年十一月十五日，中國第一歷史檔案館藏。

〔註123〕《甘肅涇州鎮原縣舉人慕壽祺爲學術紛出士氣浮囂請旨飭下務期實尊孔子以

可見，清廷大祀孔子的目的是希望在推行新政的同時，確保統治秩序的穩定。

趙啓霖強調大祀是三大儒從祀的有利時機：「欣逢皇太后、皇上崇儒重道，千載一時，升孔廟爲大祀，且建曲阜學堂以樹圭臬。風聲所被，海內咸凜然於聖教之尊，其關係世道人心，至遠且大矣。雖然斯道所以綿延弗替者，亦實賴眞儒間出，相與倡明而扶植之。其羽翼之功既鉅，斯俎豆之禮宜隆。國初若孫奇逢、陸隴其、湯斌、張履祥諸儒已經先後從祀。此外尙有三人焉，覈其學行卓然，無愧於從祀之典則，則王夫之、黃宗羲、顧炎武是也。」〔註124〕因此，他上了一道將三大儒一併從祀的奏摺。奏摺上達後，引發各方爭議，爭議還與當時清政府正在推行的憲政聯繫了起來。

（二）三大儒從祀與立憲之爭

日俄戰爭給中國人以極大的刺激，日本戰勝俄國被認爲是立憲政體戰勝專制政體。人們將中國改革的種種挫折歸根於沒有實行立憲，如果實行立憲，中國就會強大起來，各種問題也會迎刃而解。實行立憲以強大中國、抵禦外侮成爲流行思潮。光緒三十一年（1905），清廷派五大臣出洋考察憲政，光緒三十二年（1906）七月十三日，發佈《預備仿行憲政》的諭令，立憲成爲新政的核心內容。同時設立「編制館」，作爲編纂新官制的專門機構，命載澤、世續、那桐、袁世凱等十四人爲官制編纂大臣，重新釐定官制。官制改革的核心問題是中央官制和地方官制的釐定，以及設立資政院和責任內閣制。

袁世凱擬定的官制改革草案呈交後，引起軒然大波。有贊成立即實行者，有主張緩步推進者，亦有反對實行者。贊成者主要是地方實力派以及民間立憲派，主張緩進者和反對者主要是既得利益者，即滿族官員、各部大員和司員。官制改革是一次權力再分配過程，各派根據自己的政治和經濟利益作出了不同反應。

預備立憲艱難推進，有關三大儒從祀的爭議與立憲聯繫起來。

有官員主張將三大儒從祀，認爲這祀事關立憲前途。反對立憲的官員則駁斥三大儒從祀。

正國人之心事呈文》，軍機處錄副呈文，檔號：03-9288-020，光緒三十三年七月二十八日，中國第一歷史檔案館藏。

〔註124〕《署江蘇道監察御史趙啓霖奏爲請將國初大儒從祀孔廟事》，軍機處錄副奏摺，檔號：03-5576-008，光緒三十三年正月二十八日，中國第一歷史檔案館藏。

1、三大儒與「立憲」

民政部尚書、肅親王善耆挑明了三大儒學說與立憲的密切關係。他認為目前推行新政，發展教育、廢止科舉、提倡現代軍事等措施，顧、黃、王三大儒著作中已經明言。因此將三大儒從祀孔廟，有益於預備立憲的順利進行：

> 所論敦崇教育、停罷科舉、導達君民、針砭風俗、講求治本、提倡兵學、祛除歷朝之蠹、增鄉亭之職，見於各該儒遺書者不勝枚舉，迄今二百餘年。凡國家推行之新政，均該故儒已發之微言，所謂百世以俟聖人而不惑者，該故儒庶幾近之。〔註125〕

學部左侍郎嚴修與善耆持相同觀點，肯定三大儒頗具經世之才，學說與近代實業發展頗有契合：

> 近時新政多所更張，以二儒之遺書證之，如尚兵學、崇教育、罷科舉、通軍民、重宰相、用辟召、破資格、設鄉官、復兩漢三老之職，所謂甄採各國之良規者，二人實先言之。蓋二儒皆具經世之才，止以生不逢時，功業無所表見，乃一託於撰著。故其言關於朝政民生，實多鑒明人之失，隱然以待聖人之興，自國初迄今，頗多采用。〔註126〕

嚴修呈請三儒從祀，「請旨准行」。他與善耆等列舉三儒學說與新政措施的合拍之處，希求借新政之東風將三儒推上孔子廟堂，進而促進新政的快速進行。〔註127〕

2、從祀與緩行立憲

孫家鼐贊成顧炎武從祀，而否定黃宗羲：

> 聖人之道，首重明倫，君臣之倫，無所逃於天地，夫人而知之矣。黃宗羲所著《明夷待訪錄》一書，其中有云：「小儒規規焉以君臣之義無所逃於天地之間，至桀紂之暴，猶謂湯武不當誅之，而妄傳伯夷叔齊無稽之事，後世之君欲以如天如父之空名禁人之窺伺，非導源於小儒乎？」夫君臣之義，倫紀攸關，黃宗羲斥為小儒，此何說也！〔註128〕

〔註125〕《民政部尚書肅親王等說帖》，曹元忠編：《三大儒從祀錄》卷2，第3～4頁。
〔註126〕《學部侍郎嚴修等奏》，曹元忠編：《三大儒從祀錄》卷1，第13頁。
〔註127〕《軍機處隨手登記檔》，檔號：03-0327-1-1234-234，光緒三十四年九月初一日，中國第一歷史檔案館藏。
〔註128〕《大學士孫家鼐奏附片》，曹元忠編：《三大儒從祀錄》卷1，第7頁。

孫家鼐反對黃宗羲從祀，是因爲擔心黃宗羲學說會誘引不法之徒作亂，與其立憲緩行的主張相合。國運衰微之時，他認爲立憲應當緩行，不宜急躁冒進：

> 現因國民程度未及，故不得不次第措施。但由未及以歲於及，全視官長爲之轉移。若以時期尚緩，仍生因循，又安有程度之可望。是在各督撫臣公忠體國，力任艱難，必使教育普興，人才輩出。事事準諸公理，以求通上下之情。明法律者多，則審判不致棘手；盡義務者眾，則地方必能改觀。然後預備始有實際，立憲乃有定期，庶上副兩宮求治之心，下慰海內群生之望。〔註129〕

3、反對立憲與三大儒從祀

胡思敬反對三大儒從祀，矛頭直指憲政。他說「炎武之最謬者，如廢銓法、棄律例，復藩鎮，罷關防，至愚極陋，知其必不可行，而其言之似是而非者。欲設鄉官，復兩漢三老嗇夫之職，廢監司牧伯，專任守令，破一切用人資格，凡僚屬皆由本官私自辟召」。〔註130〕胡思敬說「今日編制諸公，執死方以醫活病，欲盡如其言以行，國有狂泉，禍至無日」。〔註131〕「今日編制諸公」指的是負責編制新官制的大臣及其它委員。他表面反對三大儒從祀，實際是反對官制改革。

胡思敬曾上《爲更改官制敬陳管見事呈文》的奏摺，分析實行新官制的危害，「人才雜沓並進，不嚴定銓選之格，何以靖天下之人心。官常敗壞不堪，不慎操考察之權，何以肅朝廷之綱紀」，「倘誤信譸言，仿東西洋之規制，不設吏曹，悉皆散其權，倒柄而授之督撫。一切升遷降罰，恣意任情，毋敢操成法以議其後，天下衣冠士卒，盡奔走效用於私門」，「遠則如戰國諸公子樹恩市義，招集四方遊士，各騁其縱橫捭闔之論，強私室而傾公家。近則如唐末藩鎮將吏，感主帥煦濡飲食之恩，但傾心節度使，不復知有朝廷。天子端

〔註129〕軍機大臣奕劻、大學士孫家鼐：《奏爲遵旨接續編訂直省官制事》，軍機處朱批奏摺，檔號：04-01-12-0655-053，光緒三十三年五月二十七日，中國第一歷史檔案館藏。

〔註130〕胡思敬：《衡陽崑山餘姚三先生從祀孔廟議》，《退廬文集》卷一，《退廬全集》（《近代中國史料叢刊》第四十五輯），臺北：文海出版社1969年版，第175、176頁。

〔註131〕胡思敬：《衡陽崑山餘姚三先生從祀孔廟議》，《退廬文集》卷一，《退廬全集》（《近代中國史料叢刊》第四十五輯），臺北：文海出版社1969年版，第175、176頁。

拱於上，號令不出一城，不待四鄰分割，已先成華離破碎之區」。〔註132〕

　　胡思敬對黃宗羲更是不滿，「莽、操受千古唾罵，後世奸雄，窺伺神器，多攝於名份而止，而宗羲曰『天子去卿一階』，宰相而攝天子，不殊於大夫之攝卿」，唯名與器，不可以假人，胡惟庸、嚴嵩之禍，明人所切齒也，而宗羲曰『生殺予奪，當出自宰相』。」〔註133〕黃宗羲加重相權的主張遭到指斥，背後反映的是部分官員對憲制改革的不滿。

　　胡思敬認爲當下君主權力並不大：「近世倡革命者，恒借君主專制一言爲口實，其實誣也。……江督劉坤一知其事，伯陽蒞任不一月，即劾罷之。是用人之權，君主不能專也。文宗北狩，行在提款過多，寶鋆堅不奉詔。穆宗大婚，內務府告匱，假之部庫，部臣力爭，謂府、部界限甚清，不可牽混從事。孝欽初興園工，游百川、屠仁守先後入諫，幾罷者數矣。李鴻章等雖善迎合，不能不籍海軍報傚之名，掩飾國人耳目，是用財之權，君主亦不能專也。同、光以後政衰時猶如此，承平可知矣」。〔註134〕在胡思敬看來，君主權力實際上已經被分割，不能再增加「相權」（即設內閣總理大臣），否則將不利於統治穩定。

　　胡思敬構造的顧、黃、王三大儒形象，是導致平等自由思想傳播的「禍端」，也是地方權力膨脹的「幫兇」。如將三大儒從祀孔廟，無疑是樹立「異端偶像」。三大儒「講學之宗派不同，立言之旨趣又異」，將三者並列而談已是不妥。論及三大儒遺書，「夫之大純而小疵，炎武大疵小純」，「宗羲純者無幾」，宗羲「言之過高，遂醞成今日學術人心之大患」。〔註135〕作爲擁護專制制度的保守派，胡思敬表面上反對三儒從祀，實際上是以借此手段阻撓官制改革，阻撓憲政進程。

　　善耆、嚴修等人認爲三大儒從祀與立憲前途關繫緊密，三大儒從祀有利

〔註132〕《吏部稽勳司主事爲更改官制敬陳管見事呈文》，軍機處錄副奏摺，檔號：03-9282-029，光緒三十二年八月二十五日，中國第一歷史檔案館藏。
〔註133〕胡思敬：《衡陽崑山餘姚三先生從祀孔廟議》，《退廬文集》卷一，《退廬全集》（《近代中國史料叢刊》第四十五輯），臺北：文海出版社1969年版，第179、180頁。
〔註134〕胡思敬：《君主專制之誣》，《國聞備乘》卷一，北京：中華書局2007年版，第11、12頁。
〔註135〕胡思敬：《衡陽崑山餘姚三先生從祀孔廟議》，《退廬文集》卷一，《退廬全集》（《近代中國史料叢刊》第四十五輯），臺北：文海出版社1969年版，第169、170頁。

於憲政的迅速開展。孫家鼐雖然也主張立憲，但因擔心黃宗羲學說會引發不法之徒作亂，因此反對黃宗羲從祀，相應地主張立憲應當次第進行。反對立憲的胡思敬不滿三大儒加強相權，因而反對其從祀孔廟。總之，三大儒從祀爭議的背後是清末新政改革中各派力量的博弈，既有立憲派及其反對者的角逐，又有官僚立憲派中激進派和緩進派的差異。

關於三大儒從祀與立憲的關係，《東方雜誌》當時即報導：「觀王、黃之必待請旨，知部臣於《原君》等篇不無惴惴，樞府竟贊成之，立憲前途，影響在是」。〔註136〕清末新政時期朝野「競侈言立憲」，由於東西方國情民俗不同，不能將西方憲政制度照搬。如能「參酌吾國舊有之制度，古先之成說」，「治謹於歷史地理風俗民性之間」，才能做到「有利而無弊」。〔註137〕三大儒學說既是中國固有的傳統之學，又合於憲政改革的要求，從而有利於延續清朝統治，這正是清廷允許三大儒從祀的主要原因。

（三）從祀的社會反響

科舉制廢除後，士人爭趨西學，儒學衰微。清廷妄圖借提升祭孔規格和從祀三大儒的方式來維持儒學一線生機，卻引起社會上的激烈爭議。

光緒三十四年（1908）九月二日，上諭：禮部會奏遵議先儒從祀分別請旨一摺，顧炎武、王夫之、黃宗羲均著從祀文廟。〔註138〕此諭旨非常簡單，沒有按照慣例闡述三大儒從祀的因由，引起了時人的猜測。胡思敬記述：「以如此巨典，只以二語了之，天下讀詔書者不明其所以從祀之故，頗疑三先生之配食，頗似近世人才保薦得官也」。〔註139〕

宣統三年（1911），李滋然作《明夷待訪錄糾謬》，稱黃宗羲《明夷待訪錄》一書在民間流傳極廣，危害極大：「以君臣之義不足重，導源於小儒，君臣之名可屢更，不同於夫子」，立說宗旨「主於廢棄綱紀」，成為「革命獨立監督政府諸悖說」的藉口，所有說法「離經叛道，貽誤後學」。〔註140〕李滋然，

〔註136〕《記載光緒三十四年九月大事記》，《東方雜誌》1908年第10期。

〔註137〕《顧亭林日知錄之地方自治說》，《東方雜誌·內務》1906年年第3卷第5期。

〔註138〕朱壽朋：《東華續錄（光緒朝）》光緒二百二十，清宣統元年上海集成圖書公司本，第5655頁。

〔註139〕胡思敬：《三先生崇祀》，《國聞備乘》卷三，北京：中華書局2007年版，第103頁。

〔註140〕李滋然：《明夷待訪錄糾謬序》，《明夷待訪錄糾謬》，清宣統三年鉛印本。

字命三，號采薇僧。光緒五年（1879），受四川學使張之洞識拔，舉鄉試第六，十五（1889）年進士。光緒末年，又因力主辦新學而廢科舉，遭長官駁詰。他據理直陳，語刺督撫，被彈劾去官。從李滋然主辦新學看來，他並非頑固士紳，對三大儒從祀持有異議，主要是害怕三大儒學說成為革命者的口實，危及統治根基。

光緒三十四年（1908），章太炎在《民報》上發表文章《王夫之與楊度參與機要》，表明了他對清廷從祀三大儒的態度。他一針見血地指出，滿洲政府將漢人尊奉的顧炎武、王夫之、黃宗羲從祀孔廟，是「為收拾人心計」，如同「使衍聖公為山東學務總稽查也」。他從根源上否定從祀制度，認為「其禮不應古，甚非孔子意」，「徒典禮虛文，於教化非有補益」，如今將三大儒從祀，無非是「使民鄉方」的手段而已。〔註141〕

接著，章太炎的矛頭直指作為「立憲政體之師」的黃宗羲，他批評道：「有法治無治人者，無過欺世之談。誠使專重法律，足以為治，既有典常，率履不越，如商君、武侯之政亦可矣。何因偏隆學校，使諸生得出位而干政治，因以誇世取榮。此則過任治人，不任治法，狐埋之而狐掘之，何其自語相違也。餘姚少時，本東林、復社浮競之徒，知為政賴法制，而又不甘寂寞，欲弄技術以自炫耀」。〔註142〕章太炎表面上批判黃宗羲，實際上是指向清廷正在進行的預備立憲：「今之言立憲者，左持法規之明文，右操運動之秘術，正與餘姚異世同奸矣」，「彼佞媚子之用心，則以為使民鄉方，莫兩廡祀典若也」。〔註143〕

章太炎對黃宗羲的態度有一個變化的過程，光緒二十五年（1899），曾在《臺灣日日新報》發表《書〈原君篇〉後》一文，〔註144〕極力稱讚黃宗羲的民本思想。光緒三十二年（1906），在《民報》上發表《衡三老》一文，〔註145〕轉而

〔註141〕章太炎：《王夫之從祀與楊度參機要》，《章太炎政論選集》上冊，北京：中華書局1977年版，第426～428頁，原載《民報》第二十二號「時評」（1908年7月10日）。

〔註142〕章太炎：《王夫之從祀與楊度參機要》，《章太炎政論選集》上冊，北京：中華書局1977年版，第426～428頁，原載《民報》第二十二號「時評」（1908年7月10日）。

〔註143〕章太炎：《王夫之從祀與楊度參機要》，《章太炎政論選集》上冊，北京：中華書局1977年版，第426～428頁，原載《民報》第二十二號「時評」（1908年7月10日）。

〔註144〕章太炎：《書〈原君〉篇後》，《臺灣日日新報》1899年2月10日。

〔註145〕章太炎：《衡三老》，《章太炎政論選集》上冊，北京：中華書局1977年版，第325頁，原載《民報》第九號（1906年11月15日）。

批評黃宗羲，批評他有失民族氣節。章太炎對黃宗羲態度的轉變，反映了政治態度的變化，即由改良向排滿革命的轉化。他在三大儒從祀後發表的《王夫之與楊度參與機要》極力斥責黃宗羲「有法治無治人」，只不過是「欺世之談」，目的是為了批駁清政府的預備立憲，為排滿革命掃清障礙。

黃節《明儒王船山、黃梨洲、顧亭林從祀孔廟論》，認為三大儒從祀孔廟「誠無愧色」。他高度讚揚三大儒的民族氣節，「三先生生當晚明，躬遇國變，高蹈不仕，完髮以終」。三大儒躋身孔廟之後，最重要的事情是要為三大儒「正名」，恢復三大儒的「明儒」稱號，而不應當列於「國朝儒者之次」。〔註146〕黃節稱讚三先生：「以三先生之心志而論，則皆不願為二姓之臣民」，「兩廡群賢為人倫世道之師表」，因此不應當「奪其生前之志節」。黃節揭露清廷將三大儒列於國朝儒者之後，是「借前人以為之傀儡，而徇其一時之智術」。〔註147〕

鄧實對從祀典禮、學祭先師之禮表示贊同，但認為清政府不應掌握祭祀典禮之主導權，而應「出於學者」。從祀大典，應當「集山林之耆宿，海內之巨師，相與重為更定」，「其後有從祀者皆由學者公議，朝廷不能侵其權」，如果不採取如此做法，從祀大典就淪為「媚人主尊朝廷」以行「學術專制」的工具。〔註148〕

三大儒在清廷內部爭議聲中躋身兩廡，從祀之後又引發社會爭議。不同的政治派別利用著三大儒這同一歷史資源，分別對其進行闡釋和發揮，三大儒因此被賦予了不同的象徵意義。

小　結

顧、黃、王三大儒在清末登上孔子廟堂，是特定歷史條件下的產物。甲午戰後，尤其是八國聯軍侵華之後，中國社會出現一浪高過一浪的西化浪潮，「中學無用論」流傳廣泛。科舉制廢除，給傳統知識分子的生命價值以致命打擊，儒學經典體系幾近崩潰。清政府某些官員意識到儒學意識形態的衰微會危及自身統治，因此，在提升祭孔典禮的同時注重保存國粹。借清廷重視

〔註146〕黃節：《明儒王船山黃梨洲顧亭林從祀孔廟論》，《國粹學報》第七冊，揚州：廣陵書社 2006 年影印本，第 3071～3076 頁。

〔註147〕黃節：《明儒王船山黃梨洲顧亭林從祀孔廟論》，《國粹學報》1907 年第 3 卷第 9 期。

〔註148〕《宜復漢儒盧植從祀孔廟議》，《國粹學報》第七冊，第 3101、3102 頁。

國粹之機提出將三大儒一併從祀的請求，趙啓霖奏摺上達後，引發一系列爭議。立憲派認爲三大儒是提倡地方自治的先驅，從祀三大儒有利於立憲前途。頑固派則認爲三大儒學說廢棄綱紀，有礙倫常而反對從祀。最後，最高統治者作出批示，准予三大儒從祀孔廟。

　　清廷並非心甘情願地從祀顧炎武、黃宗羲和王夫之，因爲三人反對君主專制和清朝政權，一旦將其從祀，會從內部削弱政治對學術思想的控制，增加專制政府傾覆的危險係數。儘管有這樣的潛在危險，清廷卻不能不考慮到日益緊張的滿漢關係和中央地方關係。自太平天國之後清政府政治格局開始發生變化，改變了過去滿重漢輕和中央重地方輕的局面，漢族地主勢力和地方勢力呈不斷增強之勢。至光緒朝末葉，滿漢關係已是十分緊張，地方對中央的離心力亦日見增長。清廷極不情願地順從臣意，將顧、黃、王三人從祀孔廟，作出堅決要推行立憲，實行地方自治的樣子。從而增加清政府公信力，消弭甚囂塵上的反清聲音。在清末新政的獨特時代背景下，顧、黃、王三大儒從祀演繹了一場精妙絕倫的歷史舞臺劇。這場劇目，各家各派紛紛登場，既有清政府內部立憲與反立憲的爭奪，立憲激進派和緩進派的差異，亦有革命派與清政府之間，革命與專制的爭鬥，顯示了清末風雲激蕩下政治與學術的互動關係。

結　語

　　通過前六章的簡要論述，我們大致可以知道清儒從祀孔廟的歷程、學術文化環境、從祀的社會影響等相關問題。然而由於章節式論述的限制，有些問題會顯得分散，因此，筆者就相關問題作一個簡明的總結。

一、清儒的歷史地位

　　從祀孔廟的清儒，從陸隴其、孫奇逢、張履祥到顧、黃、王三大儒，他們均是清一色的清初大儒，都親身經歷了明清易代，親眼目睹了天崩地解，社會倫理失範的社會狀況。他們大多數絕不仕清（陸隴其除外），對清朝無任何好感，轉而致力於新學術、新學風的興建。他們的相同之處是，第一，對王學末流空談誤國都提出了批判或者修正。第二，無論是尊朱或者調和朱、王，都主張學以致用，躬行踐履。第三，他們不僅構建了清初學術，而且對有清一代學術影響深遠。第四，他們看似「遺世」，實則「濟世」，具有「達則兼濟天下，不達則獨善其身」的救世情懷。

二、孔廟從祀與晚晴政局

　　清前中期，統治者並未制定具體的孔廟從祀標準。道光以降，孔廟從祀活動頻繁，並且制定了從祀章程，反映了，這種狀況與當時政局波動密切相關。嘉道之際，清王朝呈現一片衰敗景象，內部是政治腐敗、社會黑暗、經濟凋弊、軍務廢弛、人民反抗。外部是西方列強利用種種手段開始進行侵略活動。道光以後危機更加凸顯，太平天國起義以摧枯拉朽之勢摧垮清廷半壁

江山，中國傳統社會面臨前所未有之大變動。隨著政局日趨衰亂，清廷控制力隨之減弱，加上西學東漸，思想界萌生新趨向，統治者更需要加強意識形態領域的控制。

因此，清廷便在孔廟從祀上大做文章，不斷塑造「正學」偶像，以期借助「道統」來維護「治統」的合法性地位。清政府塑造的「正學」偶像中，清代理學名儒是最重要的組成部份。清儒從祀孔廟之後，成為國家強化對地方控制、加強國家權威的象徵資源。此外，從祀孔廟的清儒還是道德倫理的象徵符號，是地方官紳代表國家意志推行教化的重要典範。

清儒從祀除了與清代政局波動密切相關，還與不同時期的文化政策和社會思想變化關聯甚密。清前中期，國家崇儒重道，理學發展極盛，清代理學名儒陸隴其在雍正年間順利從祀孔廟。嘉道年間，隨著清王朝國勢日衰，漢學弊端不斷暴露，遭到當時關心世運之學人的批評。他們認為乾嘉漢學專事考據辭章，不關心現實問題，才導致國家衰敗。在對漢學的批判中，程朱理學開始復興。直隸人張志廉抓住理學復興的時機，為理學大儒孫奇逢請祀，奏摺下禮部議奏，禮部官員議奏內容圍繞當時社會思潮變動展開，最終打動道光帝，批准孫奇逢從祀。同治年間，太平天國運動猛烈衝擊了正統權威，國家急於推崇「正學」，以加強象徵權威的背景下，浙江官紳請求張履祥從祀孔廟，得到同治帝的批准。

甲午戰後尤其是八國聯軍侵華之後，中國社會出現一浪高過一浪的西化浪潮，「中學無用論」流傳廣泛，科舉制廢除後，更是給傳統知識分子的生命價值以致命打擊，儒學經典地位幾近崩潰。統治者深感擔憂，敏銳地覺察到儒學意識形態的衰微會危及自身統治，因此在提升祭孔規格的同時，倡導建立國粹學堂，在學習西學的同時保存國粹。而顧、黃、王三大儒在立憲派看來，既脫胎於傳統的經史之學，又合乎時代變革要求，因此將三大儒從祀孔廟樹立為偶像，不僅可以表明立憲決心，還有利於保存國粹，維持中學，從而利於清廷繼續進行專制統治。此種用心被有識之士識破，章太炎等人一針見血地指出清廷從祀三大儒是苟延殘喘、對抗革命，是逆歷史潮流而動的倒退行為。總之，三大儒從祀是清廷在特殊歷史條件下的無奈之舉，無法挽救其衰亡的歷史結局。

困於學力，本文僅研究了清儒從祀孔廟，從祀孔廟群體狀況有待繼續研究，以反映清代孔廟從祀的全貌。單就清儒從祀孔廟本身來講，仍有許多外

圍問題有待深入挖掘。比如清儒的「務實致用」主張對近代學人有哪些影響？夏峰北學對倭仁、李棠階等人政學主張的深刻影響；張履祥對曾國藩耕讀傳家的家風影響等。清儒從祀孔廟後，地方士紳如何運用本地象徵資源，教化民眾？在晚晴政局動蕩、西學衝擊條件下，效果怎樣？清代書院與清儒從祀及後續學說傳播？不同學派對顧、黃、王三大儒學說的重新構建，也有待繼續研究。比如黃宗羲限制君權思想與近代民主思想；顧炎武「博學於文、行己有恥」與近代學人學術救國理念的構建；顧炎武地方自治思想與近代地方自治思潮等。學無止境，以上問題留待他日繼續研究。

附錄一　清末孔廟之命運

一、康有爲的孔廟改革主張

　　甲午戰爭，清政府敗於蕞爾小邦日本，列強肆無忌憚的入侵中國。德國強佔膠州灣，劃山東爲勢力範圍；俄國、英國分別劃東北、長江流域爲勢力範圍，其它小國亦紛紛染指，希求分得一杯羹。1898 年 1 月，發生了德國士兵騷擾即墨縣文廟的事件：「正月初一日有德國洋人率領多人，闖入即墨縣文廟，將聖像四體傷壞，並將先賢仲子雙目挖去。」〔註1〕康有爲利用此機會，策動會試舉人，上書都察院。請嚴重交涉，發動了第二次公車上書。

　　上書中影響最大的是由康門大弟子麥孟華、梁啓超等人領銜，有八百三十一名廣東舉人簽名的公呈。他們宣稱，毀孔廟之危害勝過劃分膠州灣爲勢力範圍，割地只是暫時失去一方土地，毀像則是毀「天下人心」。因此，請求鄭重查處此事，以「絕禍萌而保大教」，「存國體而繫人心」：

　　　　伏惟孔子道參天地，德在生民，列代奉之以爲教，我朝列聖，
　　　　尤加尊崇。今天下人知君臣父子之綱，家知孝悌忠信之義，廟祀皇
　　　　皇，至巨典也。……自膠旅之事，習知吾國勢極弱，尚不敢遽加分
　　　　減者，蓋猶畏吾人心也。頃乃公毀先聖先賢之像，是明則蔑吾聖教，
　　　　實隱以嘗吾人心。若士氣不揚，人心已死，彼即遍毀吾郡邑文廟，
　　　　復焚毀吾四書六經，即昌言攻我先師，即到處迫人入教，若人咸畏

〔註 1〕孔廣霈等十七人：《爲殘毀聖像，任意作賤，公懇據情代奏摺》光緒二十四年閏三月初二日，中國第一歷史檔案館藏。參見孔祥吉：《戊戌變法時期第二次公車上書述論》，《求索》，1983 年第 6 期。

> 勢，大教淪亡，皇上孤立於上，誰與共此國者？
>
> ……舉人等私憂竊痛，實有難言，彼越數萬里而傳其教，稍不
> 得當，則索地殺人，我在內地而不能自保其廟像，夫復何言？……
> 割膠不過失一方之土地，毀像則失天下之人心，失天下之聖教，事
> 之重大，未有過此。查兩國和約，既保彼教，亦當保吾教。飭下駐
> 德國使臣呂海寰責問德廷，責令查辦毀壞聖像之人，勒令賠償，庶
> 可絕禍萌而保大教，存國體而繫人心。〔註2〕

在他們看來，孔廟是國家之重器，絕不容他人褻瀆。德軍毀孔子廟，其目的
在於打壓人心，危害更甚於割地賠款。嚴懲德人，保衛孔廟，就是保衛孔教，
保衛國家。

康、梁等人將保孔廟提高到保存國體，統攝人心的高度上，表面上看起
來是與清廷態度一致，實則不然。在康有為等知識分子那裏，孔子已不是舊
意義上的孔子，孔子廟也不再是傳統意義上的孔子廟。孔子早已被裝扮成倡
言改革的革新家，保護孔子廟實際上是維護變法革新精神，為維新變法開闢
道路的途徑之一。

康有為認為中國一切問題的根本在於風俗人心，所謂立國之本在人心，
人心之本在道德。要挽救中國，就要改變日漸敗壞的風俗人心。康有為認為
世風日下的原因在於中國「無教」。西方列強之所以經濟迅速發展，皆是緣於
基督教的凝聚人心作用。基督教堂遍佈西方社會，「君臣男女咸膜拜誦經」，
與之形成鮮明對比，中國孔子「寡有過問者」：

> 今之學塾於孔子之外，乃兼祀文昌魁星等。吾粵則文昌、魁星
> 專席奪食，而祀孔子者殆絕矣。……入學之始，（文昌、魁星）奉為
> 神明，而反於垂世立教至聖之孔子、薪火絕續，俎豆蕭條，生卒月
> 日幾無知者。〔註3〕

如何重建孔聖權威，發揮其維繫社會道德，整齊人心，凝聚力量的作用，成
為康、梁等維新知識分子思考的重大課題。對比西方宗教發揮的作用，整合
中國當下具體情勢，康有為提出了一系列改革孔廟的主張。

首先，主張未列入國家祀典的祠廟全部改建孔子廟。康有為認為，孔子
受國家尊崇由來已久，然而僅是作為儀式和程序化的象徵，不能真正發揮統

〔註2〕孔祥吉：《戊戌變法時期第二次公車上書述論》，《求索》，1983年第6期。
〔註3〕梁啟超：《論幼學》，《變法通議》，北京：華夏出版社，2002年版，第114頁。

攝人心，激勵士民奮發有爲的作用。「所在學宮巍樓，高高坐鎮，胄子士夫，齊祈膜拜，不知羞恥，幾忘其所學爲何學也。」士大夫尚且只是應付流程，全然忘記禮義廉恥，置孔子之道於不顧。普通民眾信奉多神，不解孔子爲何用：

> 惟中國尚爲多神之俗，未知專奉教主，以發德心。祈子則奉張
> 仙，求財則供財神，工匠則奉魯般。甚至士人通學，乃拜跳舞之鬼，
> 號爲魁星。……即稱爲城煌，列爲正祀，而號爲陰官，多列鬼判。
> 雖獰惡足警，亦非經典所昭垂，其裹祀土地，亦猶是矯誣也。其它
> 龍王、牛王、猴王之祀，以人祀獸，尤爲反異。若夫木居士之一株，
> 石敢當之一片，亦有無窮求福之人。〔註4〕

因此，當務之急是「令鄉落淫祠，悉改爲孔子廟」。只有這樣，才能「化導愚民」，「扶聖教而塞異端。」〔註5〕

第二，在南洋開設孔廟。清朝百姓很多久居南洋一代，「久隔聖化，徒爲異教誘惑，將淪左衽」，更急需建立孔子廟，設置教官，講明孔學，以期將來「聖教施於蠻夷，用夏變夷」，更可憑此「探夷情、揚國聲」〔註6〕。

戊戌政變後，康有爲及其弟子們在海外華僑的支持下建立各種孔教組織。在新加坡建立了孔廟，耗資 20 餘萬。爲此康有爲多次演講，號召華僑「發義憤、懷故國、思孔教」。還建立學校，教育華僑子弟，通過海外弟子從事孔教宣傳。〔註7〕

康有爲弟子徐勤任橫濱大同學校校長時，「於講學之暇復承康有爲命，以振興孔教爲務，每星期日，生徒須對孔子像前行三跪九叩禮」，「有基督教學生趙子彬因拒絕拜跪，被教員陳萌農迫令退學，因此與華僑基督徒大生惡感」。徐勤還與日本通孔教會領袖根本通明協商「中、日共同闡揚儒道之法」，得到了橫濱僑商的支持。1898 年孔子誕辰日，日本中華會館大舉慶祝，崇祀孔子。日本名士蒞會者數十人，「會場孔子像旁懸一聯曰：『同種同文，復能

〔註4〕 康有爲：《請尊孔聖爲國教立教部教會以孔子紀年而廢淫祀摺》（1898 年 6 月
　　　 19 日），《康有爲政論集》，北京：中華書局 1981 年版，第 279 頁。
〔註5〕 康有爲：《上清帝第二書》（1895 年 5 月 2 日），《康有爲政論集》上冊，北京：
　　　 中華書局 1981 年版，第 132 頁。
〔註6〕 康有爲：《上清帝第二書》（1895 年 5 月 2 日），《康有爲政論集》上冊，北京：
　　　 中華書局 1981 年版，第 132 頁。
〔註7〕 喻大華：《晚清文化保守思潮研究》，北京：人民出版社 2001 年版，第 76 頁。

同教相聯，未許西歐逞虎視，大清大日從此大成併合，遙看東亞慶麟遊」。〔註8〕「公舉董事四十五人，設立章程十數條，永垂為例」。「只以開辦之始，未能建立聖廟，先在中華會館設像供奉，以昭肅敬。其大致每年八月二十七恭逢聖誕，合埠鋪戶一律升旗張燈致賀，男女老少分上下午齊赴會館，恭祝。不論工商，停工一日，如有要事不停者，聽行。禮畢，即在會館宴飲。凡與祀事者，每人捐洋七角半，與宴飲者捐二元，多捐者聽」。〔註9〕

第三，在全國孔廟中專門設立「道學」科目。凡能「發明孔子之道」，不論出身和資格，「量授國子之官，或備學政之選」。〔註10〕有科舉功名的人如願意入道學科，特聘為州縣正式教職。諸生願意入道學科，分到鄉間講明孔子之道，給予一定經費，配以善堂資助。另外，如果有更高才能，傳佈孔子之道於外國，給以更高獎賞，賜給國子監、翰林院官銜，甚至給以世爵：

> 道學科有高才碩學，欲傳孔子之道於外國者，明詔獎勵，賞給國子監、翰林院官銜，助以經費，令所在使臣領事保護，予以憑照，令資遊歷。若在外國建有學堂，聚徒千人，確有明效，給以世爵。
> 〔註11〕

孔廟中設立「道學科」，選拔人才，不論出身，只論才能，挑戰了孔廟專為科舉選拔和儲備人才的功能，對傳統孔廟來說無異於釜底抽薪。

第四，人人得以拜祀孔廟。中國的孔廟近似一「勢利場」，普通民眾只能敬而遠之：「各府縣孔子廟，惟官中學中人始得祭之，至不堪亦必費數十金捐一監生，賴以陞降拜跪於其間。農夫野老，徘徊觀望於門牆之外，既不識禮、樂之聲容，更不解何所謂而祭之，而己獨不得一與其盛其心，豈不曰孔子廟一勢利之場而已矣！」〔註12〕儒學號稱是百姓日用而不知，習焉而不察的人倫道理，然而民眾對孔廟漠不關心。西人尊崇耶穌，任何事情之成功皆歸功於耶穌：無論何種學問亦歸功於耶穌，甚至治好一病，賺得數錢，亦必歸功曰：『此耶穌之賜也。』因為如此，基督教勢力越來越壯大。

〔註8〕 馮自由：《橫濱大同學校》，《革命逸史》初集，中華書局 1981 年版，第 51、52 頁。

〔註9〕 《聖教昌明》，《申報》1898 年 10 月 23 日。

〔註10〕 康有為：《上清帝第二書》（1895 年 5 月 2 日），《康有為政論集》上冊，北京：中華書局 1981 年版，第 132 頁。

〔註11〕 康有為：《上清帝第二書》（1895 年 5 月 2 日），《康有為政論集》上冊，北京：中華書局 1981 年版，第 132 頁。

〔註12〕 《譚嗣同全集》下冊 第 465、466 頁。

　　康有爲主張仿傚西方基督教而設立孔教會，統一組織講學和奉祀事宜：「所在鄉市，皆立孔教會，公舉士人通六經四書者爲講生，以七日休息，宣講聖經，男女皆聽。講生兼爲奉祀生，掌聖廟之祭祀灑掃」。〔註13〕

　　每千百人的一鄉就設置一孔子廟，孔子廟中講生配備齊全，講生即主管講學和祭祀，由有德才者充任：

> 　　鄉千百人必一廟，每廟一生，多者聽之。一司數十鄉，公舉講師若干，自講生選焉。一縣公舉大講師若干，由講師選焉，以經明行修者充之，並掌其縣司之祀，以教人士。或領學校，教經學之席，一府一省，遞公舉而益高尊，府位曰宗師，省曰大宗師，其教學校之經學亦同。此則於明經之外，爲通才博學者矣。合各省大宗師公舉祭酒老師，耆碩明德，爲全國教會之長，朝命即以爲教部尚書，或曰大長可也。〔註14〕

有了孔教會這一組織機構，以及孔廟之講學和祭祀場所，便可統一組織人民，不論男女，「皆祀謁之」，「釋菜奉花，必默誦聖經（孔門經典）」。時日已久，便可像西方宗教一樣，「警其天良，起其齊肅」，感化人心，振奮精神。

　　康有爲主張的人人祀孔，皆可以在孔廟中向聖賢膜拜，對祭孔來說無疑是一個巨大變革。歷代以來，孔廟作爲儒家文化象徵，同專制統治相依而存，分別代表了「道統」和「治統」。明清時期，統治者更是攬「道統」和「治統」於一身。每逢丁祭，地方官員和府州縣學諸生在孔廟中向聖賢祭拜。對他們來說，祭拜儀式是其獨享的權利，象徵的是一種榮耀。康有爲等維新派卻主張人人平等，皆可以祭孔，無疑是對統治者權威的巨大挑戰。可見，康有爲的尊孔和廣設孔子廟，是爲變法維新的政治活動服務的。

　　康有爲主張人人可以祀孔，還與救亡圖存的時代潮流密切相關。甲午一役以後，堅船利炮裹挾著西方文化侵略攻入中國心臟，中國文化和人們的文化信仰遭遇前所未有的危機。康有爲等人憂思重重，希望通過孔教組織，重塑人們對孔子的信仰，抵抗西方文化侵略，規範社會道德，拯救病危的社會風氣。

〔註13〕康有爲：《請尊孔聖爲國教立教部教會以孔子紀年而廢淫祀摺》（1898年6月19日），《康有爲政論集》，北京：中華書局1981年版，第282～283頁。

〔註14〕康有爲：《請尊孔聖爲國教立教部教會以孔子紀年而廢淫祀摺》（1898年6月19日），《康有爲政論集》，北京：中華書局1981年版，第282～283頁。

二、清末教育改革與孔廟變遷

1、科舉制度、儒家經學與孔廟

孔廟最初是孔子家廟，漢代獨尊儒術以後，逐漸發展成官方禮儀性建築，實現了家廟到官廟的身份轉換。唐宋以後，全國府州縣學廣立孔子廟，「廟學合一」，孔廟具備了多種功能。既是傳播儒家文化，傳揚儒家文化精神的場所，又是國家推行「崇儒重道」、實施政治教化的文化象徵。明清時期，科舉必由學校，廟學成為國家培養選拔人才，鞏固皇權的重要場所。由此科舉制度、儒家經學與孔廟三者密不可分，互相依存。

儒家經學是學宮學生學習的主要內容，也是科舉考試的必考內容。明以後的科舉考試，以生員的入學考試和選拔考試作為起點。生員未入學以前，不論年齡大小，一律稱童生，或叫儒童。童生入學，先由府、州、縣官考試，再由提學官考試，合格者方能錄取。童生通過，考試，即算「進學」，成為生員，俗稱「秀才」。由於學宮內部都有一半橢圓形的水池，所以進學又稱「入泮」。〔註15〕可見，明清時候的地方教育完全被納入科舉考試的軌道，成為科舉考試的組成部份。

錄取的生員入學伊始，要到孔廟聖賢前祭拜。學宮學生按時（春秋仲月上丁）參加「釋奠禮」和「釋菜禮」〔註16〕，除了表達對聖賢敬慕效法之意外，還寄託著在科舉考試中高中的願望。取得功名委任職務，正式上任之前亦需到孔廟參拜。總之，科舉與孔廟有著重要的文化關聯。

近代以來，伴隨著西學東漸的進程，儒學經受了一輪又一輪的衝擊，作為儒學物質載體的孔廟也飽受考驗。隨科學改革的深入，舊教育即府州縣學

〔註15〕 賈非：《中國古代考試與學校教育》，吉林教育出版社 2001 年版，第 160 頁。

〔註16〕 「釋奠：釋奠者，祭先聖先師於學時之禮儀也，《正義》曰：「凡釋奠有六，始立學釋奠，一也；四時釋奠有四，通前，五也，王制師還釋奠，六也。」周初建立四學，或謂□學以舜為先聖，夏學以禹為先聖，商學以湯為先聖，周學以文王為先聖，而以德業既成者配享，是為先師。釋奠有□無尸，無飲食酬酢之事，惟置供品案上而祭之。自漢高祖過魯，以太牢祀孔子以來，歷代仿之，或以七十二子配享，或以顏淵配享，常行釋奠於太學，時則天子親行奠享之禮，時則皇太子執行之，於是釋奠遂成祭孔子之禮。至於配享之人，代有不同，祭祀時日，或於春秋仲月之上丁，或於此外更加仲冬之上丁，故亦未盡合。其它臨設之器物亦然。又有所謂釋菜之禮者，惟以蘋繁之類供祭，其禮較諸釋奠為輕。」見唐鉞等編纂：《教育大辭書》，臺灣商務印書館，1974 年修訂 2 版，第 1666 頁。

處於尷尬境地。與「學」密不可分之「廟」也漸漸徒具形式，逐漸衰敗下去。有人形象地指出了廟學的衰落狀況：

> 自庚子以來，學堂漸興，科舉日廢，生員四方尋食，教職無以聊生，於是孔子之宮有四無牆垣者矣。有兩廡一敗塗地，改建蒙學者矣，有大成殿露天者矣，有百年草木摧以爲薪者矣。諸如此者，無省無之慘目傷心，爲之浩歎。〔註17〕

隨著新式學堂的興辦，諸生失去了謀生手段，價值皈依不復存在，紛紛棄學而去，導致孔廟和學宮冷冷清清，衰敗不堪。「教職祿俸本不足以養贍，昔日之可以敷衍者，賴有廩餼學田及課徒束脩。廩餼學田雖非爲教職而設，而生員多有不要津貼，教職今俱被學使提去，歸入學堂，而所入俸金之外一無所有。在官度日，既有不贍，又安得不職守盡荒，學宮日壞哉。」〔註18〕總之，清末孔廟變遷與科舉改革和新式教育發展相伴而生。

2、科舉改革與廟學命運

晚晴時期，隨著民族危機日益加深，有識之士反思科舉弊端，認爲科舉制度是導致國家衰敗、民族危亡的最魁禍首。魏源批判道：「小楷書，八韻詩，青紫拾芥驚童兒；書小楷，詩八韻，將相文武此中進」。洋務運動時期，更多人要求改革科舉制度，在不僅有變革科舉的輿論，還有洋務學堂這一新式教育模式的實踐。洋務學堂培養的新式人才，對傳統讀書做官的教育理念形成中繫。

甲午戰爭，清政府戰敗，舉國譁然。科舉制度成爲眾矢之的。康、梁等維新派提出「變科舉、興學校、開民智、育新民」的主張。認爲只有變革科舉制度，興辦新式學校，才能徹底改變中國落後狀況，才能實現民族的獨立和富強。需要指出的是，不僅維新知識分子有變革科舉的主張，統治階層也有變革科舉的具體實踐。

光緒二十四年（1898），湖廣總督張之洞上《妥議科舉新章》一摺，指出：「竊維救時必自求人才始，求才必自變科舉始」，提出分場考試辦法，第一場

〔註17〕《掌山西道監察御史張瑞陰奏爲州縣學宮日見殘破亟宜修理事》，軍機處錄副奏摺，檔號：03-7219-057，光緒三十二年十二月初九日，中國第一歷史檔案館藏。

〔註18〕《掌山西道監察御史張瑞陰奏爲州縣學宮日見殘破亟宜修理事》，軍機處錄副奏摺，檔號：03-7219-057，光緒三十二年十二月初九日，中國第一歷史檔案館藏。

考中學經濟，第二場考西學經濟，第三場考四書文兩篇、五經文一篇：「於是更以西政西藝考之，其取入三場者，必其通達時務，研求新學者也。然又恐其學雖博才、雖通而理解未純，趨向未正，於是更以四書五經義考之。其三場可觀而中式者，必其宗法聖賢，見理純正者也。大抵首場先取博學，二場於博學中求通才，三場於通才中求純正，先博後約，先粗後精」。〔註19〕奏議得到上諭批准。從統治者角度來看，改變科舉考試內容，是爲了應付「時事艱危」的無奈之舉，但客觀上推動了知識分子的覺醒和新思潮的傳播，爲新政時期的教育改革奠定了基礎。

1901 年，清政府迫於時局實施新政，在政治、軍事、經濟、教育等方面展開大刀闊斧的改革。教育方面，頒佈諭旨，「著自明年爲始，嗣後鄉、會試頭場試中國政治史事論五篇，二場試各國政治藝學策五道，三場試四書義二篇、五經義一篇。」「嗣後武生童考試及武科鄉、會試著即一律永遠停止」，「除京師已經設大學堂應切實整頓外，各省所有書院，於省城均改設大學堂。各府廳直隸州均設中學堂，各州縣均設小學堂，並多設蒙養學堂。」〔註20〕隨著科舉考試內容的改變，作爲科舉考試應試準備場所的學宮和孔廟處境十分尷尬，趨於頹廢勢成必然。各地興辦的新式學堂多設於學宮之內：

直隸

曲周縣：模範小學堂，在崇聖祠內。

遵化州：官立第二初等小學，就明倫堂左偏兩楹作講堂。

深澤縣：聖廟內官立初小學堂，借明倫堂爲講室。

赤城縣：公立初小學堂，城內二處，一借明倫堂兩大間。

霸州：官立模範初小學堂，設於文廟後院。新安鎮公立初小學堂：設於文廟後院。

懷來縣：新保安鎮共立初小學五處，文廟西院改爲模範小學。

安國縣：光緒三十二年，設立初級師範學堂，借明倫堂作講堂。

平山縣：光緒三十四年，假明倫堂、尊經閣設立勸學所。宣統三年，創立縣立兩級女校，由儒學改建而成。

房山縣：官立女學堂，在儒學偏院。

〔註19〕 朱壽朋《光緒朝東華錄》光緒一百四十六，清宣統元年上海集成圖書公司本，第 3898、3899 頁。

〔註20〕 《光緒宣統兩朝上諭檔》，第 27 冊，第 152、175 頁。

大城縣：三關公立初等小學堂，在儒學署內。

安徽

鳳陽府鳳臺縣：公立高等小學堂在城外，借用學宮。靈璧縣：公立初等小學堂在城內，借用學宮。〔註21〕

浙江

新登縣縣立第一高等學校：在北門黃山下學宮。清光緒二十九年創立。各縣學堂以明倫堂作自修室，兼作禮堂。尊經閣暨橫屋、土穀祠、文昌閣西式房，作一、二、三、四、五講堂。尊經樓、舊教諭、訓導二學齋樓暨西式屋樓，作學生寢室。西齋前廳作會客所、儲藏室。校長職員辦事室。東齋作飯廳，文昌閣二層樓作校友會、職員議事室。東齋左餘屋作廚室、內操場用，教諭署後隙地外操場，在黃山上。三十二年改官立兩等小學堂。〔註22〕

廣東

東莞縣：縣立第一高等小學校，在城東門外，光緒三十二年開辦，附初級師範內。三十三年遷邑學明倫堂爲教室。初教諭署久廢，即將舊址改建寄宿舍，後推廣班次，校舍不敷，值訓導奉裁，即將署添建講堂，均不適爲合班用，因假崇聖殿爲合班講堂，操場則闈後，由曠地爲之，經費由邑明倫堂公款支領。〔註23〕

科舉改革乃至廢除，廟學中新式學堂湧現，對中國近代教育乃至中國近代化都有重要意義：

第一，改變了傳統官學教育以儒術爲根本，以科舉爲準繩的現象，新式教育得以展開，民智漸開，起到扭轉世風人心的作用。

清襲明制，由禮部和國子監管理整個國家的教育事務，地方設儒學署，但僅是學官辦學場所，並無獨立的地方行政教育機構。學官分教諭、訓導〔註24〕。

〔註21〕《光緒鳳陽府志》（二）卷十二食貨考，第77、78頁，《中國地方志集成·安徽府縣志輯》第33冊，南京：江蘇古籍出版社1998年影印本。

〔註22〕《民國新登縣志》卷十二學校下，第29、30頁，《中國地方志集成·浙江府縣志輯》第47冊，上海：上海書店1993年影印本。

〔註23〕《民國東莞縣志》卷十七，建置略二學堂，《中國地方志集成·廣州府縣志輯》第19冊。

〔註24〕儒學府教授，正七品。訓導，從八品。州學正，正八品。訓導、縣教諭，正八品。訓導，俱各一人。教授、學正、教諭，掌訓迪學校生徒，課藝業勤惰，評品行優劣，以聽於學政。訓導佐之。例用本省人。見《清史稿》卷一百一十親志九十一。

教諭的任務是掌文廟祭祀，以儒家經典教育縣學在學生員，並負責對全縣生員的考核與監督。訓導則為教諭之協助，地位略次之。教諭、訓導一般也是科舉出身。所謂傳統廟學教職的教育功能，實際上是圍繞科舉而展開，他們所負責的學生在學期間的考試，是為了他們以後參加科舉考試而準備，教育內容亦是圍繞科舉考試而展開。延至清末，此種弊端愈加暴露，不能適應興學育才的要求。新式學堂的設立，有效地促進了西學的傳播，更多人向新式知識分子蛻變，從而推動近代化事業的開展。

第二，傳統教職功能的現代轉化。科舉廢除後，廟學教職的科舉使命隨之結束。隨著新式教育機構的設立，部份廟學教職轉化為勸學所的視學員，負責考察本地區學務，乃至出洋考察。

第三，明倫堂、教諭廳、尊經樓、崇聖祠等為新式學堂取代，原有的科舉物質資源轉化為新式教育資源。明倫堂作為學宮的主體建築，原是講習儒家經典和教導學生人倫之道的禮堂，是儒家精神的物質載體，「明倫堂者，學宮大成殿前，秀才遵奉國家條教，敦率一府一縣綱紀風化聚集之所，而崇奉孔訓」。〔註25〕尊經樓是儲藏儒家經典的書庫，崇聖祠是供奉儒家聖人祖先牌位之處。新式學堂佔用其資源，說明儒學在失去體制憑依的條件下，漸漸走到盡頭。

第四，清廷將新式學校建在廟學中，一方面困於經費缺乏，另一方面是為了控制新式學堂學生。在廟學隙地設新式小學堂，仍可使學生對儒家文化耳濡目染，如所有新式學堂學生仍要參加祭孔禮儀，《欽定蒙學堂章程》規定：

> 每歲恭逢皇太后、皇上萬壽聖節、皇后千秋節、至聖先誕日、春秋丁祭日，均由教習率學生行跪拜禮。第十四節，開學、散學日、朔望日，均由教習率學生在至聖先師位前行拜跪禮。……第十六節，每年年假、暑假約七十日之外，恭逢皇太后、皇上萬壽聖節、皇后千秋歲、至聖先師誕日、仲春、仲秋丁祭日、端午、中秋節，各停課一日，暨每十二日學課一周後，各停課一日。〔註26〕

舉例來說，太倉鎮高等小學堂「從創校到辛亥革命，名為學堂，但實質上與

〔註25〕 劉禺生：《清代之科舉》，《世載堂雜憶》，北京：中華書局 2006 年重印本。

〔註26〕 《欽定蒙學堂章程》（光緒二十八年七月十二日 1902 年 8 月 15 日），第三章各種規則，《中國近代教育史資料彙編‧學制演變》，上海教育出版社 2007 年版，第 295 頁。

學塾無多大差異。開學典禮時，一切儀式與初入塾無甚區別，只是更爲隆重而已。這天禮堂中間高置『至聖先師孔子之位』，由州縣官率領全校師生行三跪九叩首禮，三獻爵禮；行禮後，由州縣官訓諭，以及校長訓話，主要是勖勉學生，知書達理，勤奮攻讀聖賢書等。……教育內容以讀經爲主，其它各科，稍事點綴而已。」〔註27〕

「春秋祭祀，已奉旨用大祀。杭垣春祭，不及舉行，改於秋祭爲始。大成殿之階沿，加闊數丈，天並中添蓋，棚廠樂器亦均修飾一新，一切布置均屬妥善。向用六佾，六六三十六人，現用八佾，八八六十四人。文舞之外又添武舞，文武共計一百念八人，均以正蒙學堂學生承充。服制照部頒之新章辦理，文武生穿紅袍，武舞生穿杏黃袍。昨爲大演之期，向例僅由杭府臨蒞，昨自增中丞以次一律親臨，以昭鄭重。觀者之多十倍於前，倍極一時之盛。」〔註28〕

清政府一面通過將廟學資源改建新式學堂，以圖改良教育。另一方面利用尊孔之形式以鉗制學生之思想。隨著科舉改革的深入乃至廢除，廟學走向衰敗，新式學堂之尊孔禮儀只是徒具形式而已。

〔註27〕《太倉文史資料選輯》第 2 輯 95 頁。
〔註28〕《堂皇哉丁祭之演禮〔杭州〕》，《申報》1910 年 9 月 9 日。

附錄二　清代孔廟新增先賢先儒從祀一覽表 〔註1〕

從祀時間	姓　名	朝　代	增祀人數
康熙五十四年（1715）	范仲淹	宋	1
雍正二年（1724）	縣　亶	東周	20
	牧　皮		
	樂正子		
	公都子		
	萬　章		
	公孫丑		
	諸葛亮	漢	
	尹　焞	宋	
	魏了翁		
	黃　幹		
	陳　淳		
	何　基		
	王　柏		
	趙　復		

〔註1〕根據以下史料製作而成：《清文獻通考》卷七十六學校考，清文淵閣四庫全書本；劉錦藻：《清續文獻通考》卷九十八學校考五，民國景十通本；蔣良騏：《東華錄》，清乾隆刻本；王先謙：《東華續錄》，清光緒十年長沙王氏刻本；李桂林：《（光緒）吉林通志》卷四十五學校志二，清光緒十七年刻本。

	金履祥	元	
	許　謙	元	
	陳　澔	元	
	羅欽順	明	
	蔡　清	明	
	陸隴其	清	
道光二年（1822）	劉宗周	明	
道光三年（1823）	湯　斌	清	
道光五年（1825）	黃道周	明	
道光六年（1826）	呂　坤	明	8
道光六年（1826）	陸　贄	唐	
道光八年（1828）	孫奇逢	清	
道光二十三年（1843）	文天祥	宋	
道光二十九年（1849）	謝良佐	宋	
咸豐元年（1851）	李　綱	宋	
咸豐二年（1852）	韓　琪	宋	
咸豐三年（1853）	公明儀	東周	6
咸豐七年（1857）	公孫僑	東周	
咸豐九年（1859）	陸秀夫	宋	
咸豐十年（1860）	曹　端	明	
同治二年（1863）	毛　亨	漢	
同治二年（1863）	呂　柟	明	
同治二年（1863）	方孝孺	明	5
同治七年（1868）	袁　燮	宋	
同治十年（1871）	張履祥	清	
光緒元年（1875）	陸世儀	清	
光緒二年（1876）	許　慎	漢	
光緒三年（1877）	劉　德	漢	
光緒四年（1878）	張伯行	清	
光緒五年（1879）	輔　廣	宋	10
光緒十八年（1892）	游　酢	宋	
光緒二十一年（1895）	呂大臨	宋	

光緒三十四年（1908）	顧炎武	清	
光緒三十四年（1908）	黃宗羲	清	
光緒三十四年（1908）	王夫之	清	
宣統三年（1911）	劉　因	元	2
宣統三年（1911）	趙　岐	漢	

附錄三　歷代尊孔紀略 [註1]

漢	・高祖十二年十一月，過魯以太牢祀孔子。 ・元帝賜孔霸爵號「褒成君」，奉孔子後。 ・成帝綏和元年，封孔吉爲「殷紹嘉侯」。 ・平帝元始元年，封孔均爲「褒成侯」，以奉孔子之祀，追孔子爲「褒成宣尼公」。
東漢	・光武建元五年冬十月，使大司空弘祠孔子；十三年，以紹嘉公孔安爲「宋公」；十四年，封孔子後志爲「褒成侯」。 ・明帝建武中元十五年三月，詣孔子宅。 ・安帝延光三年，幸泰山祀孔子。 ・昭烈帝章武帝元年，封孔羡爲「宗聖侯」。
晉	・武帝泰始三年，改封「宗聖侯」震爲「奉聖亭侯」，又詔太學及魯國四時備三牲以祠孔子。 ・惠帝元康三年，皇太子講經，行釋奠禮於太學。 ・元帝大興二年，皇太子講經，行釋奠禮於太學。 ・明帝太寧三年，詔「奉聖亭侯」四時祀孔子，宜如太師故事。
南北朝	・宋文帝元嘉十九年，授孔隱之「奉聖侯」，十二月修孔子廟。 ・魏大武帝太平眞君十一年十一月，以太牢祀孔子。 ・宋元嘉二十八年，更以孔惠雲爲「奉聖侯」。 ・魏文帝延興三年，以孔乘爲「宗聖大夫」；魏文帝太和十六年，修孔子之祀；十九年，魏主如魯祀孔子，封其後爲「崇聖侯」。 ・梁武帝天監四年，初立孔子廟。 ・北齊封孔子三十一世孫爲「恭聖侯」。 ・後周武帝封孔子後爲「鄒國公」。

〔註 1〕《歷代尊孔紀略》，《國光雜誌》1935 年第 8 期。

隋	・文帝仍封孔子後爲「鄒國公」。 ・煬帝改封爲「紹聖侯」。
唐	・高祖武德二年，立孔子、周公廟各一所。 ・太宗貞元十一年，釋奠，以孔子爲「先聖」，封孔子後爲「褒聖侯」，並給戶二十享祀；二十一年，以孔子爲「先聖」，並以左丘明等二十一人具配享於太學。 ・高宗永徽元年，改封周公爲「先聖」，孔子爲「先師」，顏回、左丘明從祀；乾封元年，祀孔子；天授元年，封孔子爲「隆道公」。 ・玄宗開元八年，改顏子十哲爲坐像，並圖畫七十弟子及二十二賢於廟堂；二十七年，追諡孔子爲「文宣王」。 ・德宗建中三年，以文宣王三十七世孫齊卿爲兗州司馬，襲「文宣王」；九年十一月，以貢舉謁「見師」。 ・武宗會昌二年，以文宣王三十九世孫榮爲國子監，襲「文宣王」。
五代	・後唐明宗長興三年，敕以文宣王廟四壁英賢，自此每釋奠，宜準郊祀錄各陳醑酳等物以祭。 ・周太祖廣順二年六月朔，謁孔子祠、拜其墓。
宋	・太祖乾德四年，以文宣王四十四世陵廟王，進士孔宜爲兗州曲阜縣主簿。 ・太宗太平興國三年，以孔宜襲封「文宣王」。 ・眞宗咸平三年，增孔林守戶；大中祥符元年，謁孔子廟，加諡玄聖文宣王；五年，改「玄聖文宣王」諡爲「至聖文宣王」。 ・仁宗天聖二年，帝臨國子監謁孔子；慶曆四年四月作太學，五月帝謁孔子；皇祐三年以孔氏子孫世知仙源縣事；至和二年改封孔子後世願爲「衍聖公」。 ・哲宗元祐元年，改封孔子後爲「奉聖公」；六年帝幸太學，行釋奠禮，一獻再拜；元符元年，詔孔子後以眾議承襲之。 ・徽宗崇寧三年冬十二月，復封孔子後爲「衍聖公」；大觀四年，詔先聖廟用戟二十四，文宣王執鎮圭並如王者制；十年，金封孔子後爲「衍聖公」；十一年，金主親祀孔子；十四年三月，帝祀孔子廟；二十四年，以文宣王五十世孫擂補「右承奉郎」，襲「衍聖公」。 ・光宗紹熙四年，以文宣王五十一世孫孔文遠爲「承奉郎」，襲「衍聖公」。八月，金主釋奠孔子廟，北面再拜。 ・理宗紹定六年，蒙古以孔元措襲封「衍聖公」。 ・景定二年春正月，詔皇太子釋奠孔子，加張栻、呂祖謙並從祀；三年蒙古修孔子廟。 ・度宗咸淳三年，帝釋菜於孔子，以顏回、曾參、孔伋、孟軻配享，邵雍、司馬光從祀。

元	・世祖至元十九年，以宋「衍聖公」孔洙爲國子祭酒，提舉浙東學校；三十一年秋七月詔中外崇奉孔子。 ・成宗大德九年八月，給曲阜林廟灑掃戶；十一年制加孔子號曰「大成」。 ・武宗至大四年，遣宦者李邦寧釋奠於孔子。 ・英宗至治二年春正月，敕有撫恤孔氏子孫貧乏者。 ・文宗至順元年，詔加孔子父母及顏回、曾參、孔伋、孟軻、程顥、程頤封爵。
明	・太祖洪武元年二月，詔以太牢祀孔子於國學，以孔子五十六世孫希學襲封「衍聖公」，希大世襲曲阜縣知事；七年，修曲阜孔子廟；十五年，帝詣國子學，行釋菜禮；十七年春正月，以孔訥襲封「衍聖公」。十一月，以孔希文爲曲阜世職知縣。 ・太宗永樂四年二月，帝詣太學謁孔子；十二年冬二月，命儒臣纂修《五經四書性理大全》。 ・英宗正統元年秋七月，復聖賢後裔。 ・憲宗成化十二年，命增孔子廟籩豆、侑舞之數。 ・世宗嘉靖九年冬十一月，更定孔廟祀典，尊孔子曰「至聖先師」；十二年三月釋奠於先師。
清	・世祖順治元年二月，遣官祀先師孔子。十月，以孔子六十五世孫元植仍襲封「衍聖公」；二年正月，更定孔子神牌爲「大成至聖文宣王先師孔子」；三年四月，修盛京孔子廟；九年九月，帝幸太學釋奠先師孔子；十四年二月，改木主爲「至聖先師孔子」。 ・聖祖康熙八年夏四月，上幸太學釋奠先師孔子；二十三年十一月，上幸闕里致祭孔子；二十四年，御書「萬世師表」四字勒石並頒天下學宮；二十五年二月，上祭傳心殿告祭先聖先師。八月，詔增孔林地十一頃有奇，免其稅糧；二十六年五月，建孔子廟碑，親製文；二十八年四月，頒《御製孔子贊序》，命國子監摹勒分發各省；三十二年十月，闕里聖廟落成，御製重修闕里孔子廟碑；三十六年七月，以朔漠平定，遣官祭告先師孔子；四十四年二月，御書匾額懸掛於青浦孔宅；四十九年九月，令祭先師孔子，時武臣與文臣一體行禮；六十年十二月，遣官祭孔子闕里。 ・雍正元年六月，加封孔子先世五代具爲王爵；二年正月，建孔子廟于歸化城。三月，上詣太學釋奠先師孔子；三年八月，頒發孔子及顏、曾、思、孟、閔子、仲子廟御書匾額。十二月，諭令敬避孔子聖諱；四年八月，祭先聖孔子，上親詣行禮；五年二月，諭內閣九卿。八月二十七日先師聖誕，應致齋一日；七年二月，命通政使留保監修闕里文廟。十二月，上以闕里文廟告成，恭詣國子監祭先師孔子；八年，以闕里文廟告成，命皇五子弘晝、醇君王弘曕恭詣告祭。十一月，特設聖廟執事官。

- 乾隆二年九月，命國子監大成殿著用黃瓦；三年二月，上親詣文廟致祭行三獻禮；四年十月，製孔廟祭器；十年五月，命新設安西衛建文廟；十三年二月，上詣闕里釋奠先師孔子；十九年九月上謁盛京文廟；二十一年三月，上至闕里釋奠先師孔子，謁孔林；二十二年四月，上至闕里釋奠先師孔子，謁孔林；二十七年四月，上至闕里釋奠先師孔子，謁孔林；三十四年二月，釋奠先師孔子，《御製重修太學文廟碑文》；三十六年三月，上至曲阜釋奠先師孔子，謁孔林；四十一年三月，上至曲阜釋奠先師孔子，告平爾川功，謁孔林；四十四年五月，上幸熱河，詣文廟行釋奠禮，《御製熱河文廟碑記》；四十五年二月，上幸蘇州府詣文廟行禮。五月，上詣熱河文廟行禮；四十九年三月，上至曲阜釋奠先師孔子，謁孔林；五十年二月，上詣文廟釋奠禮成，臨新建辟雍講學。五月，上詣熱河文廟行禮。十月，設甘肅循化廳學校，建文廟；五十一年六月，上詣熱河文廟行禮；五十五年正月，刻石鼓於太學及熱河文廟。三月，上至曲阜釋奠先師孔子，謁孔林。四月，上詣熱河文廟行禮；五十六年五月，上詣熱河文廟行禮；五十八年五月，上詣熱河文廟行禮；五十九年六月，上詣熱河文廟行禮；六十年正月，諭令豫備祀孔典禮，二月，釋奠先師孔子，禮成，閱辟雍新刻石經。
- 嘉慶元年二月，釋奠先師孔子；三年二月，上詣文廟釋奠，臨辟雍講學。七月二日，釋奠先師孔子；十三年二月，命皇次子釋奠先師孔子；十六年二月，上釋奠先師孔子；十八年二月，命皇次子釋奠先師孔子；十九年八月，命皇次子智親王釋奠先師孔子；二十二年二月，釋奠先師孔子。
- 道光二年正月，命琦善恭修孔林；三年二月，上詣文廟釋奠先師孔子，臨辟雍講學；九年二月，釋奠先師孔子，以平定回疆告成太學；十六年七月，諭令更正三教廟；二十三年八月，諭曲阜縣先師林廟祭祀宜恪恭將事。
- 咸豐二年二月，祭先師孔子，遣協辦大學士杜受田行禮；三年二月，祭先師孔子，上親詣行禮。八月，祭先師孔子，遣協辦大學士賈楨行禮；四年二月，祭先師孔子，遣大學士裕成行禮；五年二月，祭先師孔子，遣吏部尚書花沙納行禮。八月，祭先師孔子，遣兵部尚書周祖培行禮；六年二月，祭先師孔子，遣大學士賈楨行禮。八月，祭先師，遣工部尚書全慶行禮；七年二月，祭先師孔子，遣大學士彭蘊章行禮。三月，予先賢孔氏孟皮配享崇聖祠，先賢公孫僑從祀文廟。八月，祭先師孔子，遣大學士桂良行禮；八年二月，祭先師孔子，遣兵部尚書全慶行禮。八月，祭先師孔子，遣大學士賈楨行禮；十年二月，祭先師孔子，遣大學士瑞麟行禮。八月，詣先師孔子，遣協辦大學士周祖培行禮。十一月，上詣文廟拈香；十一年二月，祭先師孔子，遣禮部尚書倭什珲布行禮。十月，頒闕里文廟贊、太學各府州縣學匾額，遣官祭孔子闕里。

・同治元年二月，上詣至聖先師廟行禮；二年七月，以賊毀尼山聖廟，免孔祥珂、閻敬銘職；三年九月，詔修曲阜聖廟及各省學宮；四年五月，以東省逆氛肆擾，諭閻敬銘等防護孔子林廟。

・光緒元年正月，頒闕里文廟及京師太學各省府州縣學匾額；四年八月，祭先師孔子，遣載齡行禮；七年八月，祭先師孔子，遣靈桂行禮；八年二月，祭先師孔子，遣靈桂行禮；九年八月，祭先師孔子，遣靈桂行禮；十年二月，祭先師孔子，遣李鴻藻行禮。八月祭先師孔子，遣靈桂行禮；十一年二月，祭先師孔子，遣額勒和布行禮；十三年八月，祭先師孔子，遣福錕行禮；十四年二月，祭先師孔子，遣恩承行禮；十六年二月，祭先師孔子，遣福錕行禮；十七年二月，祭先師孔子，遣恩承行禮；十九年二月，祭先師孔子，遣徐桐行禮。八月祭先師孔子，遣麟書行禮；二十年八月，祭先師孔子，上親詣行禮。十一月，諭戶部行知兩江總督江蘇山東各巡撫確切履勘衍聖公田產；二十一年二月，祭先師孔子，遣熙敬行禮。八月，祭先師孔子，遣榮祿行禮；二十二年二月，祭先師孔子，遣徐桐行禮。八月，祭先師孔子，遣麟堂行禮；二十三年二月，祭先師孔子，遣榮祿行禮。八月，祭先師孔子，遣熙敬行禮；二十四年二月，祭先師孔子，遣榮祿行禮。七月，修曲阜文廟成；二十五年八月，祭先師孔子，遣敬信行禮；二十六年二月，祭先師孔子，遣敬信行禮；三十二年三月，諭學部以尊孔為教育宗旨宣示天下。四月，設國子丞總司文廟辟雝殿奉祀事宜。十一月，以「孔子至聖，德配天地，萬世師表」，升為大祀；三十三年二月，祭先師孔子上親詣行禮。八月，上親詣行禮。

附錄四　相關發表文章

太平天國運動後江蘇地區
先儒從祀文廟研究

中文摘要

　　太平天國運動時期江蘇地區處於太平軍的核心統治區域，由於戰爭和宗教信仰的原因，其地絕大部份文廟被焚毀。平定太平天國運動之後，清廷首先著力興修文廟，江蘇地區文廟也得以重修。江蘇地區先儒在這一時期得以從祀文廟，在春秋丁祭典禮時供士人觀瞻，成為官方教育士民的象徵符號。在外來勢力和內部動亂的衝擊下，清廷統治已然式微，妄圖通過文廟從祀這一象徵符號來達到維繫士人信仰之目的亦無從實現。

關鍵詞：太平天國運動；江蘇地區；先儒；從祀文廟

　　文廟即孔子廟，是中國古代祭祀孔子及儒家聖賢的場所。古時立學必奉祀孔子，所以文廟的特點是廟附於學，和國學、府（州）縣學聯為一體。文廟包括京師文廟和地方文廟，京師文廟即太學、國子監孔廟，是古代官方祭祀孔子及其弟子和後世大儒的場所。地方文廟以辦學為宗旨，是集教育與祭祀為一體的國家行政教育場所和祭祀場所。從唐代開始，隨著學廟制度逐漸完善，文廟中的祭孔制度逐步完善，屬於文廟祭祀體系的文廟從祀制亦漸趨健全。

　　在傳統中國，歷代統治者對文廟從祀之事都非常重視。滿族統治者入關

後，對文廟從祀制度顯示了比前代更大的熱情。順治二年（1645），清廷爲孔子上尊號「大成至聖文宣先師孔子」，文廟大成殿中以「四聖」和「十哲」配饗，以先賢六十九人和先儒二十八人從祀兩廡。於康熙五十一年（1712）和乾隆三年（1738）朱子和有子升躋哲位。[1] 嘉道以降，清廷對文廟從祀典禮愈加重視，從祀名儒活動更爲頻繁，自道光二年劉宗周從祀，迄宣統三年劉因從祀，從祀者有三十一位之多。文廟設立，是爲了彰顯國家對孔子之道的尊崇。文廟從祀，則是爲了把孔子弟子及後世儒家聖賢引入其中，體現儒家道統的延續。晚清時期清廷進行如此頻繁的從祀活動，無非是企圖通過道統重建來挽救日趨衰危的政局。

經歷太平天國運動，清廷苦心經營的道統遭到嚴重衝擊，太平軍直斥滿清政府統治的文化基礎儒經爲「妖書」，凡行軍所至，「先毀廟宇」[2] (p.232)。平定太平天國運動之後，清廷首先著力興修文廟，江蘇地區文廟多在此期間得以重修。除了興修文廟，清廷還新增許多從祀文廟者，屬於江蘇地區的有先儒陸世儀。他躋身孔庭後，便可以在春秋丁祭典禮時供士人觀瞻，從而成爲江蘇地區官方教育士民的象徵符號。

一、太平天國運動後江蘇地區文廟之命運

清初改明朝南直隸爲江南省，治江寧和安徽省。康熙六年（1667），將江蘇、安徽各自獨立劃爲二省。江蘇省取江寧府、蘇州府之首字得名，包含了八府（江寧、蘇州、松江、常州、鎮江、揚州、淮安、徐州），三個直隸州（通、海、太倉），乾隆三十二年（1767），又增置海門廳。[3] 本文所指的江蘇地區特指以上八府、三直隸州、海門一廳及其周邊地區。

太平天國運動時期，江蘇地區是起義軍與清軍戰爭的膠著地，在太平軍佔領期間，其地文廟幾乎無一幸免。江寧府學在明代時爲國子監，清初改爲府學。咸豐三年（1853），太平軍始入城，即「首先毀之」。[4] (p.1) 上元、江寧兩縣縣學在明代時爲應天府學，清初改爲縣學，咸豐年間，太平天國建都南京，縣學亦毀於戰火。蘇州府學文廟創始於宋代，歷代間有修整，道光二十一年（1841）大修，「紳士董國華偕諸同人募資修大成殿，重建明倫堂，郡人汪正董其役，逾年而告竣。」但於「咸豐十年毀」[5] (p.776)，「大成殿棟樑僅有存焉」[5] (p.798)。上海文廟創建於元代元貞元年（1295），至明清時期行制漸行完善。咸豐三年（1853）春，太平軍進軍江南時，小刀會響應，佔領上海縣

城，學宮「殿閣堂祠皆毀」[6](p.5)。咸豐五年（1855）清兵收復城池，重建文廟，咸豐十年（1860），太平天國大軍壓境，地方官請英法軍隊進城協防，駐兵文廟，至同治三年（1864）外兵撤出時，文廟「損毀大半」[6](p.8)。

　　起義軍損毀文廟，猛烈衝擊了文廟所代表的象徵權威，動搖和破壞了清政府的正常統治秩序。清廷官員對此深表憂慮，在鎮壓太平天國運動後不久，江西道監察御史汪朝棨上奏請求興建江寧等府州縣學宮，認為「學宮為風化之原」，它的興建「有裨於國家」。因為學宮一旦創建，學宮中士人即可在教官的教導下，「心思有所凝聚約束，而不敢侈然自放於規矩之外」。即使普通民眾，「亦聞風觀感而潛消其犯上作亂之心」。但是背負禮儀教化功能的各州縣學宮卻已經「大半被賊焚毀，有片瓦無存，僅剩地址者有被毀半壁」，此種惡劣狀況造成了士子不務正業，「藉口謀食投效軍營及干與地方公事，冀圖薪水兼謀保舉於聖賢，修身為學工夫久置不講」。[7]因此，興修學宮迫在眉睫，是攸關清廷文教振興、淳風厚俗的大事。

　　清廷官員深知重建文廟象徵權威的重要性，因此在戰爭甫結束，就不惜重金興修文廟。同治四年（1865），兩江總督李鴻章改明朝天宮舊址為江寧府學，「因運瀆為泮池，崇宏似宮闕，僅建欞星門、戟門、大成殿兩廡也」。曾國藩再督兩江時，「改泮池陶黃瓦，建崇聖殿、敬一亭」，使江寧文廟制度漸備，延請師儒教授諸生樂舞，江寧祭孔禮儀「彬然煥然，甲於各直省」。[4](p.1)

　　同治三年（1864），李鴻章淮軍在英法聯軍的協助下攻佔蘇州，重建蘇州文廟，至同治七年（1868）告竣。春秋祭孔禮儀仍因長年廢棄而殘缺不全，「執事不備，官簠簋尊罍之具缺。其數琴瑟、鐘磬、簫管、柷敔陳而不能作，羽龠廢而不復用」。巡撫丁日昌「為之蹙然」，認為宮庠是供士大夫按時瞻仰之地，可起「景賢希聖」之效，禮儀不備不足以彰鉅典，會動搖「風俗人心之本」，因此「集府縣學諸生百有餘人，習禮容，遴滬城，舞生教之舞」，「於仲秋上丁將事禮儀既備，鐘鼓既飭，登降有度，駿奔走在廟肅肅乎，雝雝乎，有可觀焉。」[5](p.798)

　　咸豐五年（1855），清兵擊退小刀會，收復上海城池後，由當地官紳重建文廟。將文廟遷往前明海防道署舊址，新置文廟神牌和祭祀所用禮器。同治二年（1863），淮軍與英法聯軍迫使天平軍放棄上海，在西兵撤離後，巡道丁日昌、署知縣王宗濂「修葺廟廡各祠及明倫堂學門等處」，使得文廟「內外一

新」。同治五年（1866），蘇松太倉道應寶時「復撥款添備祭器、增置樂舞並擴月臺」。[6] (p.8) 應寶時《重修上海縣學記》強調文廟在風俗人心教化中的重要作用：「上海夙稱財藪，爰起戎心，二十年間，三遭兵燹。諸生以爲利利耶，利害耶。苟知利之爲害，當思義之爲利，思義之爲利，則必人人親其親，長其長，家絃歌而戶禮樂，相規相勸以求踐乎。聖賢之途，使異域殊方皆向風慕義，謀閉而不興盜竊，亂賊而不作，是即學之大效而義之大利也。」[6] (p.9)

太平天國運動之後江蘇地區文廟之命運表現出跟前代不同的新特點，主要有下幾點：

第一，太平天國運動之後，隨著江蘇文廟修建完成，上丁祭祀逐漸恢復。同時廟丁祭表現出明顯的區域差異，府與府之間和府與縣之間的差異。例如，揚州府文廟「自燹後每值上丁釋菜，主祭官唯祀以太牢，拜跪雍容，屢進旅退而已，其於禮器樂器久付闕如」[8]，丁祭禮樂遲至光緒二十年（1894）才基本規復。江寧府學文廟祭祀在同治十一年（1872）秋已經「用樂」[4] (p.1)。江寧府學文廟禮樂祭祀延請專人教授，歷時四個月「能嫻熟」[4] (p.1)，而江寧縣學文廟至光緒年間仍沒有禮樂祭祀。之所以有此種差異，主要原因在於清政府困於財力，無力在各府州縣健全文廟祭祀體系。

第二，江蘇地區文廟在中西文化衝突遭遇前所未有的危機。太平天國運動後，江蘇文廟幾乎盡毀。太平天國崇拜惟一眞神上帝，與儒家信奉的孔聖相牴觸。太平軍所陷之處，「凡學宮正殿、兩廡木主亦俱毀棄殆盡，任意作踐。或堆軍火，或爲馬廄。江寧學宮則改爲宰夫衙，以璧水圜橋之地爲椎牛屠狗之場」。[9] (pp.326～327) [2] (p.232)。太平軍妄圖以宗教方式改變儒學，反而將全國儒生推到了自己的對立面，使之與清廷合作，共同捍衛傳統文化和清政府統治。爲了應付危機，清政府在文廟從祀上耗盡心機，企圖以此重拾信仰。因爲長時間遭受兵災，江蘇地區文廟修復需要一段時間，丁祭所需禮器以及侑舞等儀式也不是短時期內可以恢復，因此，江蘇地區文廟丁祭實際上在太平天國平復之後很長時期都沒有完全規復前型。[註1] 形式尚且如此，企圖以丁祭本地區從祀先儒達到「景賢希聖之效」便更顯困難。

〔註 1〕「文廟兵燹後每值上丁釋菜，主祭官唯祀以太牢，拜跪雍容，屢進旅退而已，其於禮器樂器久付闕如。執事諸生從未見前朝制度，邇者在郡搢紳世族，以事關鉅典，不可不規復前型。」見《古樂重興》，《申報》1894 年 3月 8 日。

二、太平天國運動後江蘇地區先儒從祀文廟

　　經歷太平天國運動，中國古代社會長期建立起來的孔聖象徵權威遭受前所未有的危機，很難再像過去一樣發揮對士人乃至普通民眾的精神統攝效能。為應對危機，清廷重修文廟、完善文廟形制，更在文廟從祀制度上苦心經營。清廷不斷增加文廟從祀人選，咸豐年間，「增祀李綱、韓琦、公明儀、公孫僑、陸秀夫、曹端」[4] (p.1)。道光三十年（1850）十二月，福建巡撫徐繼畬在請祀李綱時，稱其「經綸彌天壤，忠義貫日月……純忠亮節，皎然不磨」[10]，咸豐帝諭准韓琦從祀文廟，稱其「生平學問經濟原本忠孝」，「宜膺懋典，俾列宮牆」，從而「勵忠誠而崇實學」。[11] (p.1892) 咸豐八年（1858）十二月，以宋丞相陸秀夫從祀文廟，稱其「精研理學，品誼端純，立朝後事君盡禮，雖當軍旅之時，猶日書《大學章句》進講，及其成仁取義，大節凜然，亮節孤忠，光昭史冊」，因此「宜膺茂典，俾列宮牆……以獎忠義而激儒頑」[12] (p.8)。

　　陸秀夫，江蘇鹽城縣人，咸豐八年（1858），江蘇巡撫趙德轍奏請從祀，稱：「陸丞相秀夫精研性理，素篤忠貞，初闢幕僚，已著澄清之志，繼登樞密，益彰輔弼之才。進講書《大學十章》，無間軍旅，正偽《跋孝經》一冊，有裨儒林。可寄命、可託孤，不可奪節，能正心、能誠意，即能致身。洵堪羽翼聖經、維持名教」。[13] 趙德轍在闡述他「羽翼聖經」之外，格外強調其「素篤忠貞」之氣節，這與當時所處的戰爭環境密切相關。在太時代危局形勢中，為忠君忠義名臣請祀，成功率較大。禮部尚書肅順在議奏是否准允陸秀夫從祀時，認為他能「正名定位，明春秋之大統」，「即使聖人復起，亦許進之門牆」，「況以盛世教忠，尤當隆其俎豆」。[13] 由此，肅順將清廷同意陸秀夫從祀文廟的背後意蘊展露無遺。

　　陸秀夫從祀，還與清廷試圖改變江蘇地區自宋朝以來的文弱之風有關。魏源曾說道：「江南之蘇松太倉，浙江之杭嘉湖，應試武童每不及額。文試則每邑千百，以貴文賤武之俗，而望其高氣尚力乎！」又云：「提鎮撫標，名食糧而身倚市，出應伍而歸刺繡，尚望其披堅執銳乎？聞徵調則闔門啼泣，推餉求代，而望其長驅敵愾乎？」[14] (p.167) 咸豐年間，江蘇地區是太平天國統治的心臟地區，清廷從祀江蘇歷史名臣，企圖激發江蘇地區崇武之氣，做到「精忠報君」。

　　咸豐年間，清廷新增從祀文廟 6 人，[註2] [③] 各省不斷為本地先儒請祀，

────────────

〔註 2〕 [③] 李俊領在《禮儀制度與近代中國政治》中講道：「從咸豐元年到咸豐十年，

統治者感到「稍茲冒濫」，應當嚴格從祀以「端本正源」，[15] 咸豐十年的文廟從祀章程曾規定從祀文廟「應以闡明聖學、傳授道統爲斷」，「嗣後除著書立說，羽翼經傳，眞能實踐躬行者，准臚列，專實奏請從祀外，其餘忠義激烈者入昭忠祠，言行端方者入鄉賢祠，以道事君澤及民庶者入名宦祠，概不得濫請從祀聖廟，其名宦賢輔已經配饗歷代帝王廟者，亦毋庸再請從祀，以示區別」。[11] (p.1893) 此後，禮部不斷以此規定爲依據駁斥各省請祀之事，如宋儒黃震、元儒劉因、明儒呂維祺等先後遭議駁。[15] 清廷敏銳認知到文廟從祀事關道統傳承，關係到道統對社會之統儷力，直接攸關政局穩固與否，因此，不得不嚴格文廟從祀章程。

在文廟從祀章程極爲嚴格的情況下，江蘇地區先儒陸世儀於光緒元年（1875）「從祀聖廟」。[11] (p.1894) 最後能夠從祀成功，並不是一蹴而就，而是經歷了一個過程。同治年間，太倉官紳爲抬高陸世儀，在各方面作了努力，刊刻陸世儀著作，在書院中奉祀和舉行祭祀活動等。同治九年（1870），太倉知州蒯德模捐資，在安道書院刊刻《桴亭先生文鈔》，稱讚：「婁東爲人文淵藪，宋元而降，代有聞人。前明嘉隆之際，東南壇坫，海內之士，首屈指婁東至西銘張氏之復社而極矣。而當時陸、陳、江、盛四先生講道於荒江寂寞之濱，閉戶潛修，一洗靡麗聲華之習，而正學復明於世。其流風餘韻，予嘗慨焉慕之。」[16] 葉裕仁稱讚：「吾鄉陸、陳、江、盛四先生崛起於荒江寂寞之濱，慨然以斯道爲己任，其學以居敬爲本，……躬行實踐……，明體達用，非空談性命而已。」[17] 同治年間，太倉凌錫祺編纂《尊道先生年譜》，孫壽祺爲之作跋，稱：「桴亭先生爲吾婁儒宗，……以先生與孫、黃、李三先生並推矣。」[18]

同治年間，知州蒯德模、吳承潞重修被戰爭毀壞的書院，並在書院中奉祀本地鄉賢。安道書院建於康熙二十五年（1686），由湯斌以安道先生陳瑚故居改建而成，後久廢。同治八年（1869），太倉知州蒯德模改建於南園 [19] (p.21)，增祀「陳、陸、江、盛四先生及顧士璉」，每年春秋祭祀。[20] (p.4) 蒯德模還籌劃興建尊道書院，後因「去任不果」[16]，同治十二年（1873），太倉知州吳承

文廟從祀者增加了 7 位」，見李俊領：《禮儀制度與近代中國政治》，首都師範大學博士學位論文，2010 年，第 155、166 頁。根據《清代先賢先儒從祀孔廟表》（《國光雜誌》1935 年第 8 期》），《孔子故里聖蹟》（齊魯書社 1992 年版），《續纂江寧府志》卷五（清光緒七年刻本）記載，咸豐年間增加了 6 位從祀者。

潞承其志，在呂祖師廟舊址上改建尊道書院〔註3〕，並「移安道書院肄業生童於此」[19] (p.23)。呂祖師廟是邑人於嘉慶年間在海門橋南桴亭遺址上建立的，咸豐十年（1860）毀於戰爭。它的存在使桴亭的象徵作用長期被埋沒，吳承潞將其改建爲尊道書院，不僅僅是一所建築的改變，背後蘊含著官方擴大桴亭學說影響，以正統儒家學說培養教化士人的深刻意涵。關於書院的教化作用，戶華爲認爲：「處於官僚教育體制邊緣位置的書院兼有國家與地方雙重意味，其特殊的功能使其成爲溝通國家教育與社會教化的中介場所。在保持與正統觀念基本一致的前提下，書院的運作方式存在一定的張力，能夠作爲地方知識階層實施教化、樹立區域偶像的載體。」[21]

如果先儒僅在本地區崇祀，影響力有限。要想將先儒推至全國，行之有效的辦法就是從祀文廟。隨著陸世儀著作的相繼刊刻以及在書院影響的擴大，太倉士紳認爲爲其請祀的條件已經成熟。同治十三年（1874），太倉紳士孫壽祺、知州吳承潞出面，轉請江蘇巡撫張樹聲代爲呈請。孫壽祺稱：「本州先儒陸世儀篤志聖賢、紹承絕學，海內稱爲桴亭先生。其學以居敬窮理爲宗，躬行實踐爲敬，體用兼賅，本末條貫」。張樹聲補充說：「陸世儀當明季異學爭鳴之日，堅苦深造，獨闢榛蕪，隱然以繼往開來自任。生平願學朱子，研之精而守之力，用是承學之士。黜浮崇實，正道昌明，至另垂數百年。當日廓清擔荷之功，論者咸謂與平湖陸隴其、桐鄉張履祥同爲昭代眞儒」，陸隴其和張履祥分別於雍正二年（1724）和同治十年（1871）從祀文廟，陸世儀也應「配祀宮牆」，以「維持世教」。[22] 禮部奏議後，光緒元年（1875），批准陸世儀從祀，位列西廡明儒黃道周之次。

陸世儀治學強調經世致用，不空談性命，陸世儀的從祀，顯示出清廷對實用性人才的重視。此外，還是最高統治者對晚清經世理學發展的肯定，表明經世理學的發展有了理論和事實依據。同治八年（1869），曾國藩在《勸學篇示直隸士子》中提出爲學有四術，即義理、考據、辭章、經濟，[23] (p.442) 在這裡，義理和經濟不再是對立的，而是內在的統一於理學內涵之中。經世理學相比原來較爲虛的理學更有現實指導性意義。曾國藩即以經世理學爲理論指導創建和領導湘軍，並以力挽狂瀾，成就清政府「同治中興」。曾國藩稱陸世儀之學「博大精微，體用兼該」[24] (p.166)，陸世儀從祀文廟，是經世理學的延續和發展，可以激勵士人在講學之餘時更注重「躬行實踐」。唐受祺在北京和蘇州分別刊刻《陸

〔註3〕陸世儀：字道威，私諡尊道先生，尊道書院即是爲了紀念陸世儀而建。

桴亭先生遺書二十二種》〔註4〕，稱陸世儀之學，無所無包，「自天文、地理、禮樂、農桑、井田、學校、封建、郡縣，以至河渠、貢賦、戰陣、刑法、鄉飲、賓射、祭祀、喪紀，無不源流畢貫。」[25] 後世之學者應當「虛其心，平其氣，學先生之所學。去其好高鶩外，角逐名利之私，而務以維持名教，講求實用爲事」，「由治己以至於治人，由治家國以至於治天下。俾天下知儒者之道，必明於體，達於用，而後有以應萬變而不窮也，此則人心世道之事也」。如此，陸世儀影響力就不僅局限於江蘇一地，更擴展至京師乃至全國，對提升江蘇地區文化影響力大有俾益，這是太倉官紳熱衷於請祀陸世儀的又一深意。

三、江蘇地區先儒從祀文廟的歷史影響

傳統中國，歷代統治者對從祀之事都非常重視，儒生更將從祀孔庭作爲人生至高目標。文天祥少時入學宮，瞻仰歐陽修像，「欣然慕之」，曰：「沒不俎豆其間，非夫也」。湯斌年少時，「見丁祭犧牲」，語人曰：「不吃此豬頭，使不值錢。」儒生一但從祀成功，「不但及其本身，且上及其親，孔顏無論矣，祀周子因及其父輔成，……祀朱子因及其父松，孝亦莫有大於是矣」。[26] 晚清時期，儘管文廟從祀之作用已大不如前，但科舉制度只要存在，從祀文廟對士人仍極具吸引力。他們相信「從祀大典，乃乾坤第一大事」，「直至清亡之前此種意念仍然縈繞在讀書人的腦海裏，一位自號『夢醒子』的文人竟還說道『人至沒世而莫能分食一塊冷肉於孔廟，則爲虛生』」。[27] (p.246)

太平天國運動之後，隨著文廟學宮的修建以及祭祀禮儀的日漸完備，江蘇地區文廟丁祭儀式頗爲盛大，「初七日爲仲春上丁之日，蘇城府學暨長元學吳縣學，凡禮器樂器莫不修明具備。廟中各執事俱傳本學生員分別當差，一切儀節尤爲素所嫻習。……是日府學由撫憲親自主祭，藩臬道府及教職佐均

〔註4〕陸桴亭在太倉受到當地人的普遍崇拜，但是其著述散失很多，尤其是太平天國起義之後，其遺著就更加難尋。唐受祺有感於此，遍訪陸氏遺書。得《陸桴亭先生文集》五卷，《思辨錄輯要》三十五卷，《桴亭先生詩文鈔》十四卷，《論學酬答》四卷，《志學錄》(鈔本) 一卷，《婁東雜著》中陸世儀遺著八種，蘇州坊刻本《治鄉三約》、《制科議》、《家祭禮》三種。後從葉裕仁處鈔得《虛齋格致傳補注》一卷，《八陣發明》□卷，《甲申臆議》一卷，《常平權法》一卷，又從陳瑚《淮雲問答》中輯桴亭先生緒言，張伯行刊《諸儒講義》中輯桴亭先生講義十二首編爲《淮雲問答》、《四書講義輯存》各一卷，共二十二種。見唐受祺：《桴亭先生遺書敘》和《桴亭先生遺書後敘》，《陸桴亭先生遺書二十二種》，京師唐受祺清光緒二十五年刻本。

往陪祭，縣學則各以本縣主祭，太學學官陪祭云。」盛大的儀式可以使得「觀於此者，益見聖德之光輝與人文之薈萃」。[28]從心理學角度看，人們容易對周圍熟悉的人或事物產生感情。因此，江蘇地區本地先儒從祀文廟，更可以從情感上拉近與本地區士人的距離，這種情感可以通過盛大的丁祭儀式傳達給觀瞻之人，使他們產生「慕賢」心理，進而達到維護地方統治秩序的效能。

　　但在晚清這一特殊歷史條件下，文廟丁祭所起的效果卻往往事與願違。同治年間，丁日昌任江蘇巡撫時，興修學宮，恢復春秋丁祭儀式，「司獻爵獻帛諸儀，亦皆彬彬有度」。然而，儀式背後的神聖性光芒正在褪去，無法統攝民眾信仰。《申報》記載了光緒二年（1876）江蘇文廟丁祭儀式：

> 雖從前所選取之佾生，近已陸續入泮，新選者不過十數歲耳，間有未及十歲者，或亦蹌濟從事。故童心尚在，每遇通贊者一聲撤饌，頓時俎豆一空，此雖得廢撤不遲之意，或不免太形急遽歟，無可笑者。俗傳祭聖之殘燭，苟遇婦女難產，爇之則易於催生。此原無稽之言，而人皆深信不疑，視爲至寶。猶世稱請新狀元在殿廷書楹帖一聯，歸而懸於帳內，則必得仕見，同一笑談也。今春吳中丁祭，拔獵燭頭者，更甚於疇昔。按大成殿正筵例，用繪龍雙燭，五色俱備，亦形鮮豔，是以吳學當祭禮甫畢，諸生使紛紛搶燭，甚至因此爭奪，闔室喧呶。雖經校官及師儒等連聲呵譴，而勢已不可遏止，頃刻之間，殿上燈燭盡滅，一如漆室。但當此黑夜之間，大殿上人數既多，而見無一火，非特往來者撞碰，即几筵所設之食品□中，亦無從收拾。惟聞各人皆吃吃笑，不止此，毋乃於禮貌又歉歟。又據寧波來信稱，初四夜丁祭時，微風拂拂，明星在天，殿上運燭輝煌，凡琴瑟鼎□豆籩之類，羅列几筵。更有佾生三十六人排班鵠立，對舞於庭，其餘司事諸生俱雀頂藍衫如儀。值事各官，均朝服補褂，挨次祭奠，明禮始畢，各分牛一臠，羊一蹄，豕一肋而去。蓋自兵燹後，久未見此盛儀也。[29]

原本盛大莊重的丁祭儀式已然成爲鬧劇，在祭壇上享受祭祀的文廟從祀者們的象徵作用更無從談起。江蘇官紳對此深表憂慮，但除了隆重祭祀儀式外，並無實質解決辦法。爲何文廟祭祀曠典在晚清時期會成爲「鬧劇」？究其原因，除了遭受兵災，文廟祭禮難以一時恢復外，更重要的在於文廟祭祀的神

聖性因缺乏現實關懷而與民眾有一定的距離。文廟祭祀在傳統中國屬於國家祀典，主祭者一般是地方最高行政長官，即便是陪祭者，也是要有一定威望的儒生，普通民眾難以企及。因此，士民寧願相信「祭聖之殘燭」的現實效用，而不會在意祭祀的背後意蘊。清廷道統如此衰落，治統也就難以維持久遠。因此，晚清時期，清政府統治效能下降，無論塑造儒學偶像，抑或舉行盛大的祭祀儀式，都已無力挽救日益衰落的政局。

參考文獻

〔1〕 趙爾巽，清史稿〔M〕，卷八十四志第五十九，禮志三·吉禮三·先師孔子條，北京：中華書局，1977。

〔2〕 曾國藩，討粵匪檄〔A〕，曾國藩全集·詩文〔C〕，長沙：嶽麓書社，1994。

〔3〕 李長傳，江蘇省地志〔Z〕，第一編，民國25年鉛印本。

〔4〕 蔣啟勳，續纂江寧府志〔Z〕，卷五學校，清光緒七年刻本。

〔5〕 馮桂芬，同治蘇州府志〔Z〕，卷二十五學校一，清光緒九年刊本。

〔6〕 應寶時，同治上海縣志〔Z〕，卷九學校，清同治十年本。

〔7〕 江西道監察御史汪朝榮奏為江南江寧等府州縣學宮請飭興建事〔Z〕，同治四年二月二十五日，軍機處錄副奏摺，檔號 03-4986-024，中國第一歷史檔案館。

〔8〕 古樂重興〔N〕，申報，1894-3-08。

〔9〕 中國史學會，太平天國〔Z〕，第三冊，上海人民出版社，2000。

〔10〕 徐繼畬，奏為宋丞相李綱昌明正學、扶持名教，請從祀文廟事〔Z〕，道光三十年十二月二十二日，宮中朱批奏摺，檔號 04-01-14-0066-025，中國第一歷史檔案館。

〔11〕 劉錦藻，清續文獻通考〔M〕，卷九十八學校考五，民國景十通本。

〔12〕 劉崇照，光緒鹽城縣志〔M〕，卷五學校，清光緒二十一年刻本。

〔13〕 禮部尚書肅順等，奏為遵議是否准宋儒陸秀夫從祀文廟事〔M〕，咸豐八年十二月初六日，軍機處錄副奏摺，檔號 03-4176-052，中國第一歷史檔案館。

〔14〕 楊念群，儒學地域化的近代形態 —— 三大知識群體互動的比較研究〔M〕，北京：生活·讀書·新知三聯書店，1997。

〔15〕 掌江南道監察御史劉毓楠，奏為祔祀兩廡新章，稍未允協，請飭交妥行核議事〔M〕，同治二年二月二十六日，軍機處錄副奏摺，檔號 03-4673-008，中國第一歷史檔案館。

〔16〕蒯德模，陸陳二先生文鈔〔M〕，陸陳二先生文鈔序，合肥蒯德模，清
　　　同治九年刻本，

〔17〕葉裕仁，陸陳二先生文鈔〔M〕，陸陳二先生文鈔後序，合肥蒯德模，
　　　清同治九年刻本，

〔18〕孫壽祺，尊道先生年譜〔A〕，尊道先生年譜跋，陸桴亭先生遺書二十
　　　二種〔C〕，清光緒二十五年刻本。

〔19〕光緒太倉直隸州志〔Z〕，卷十二學校下，清光緒間稿本。

〔20〕王祖佘，鎮洋縣志〔Z〕卷二營建，民國 7 年刻本。

〔21〕戶華爲，從布衣寒士到孔門聖賢——張履祥「由凡入聖」的塑造歷程
　　　〔J〕，清史研究，2005，(1)。

〔22〕張樹聲，奏爲太倉州先儒陸世儀闡明聖學，望實交孚籲請從祀文廟事
　　　〔Z〕，同治十三年四月二十六日，宮中朱批奏摺，檔號
　　　04-01-14-0075-100，中國第一歷史檔案館。

〔23〕曾國藩，勸學篇示直隸士子〔A〕，曾國藩全集·詩文〔C〕，長沙：嶽
　　　麓書社，1994。

〔24〕曾國藩，書學案小識後〔A〕，曾國藩全集·詩文〔C〕，長沙：嶽麓書
　　　社，1994。

〔25〕唐受祺，陸桴亭先生遺書〔M〕，桴亭先生遺書敘，京師唐受祺，清光
　　　緒二十五年刻本。

〔26〕趙子林，清代先賢先儒從祀孔廟表〔J〕，國光雜誌，1935，(8)。

〔27〕黃進興，優入聖域：權利、信仰與正當性〔M〕，北京：中華書局，2010。

〔28〕丁祭整肅〔N〕，申報，1878-3-13。

〔29〕丁祭類記〔N〕，申報，1876-3-07。

原文發表於《學術論壇》2011 年第 7 期，現略有改動。

理學經世名儒・新學變法先驅——
甲午戰爭前後湖湘士人與船山形象建構

中文摘要

　　晚清時期，明末清初湖南學者王船山的學說，得到了廣泛而持續的傳播，它從不為人知到影響漸大並擴至全國。在這一過程中，船山形象經歷了理學經世名儒到新學變法先驅的轉換。這樣的轉換並非是單純的學術問題，還具有更多的文化象徵意義。涉及到晚清時期湖湘士人希圖藉其以扶持名教、砥礪世風問題，涉及到湘人用以提高湖湘文化地位和增強文化自信問題以及甲午戰爭特殊歷史場景下民主觀念和民族主義的興起和發展。文章試圖通過份析甲午戰爭前後船山形象的變遷來透視上述問題，並反映晚清政治和社會文化的變遷。

關鍵詞：船山，理學經世，新學變法，甲午戰爭，湖湘士人

　　晚清時期，明末清初湖南學者王船山 [註1] 的學說，得到了廣泛而持續的傳播，自道光之際鄧顯鶴編輯刊刻《船山遺書》、同治年間曾國藩兄弟開鉅資重刻《船山遺書》到清光緒三十四年船山從祀文廟，船山學說從不為人知到影響漸大並擴至全國。

〔註 1〕王船山：即王夫之，字而農，一號薑齋，湖南衡陽人，因晚年隱居於湘西之石船山，學者稱為船山先生。

　　王闓運在《邘江王氏族譜序》中敘述了船山學說被湖湘士人挖掘和傳播的歷程：

　　　　船山祖籍維揚，本勳華世胄，遭明社鼎沸，避世隱居，鄉人無聞知者。至道光時，始得鄧南村表彰之，……而船山始顯。江南人士好博通，見而信好之，以匹顧亭林。曾文正夙喜顧學，以薑齋多新説，甚為稱揚。其弟國荃亦喜誦之，尤以未盡刻為憾。會兵興，湘潭刻板散失，而國荃克江南，文正督兩江。國荃出兩萬金，開局金陵，盡搜船山遺書，除有避忌者，悉刻之，於是王學大行。

　　　　郭嵩燾尤好之，建思賢講舍於省城，祀船山，又請於朝，謂宜從祀文廟，議格不行。及入為兵部侍郎，再請之，禮部依例行文，衡陽始祀之鄉賢，繼則從祀孔子。而先是，衡陽令張憲和已創立船山書院，彭剛直又改建書院於東洲，俱祀船山。凡論種族者皆依託船山。[1]（pp.394～395）

船山之學作為歷史資源，在晚清時期被湖湘士人重新挖掘，並賦予新的時代內涵。從船山之學被湖湘士人挖掘之始，船山就不再是歷史上的船山，被多次闡釋和改造。以甲午戰爭為界標，船山形象開始發生微妙變化，正如王闓運《邘江王氏族譜序》所記載，甲午戰前，船山主要以湖南鄉賢、理學名儒形象存在，甲午戰後，被塑造成民族理論支持者。實際上，船山形象還有其它面向，成為譚嗣同等人變法理論的源泉和支柱。

　　王船山從默默無聞到理學經世名儒，再到新學變法先驅，這些形象轉換，並非是單純的學術問題，還具有更多的文化象徵意義。涉及晚清時期湖湘士人希圖藉其以扶持名教、砥礪世風問題；涉及湘人用以提高湖湘文化地位和增強文化自信問題；還涉及甲午戰爭特殊歷史場景下民主觀念和民族主義的興起和發展。筆者將從甲午戰爭語境下湖湘士人第二次請祀王船山從祀文廟活動的文本分析入手，結合政治背景和歷史語境，分析甲午戰爭前後船山形象〔註2〕的轉變，進而透視晚清政治和社會文化的變遷。

一、理學經世名儒

　　光緒二十年（1894）甲午十月，甲午戰爭爆發已有四個月，數月間清軍

〔註2〕湖湘士人在發揚王船山學說時，根據各自的不同需要對其進行解讀和闡釋，船山也就被塑造成各類不同的形象，有時是理學名儒，有時是變法理論家，有時是民族主義者，筆者將其統稱為船山形象。

一敗塗地，黃海大戰中北洋水師遭受重創，遼東戰役中又失陷大連、旅順等〔註3〕。日軍仍步步緊逼，計劃進攻威海衛，情勢十分危急。在這樣的背景之下，兩湖士紳開始了第二次請祀船山從祀文廟的活動。這次請祀由兩湖書院肄業湖北優貢生王葆心、湖南廩生蔣鑫合詞請湖北學政代為呈請：

> 我朝崇儒重道，凡有功聖教未曾袚奪文廟者，歷經奏准從祀。而學行純備、博大淵微如衡陽王夫之，不登兩廡，實為闕典。……如此，與宋道學濂、洛、關、閩易世同稱。從周、程、朱遊者，類多升主配食，彬彬一堂。獨張弟子既鮮顯赫者，私淑又曠代無能。夫之乃能遠紹絕業，注《正蒙》數萬言，發明張子論仁之旨，以明人倫，以察庶物，而合於《西銘》所謂同胞同與者八百餘年，繼橫渠者夫之一人而已。[2]

這次請祀王船山活動，雖然由湖北學政出面，但是幕後主持者仍以湖南人為主〔註4〕。湖湘士人認為船山繼承了張載學說之續脈，而將其塑造成為發揚張載學說的理學名儒。官吏在請祀文廟時，往往要揣摩上意，使請祀對象符合朝廷所定標準。咸豐十年從祀文廟章程中有「凡請從祀文廟者，必以闡明聖學、傳授道統為斷」因此，這次請祀活動不僅著力塑造船山「理學名儒」形象，而且對於船山傳播理學的貢獻描述的更加細化和具體。「其尤邃者，如《大學衍》《中庸衍》，則宗朱子而黜異說，《周易內外傳》則斥附會而演真銓。《讀四書大全說》有申《集注》者，有補《集注》者，則極深研，幾以求合乎孔孟之道。至其注《禮記》數十萬言，幽以究民物之同原，顯以綱維萬事。」[2]

　　湖湘士人抓住在大危機背景下，國家亟需忠君救世之楷模，進一步塑造船山「經世之儒」形象：

〔註3〕「甲午之夏，東方事起。……自十月以來，海氛愈逼。……初十日，奉天之金州、大連灣相繼失陷，倭逼旅順，山東防益急。……二十五日，或謂倭人入於龍門港登岸，復令總兵孫萬齡率嵩武營往駐龍門港。是日，旅順失守。」姚錫光：《東方兵事紀略》，中國史學會主編：《中國近代史料叢刊・中日戰爭（一）》，上海人民出版社、上海書店出版社2000年版，第52～54頁。

〔註4〕湖北學政孔祥霖在奏請王夫之從祀文廟時，「除將船山遺書之尤精邃者二十七種，計一百九十八卷，咨送禮部備查外」，還會同當時任湖廣總督的湖南人譚繼洵「恭摺具陳」。《湖北學政臣孔祥霖跪奏為遺儒王夫之擬請從祀文廟事》，清朝軍機處錄副奏摺，檔號 03-7174-006，卷號 03-7174，北京：中國第一歷史檔案館藏。

又經世之書也。當時與黃宗羲、顧炎武同以經學開風氣之先，而夫之所著尤多且粹，其學問賅備也。……是以咸同之際，中興將帥半湘省，儒生其得力夫之遺書者唐多，……是夫之固前明之遺老，亦我朝之功臣，此其學術精純，經綸卓越，又有明驗者也。今海疆有事，異教潛興，補救之方，惟在培養人材，出膺艱巨則獎眞儒而昭崇報，使天下咸曉然於聖學之體用。故有如是之兼賅者，以正人心以扶士氣。當今急務，無過於此。[2]

他們認爲，在鎮壓太平天國之時，湘軍創立的「湘軍神話」，得力於對船山精神的傳揚。在「海疆有事，異教潛興」的危難之際，湖湘士人希望船山從祀文廟，成爲國家正統儒學偶像，以此薰染全國人心和士氣，鼓舞湘人再創「湘軍神話」。

湘軍素以曾國藩的經世理學治軍。他發展了桐城派「文以載道」的經世主張，將義理、考據、辭章的立意擴展爲義理、考據、辭章、經濟，[3] (p.442) 在這裡，義理和經濟不再是對立的，而是內在的統一於理學內涵之中。

曾國藩經世學的一個表現就是他對船山理學的發揚和傳播。同治四年（1865），時值湘軍剛攻克太平天國之首都天京，曾國藩兄弟即斥鉅資刻印船山著作，即《船山遺書》。曾國藩在《船山遺書》序中說：「船山先生注《正蒙》數萬言，注《禮記》數十萬言，幽以窮民物之同原，顯以綱維萬事，弭世亂於未形，其於古昔，明體達用，盈科後進之旨，往往近之。」還說：「先生歿後，巨儒迭興，或攻良知捷獲之說，或辨易圖之鑿，或詳考名物訓詁音韻、正《詩》集傳之疏，或修《三禮》時盲之儀，號爲卓絕。先生皆已發之於前，與後賢若合符契。」[4]

由於《船山遺書》的大量刊刻，使船山學說在湖南乃至各地廣泛流傳。湖湘士人，一時之間，紛紛以讀王氏之書，談王氏之學爲自豪，「王氏學初不甚顯，曾國藩刊其遺書三十餘種，湘人始知尊重」[5]，「於是王學大行」[1] (p.395)。隨著船山在湖湘影響的進一步擴大，從祀文廟之議正式提上日程。第一次請祀船山是在光緒二年（1876），由禮部侍郎郭嵩燾呈請，主要強調船山「扶翼聖教」的學行和「發強剛毅」的氣節，指出船山在湖南的地方影響力和湖南在周敦頤後從未有從祀文廟者。可見，湖湘士人塑造船山偶像來提高湖湘文化地位的意圖非常明顯。禮部侍郎徐桐疑心其「一鄉阿好」[5] 而加以駁斥。湖湘士人並沒有氣餒，反而繼續在地方上設祠供奉、祭祀船山，努力擴大船

山學說的影響。在甲午戰爭的特殊歷史條件下，湖湘士人認爲請船山從祀文廟的時機已成熟，於是才有了前述第二次請祀活動。

近代湖湘士人請船山從祀文廟，實際上是選擇其作爲可資利用的歷史資源。這根植於湖湘獨特的人文地理環境以及湖湘文化崇尚理學、尊崇理學經世的歷史傳統中。

第一，湖南獨特的人文地理環境。錢基博曾概括湘地人文地理：

> 湖南之爲省，北阻大江，南薄五嶺，西接黔蜀，群苗所萃，蓋四塞之國。其地水少而山多。重山疊嶺，灘河峻激，而舟車不易爲交通。頑石赭土，地質剛堅，而民性多流於倔強。以故風氣錮塞，常不爲中原人文所沾被。[7] (p.1)

湖南地處內陸，造成湘人堅忍的性格特徵。堅忍的民性又造成湖湘「崇尚實際，修身力行」[8] (p.549) 的學風，[註 5] 這就爲崇尚具有剛毅品格的先賢造就了良好的氛圍，王船山因此得以「忠孝友悌，遁世不誨，德行純全」[2] 的大儒被湖湘士人崇祀。

第二，湖南自宋明以來的理學傳統。自宋明以來湖南士人一直篤信程朱理學，被稱爲「理學之邦」。清廷入關之後，將程朱理學作爲官方統治學說，湖南理學繼續發揮維持禮教的功能，湖南先賢王船山因接續張載學說之續脈，在晚清被拉入理學正統序列中。

第三，道光以來湖湘經世理學的發展。道光以後尤其是鴉片戰爭之後，各種社會政治危機日益暴露，以解決危機、應對時局的經世致用之學應運而起。在甲午戰爭的背景下，國家更亟需忠君和文濤武略的有用之才，故而湖湘士人在第二次請祀船山活動中，著力塑造船山之理學經世名儒形象，並特別強調船山的氣節和船山論歷代兵事之書的內容。

湖湘士人試圖通過請船山從祀文廟，將地方偶像推向國家正統象徵體系，其原因決不是船山之學內在的叛逆成分得到了士人的認可，而是其經世思想「經過鄉賢傳統祀典的過濾之後，能夠有裨於事功治道」[6] (p.365)。一方

[註 5] 劉師培從地理角度對中國南北學派的差異進行了分析：「山國之地，地土磽瘠，阻於交通，故民之生其間者，崇尚實際，修身力行，有堅忍不拔之風。澤國之地，土壤膏腴，便於交通，故民之生其間者，崇尚虛無，活潑進取，有遺世特立之風。故學術互異，悉由民習之不同。」劉師培：《南北學派不同論・南北諸子學不同論》，《劉申叔遺書》，南京：江蘇古籍出版社 1997 年版，第 549 頁。

面，湖湘士人希圖借塑造船山理學名儒形象來扶持名教、砥礪世風；另一方面，希望將船山精神推廣至全國，凝聚全國力量來對抗因戰爭挫敗而產生的文化認同危機。最後，還希望借船山影響的擴大來提高湖湘文化在全國的地位。

二、新學變法先驅

船山形象隨著湖湘群體勢力的擴大而漸次放大，但在甲午戰爭失敗慘禍的震撼下，無論湖湘士人如何努力塑造其為「正學」楷模，希圖以船山理學經世精神凝聚力量，〔註6〕船山的「正學」形象已漸漸消褪。船山之學因其精神層面上的所謂「叛逆」成份很難被滿洲權貴認可，難以被從祀社會地位最高的文廟。恰恰是這種「叛逆」成份卻被另一部份湖湘士人挖掘，披上西學外衣，船山被塑造成一全新的形象，也就是具有濃厚西學色彩的民權理論建構者，代表人物就是譚嗣同。

1895 年，日本攻陷劉公島，繼而攻陷山海關外的牛莊、營口，清廷屈辱與日議和，簽訂《馬關條約》，割讓臺灣。譚嗣同對此局勢深感憂慮和悲憤，曾寫兩封長信，「一上其師歐陽瓣姜先生，一致其友貝元徵先生」，兩書均為「主變通，行西法，以應付時勢」[9] (p.15)。譚嗣同認為要救亡圖存，就不可守舊，而要「盡變西法」。首先必須要以「教育賢才為急務」，而教育賢才有要以學習「算學格致」為主。譚嗣同平日喜歡鑽研「算學」，曾擬在瀏陽設立算學館，但卻「崎阻百出」[10] (p.159)，於是他便寫萬言信給老師歐陽中鵠，「請廢經課，兼分南臺書院膏火，興算學格致」[10] (p.160)。歐陽中鵠將這封信「加批加跋，刻為《興算學議》，以當家喻戶曉」[11] (p.145)。

譚嗣同為尋求變法的理論支撐，直接從傳統中尋找歷史資源，於是找到了船山的「道不離器」理論，對之重新闡釋，使之為變法服務。譚嗣同對王船山及其學說的認識，也經歷了一個變化過程。甲午戰爭之前，與其它湖湘精英一樣，譚嗣同主要是將船山看作理學名儒。

這與他早年所受的教育和師友交往有關。譚嗣同五歲在北京師事著名學

〔註6〕戶華為在《船山崇祀與近代湖湘地方文化建構》中指出：王闓運多次提到自己參加祭祀船山的經歷，光緒二十二年，「始祭船山以鄉賢之禮，與此六年，今稍習矣」，光緒二十五年，「夜肆秋祭船山儀」。戶華為：《船山崇祀與近代湖湘地方文化建構》，《湖南大學學報》2003 年第 6 期。

者畢蓴齋，在其指導下讀《四書》，十歲時便跟隨歐陽中鵠〔註7〕讀書，在他的指導下，譚嗣同開始接觸船山學說。歐陽中鵠非常推崇王船山，研讀《船山遺書》，特別重視《俟解》一書，說：「船山遺書中《俟解》一卷，最為深切著明，可取為嚴師之對。中鵠……大懼嗜欲滔滔，無所底止，其尤稍能自克者，此書之力也！」又說：船山之說「常使人驚心動魄，若芒刺在背，不敢不有所忌憚者，則船山之言，有以扶植世教於無窮也。」〔12〕(p.29) 1889年，譚嗣同在京師結識同邑進士劉人熙，並開始跟隨劉人熙系統學習船山理論。〔註8〕劉人熙特別推崇王船山，認為船山能「闡鄒魯之宏旨，暢濂洛之精義，明漢唐之故訓，掃末學之秕糠」，楚人士稱之曰：「周子之後，一人而已；天下學士宗之曰：孟子之後，一人而已。」〔13〕(p.313)

在歐陽中鵠和劉人熙的影響下，譚嗣同推崇王船山，《三十自紀》中《張子正蒙參兩篇補注》和《王志》，〔14〕(p.56) 就是他私淑船山的著作。在劉人熙的指導下「肆力讀《四書訓義》」〔15〕(pp.138~139)，注重內省工夫，反省過去的浮誇之言：「嗣同早歲瞀瞀，不自揣量，喜談經世略，乃正其不能自治喜怒哀樂之見端，苟不自治，何暇治人？苟欲自治，又何暇言治人？」在此，譚嗣同將心性之學置於經世之學之上。另外，譚嗣同還學習王船山的《周易內外傳》，讚賞王船山的「精義之學」，講道：「宋儒以善談名理，稱為道學，或曰理學。理之與道，虛懸無薄，由是輒易為世詬病。王船山先生乃改稱精義之學，然不若六朝人目清談元旨為義學也。義學乎！義學乎！其斯為學者正名之宏軌乎？」〔16〕(p.122)

譚嗣同早期的船山理學研究，還受好友貝元徵的影響貝元徵是劉人熙的女婿，從劉人熙學習船山之學，譚嗣同稱讚「貝元徵之溫純，而又推元徵足醫嗣同之偏弊」〔15〕(p.138)。譚嗣同在三十歲之前的船山之學，主要是對船山心性理學的發揮。

甲午戰後，譚嗣同研究重點轉向西學，並以船山之學作為行西法的理論支撐。譚嗣同說，現今之亂世，「與衡陽王子所處不無少異」，個人雖然不能

〔註7〕歐陽中鵠（1849～1911），字品三，號節吾，又號瓣姜，湖南瀏陽人。
〔註8〕關於譚嗣同在北京結識劉人熙，並跟隨其學習船山學，譚訓聰在《清譚復生先生嗣同年譜》中有記載：「光緒十五年（1889），是年公在京師，識同邑進士劉公人熙（蔚盧），從遊問學，得聞永嘉學派之淵源，研究張橫渠、王船山先儒學理，時劉公任工部主事。」譚訓聰：《清譚復生先生嗣同年譜》（新編中國名人年譜集成第十一輯），臺灣商務印書館1980年版，第11頁。

力挽狂瀾，但仍應抱有變革社會之熱誠，即「隱尤當有所以隱。為天地立心，為生民立命，以續衡陽王子之續脈，使孔、孟、程、朱之傳不綴於地。」為此，就要做到治學合一，不能只是「著書立說」，而要「徵諸實事」[17] (pp.164~165)，即要為救亡圖存而行變法。

首先，譚嗣同與其老師歐陽中鵠都主張遷都，譚嗣同說「西遷之請，最為曲突徙薪之法」[17] (p.155)，歐陽中鵠極為贊成，舉實例論證「唐、宋以遷而存，明以不遷而亡」，並且說遷都的主張為「衡陽王先生論之詳矣」[17] (p.169)。

其次，譚嗣同提出了行西法的迫切性和可行性。面對列強侵略，民族危亡，中國的根本問題究竟在哪裏？振興中國的出路在何方？譚嗣同認為中國的根本問題不在於「道」，而在於器。譚嗣同借用王船山的「道不離器」理論，作為行西法的依據。衡陽王子曰：「無其器則無其道，無弓矢則無射之道，無車馬則無御之道，洪荒無揖讓之道，唐、虞無弔伐之道，漢、唐無今日之道，則今日無他年之道者多矣。」又曰：「道之可有而且無者多矣，故為無其器則無其道。」譚嗣同對此深表贊同：

> 今日所行之法，三代之法耶？周、孔之法耶？抑亦暴秦所變之弊法，又經兩千年之喪亂，為夷既變矣，道之且無者不能終無，道之可有者自須亟有也。……嗟乎！不變今之法，雖周、孔復起，必不能以今之法治今之天下，斷斷然矣。[17] (pp.160~161)

譚嗣同從王船山的器本論出發，形成了獨特的「器體道用」論，成為維新變法的基本理論依據。所謂「器」，即社會經濟、政治之大法，社會經濟政治之制度。譚嗣同的「道器論」由學術理論而訴諸社會制度變革之實踐，將船山之學與西方民主學說結合起來，認為船山早就有「興民權之微旨」[18] (p.464)，但是船山此說被遮蔽，而假託孔氏之專制學說卻大為盛行，才導致目前的衰微局面。要改變衰微局面，就必須革除弊政而行西政。要行西政，在當時專制條件下，就要有大無畏的精神，「即令付諸衡陽王子之《噩夢》，而萬無可為之時，斯益有一息尚存之責。縱然春蠶到死，猶復搗麝成塵。」[17] (p.164)

唐才常對於王船山「民主」思想闡釋良多，自稱「素服膺王船山之學說」，主講時務學堂時，「日以王船山、黃梨洲、顧亭林之言論，啓迪後進」，他還勉勵諸生「熟讀《黃書》、《噩夢》、《明夷待訪錄》、《日知錄》等書」[19] (p.273)，並與諸生共同研究學習，發揮其中的民主、民權之說。

這樣，時務學成為譚嗣同、唐才常等人以顧、黃、王三大儒學說為媒介

傳播民主思想的中心，梁啓超在《清代學術概論》中曾講到：

> 嗣同與黃遵憲、熊希齡等，設時務學堂於長沙，聘啓超主講席，
> 唐才常爲助教。……所言皆當時一派之民約論，又多言清代故實，
> 臚舉失政，盛倡革命。……時學生皆住舍，不與外通，堂內空氣日
> 日激變，外間莫或知之，及年假，諸生歸省，出札記示親友，全湘
> 大嘩。……又竊印《明夷待訪錄》《揚州十日記》等書，加以暗語，
> 秘密分佈，傳播革命思想，信奉者日眾，於是湖南新舊派大哄。[20]
> (pp.84～85)

將此引文與《唐才常烈士年譜》中有關唐才常鼓勵諸生閱讀顧、黃、王三大
儒著作的內容兩相對照，時務學堂私下所印之書應當有王船山的著作在內。
可能由於事務繁忙，梁啓超並無時間系統研讀王船山著作，正如他自己所說
「我讀船山書，都是壯飛教我」[21] (p.184)。但這並不影響他在時務學堂中對學
生傳授船山「民主」思想，時務學堂出身的許多學生，如蔡鍔、蔡鍾沈、秦
力山等後來走上了反滿革命之路，不能不說受到船山「民主」思想的影響。

　　隨著戊戌變法失敗，時務學堂被迫停辦，但是船山「民主」思想的種子
已經播撒在中華大地上，思想的光輝不會因爲某次運動的暫時失敗而隱卻光
芒，相反，在遇到合適的歷史機遇時會迸發更激烈的力量，正像梁啓超預言
的那樣「船山的復活，只怕還在今日以後哩」，王船山的民族主義被之後的革
命者繼續發揮，成爲反滿利刃。

結　語

　　湖湘士人選擇船山作爲文化偶像，蘊含了一種湖湘情結。楊念群曾指出，
湘人知識群體在晚清以前仍是一個「極爲籠統模糊的概念」，在咸同之際湘軍
崛起以前，湖南常常有被世人目爲「文化沙漠」之虞。[6] (p.160) 的確，湖南因
地處內陸，在文化上的業績無法與號稱「人文淵藪」的江浙地區媲美。但自
晚清湘軍崛起之後，湘人群體意識高漲，軍事政治上取得了奪目光彩後，文
化上的失落也需要填補，曾國藩兄弟刊刻《船山遺書》是此種文化意識的反
應，湖湘士人塑造船山偶像也是此種湖湘情結的集中體現。

　　在甲午戰爭失敗條件下，船山「正學」形象漸漸衰退，而代之以一種變
法和民主新形象。從文化生態學和文化基因說的意義上考察，這種形象的轉
換是符合歷史發展規律的。文化生態學認爲，文化與文化環境構成互動模式，

兩者互相影響。〔註9〕文化基因則是「可以被複製的鮮活的文化傳統和可能復活的傳統文化的思想因子」[22]。當文化環境發生巨變而不可逆轉的時候，文化必須進行基因優化才能維繫生存。甲午戰後，民族危機空前嚴重，在亡國滅種的巨壓之下，船山思想作爲一種傳統資源，亟待吸取西學「民主」和「科學」因子，實現中國文化與近代文化環境之間的協調與平衡，實現中國傳統資源的優化，才能使傳統資源在救亡圖強、變革社會中發揮積極作用。

參考文獻

〔1〕 王闓運，邗江王氏族譜序〔A〕，湘綺樓詩文集〔C〕，第一冊，長沙：嶽麓書社，1996。

〔2〕 清朝軍機處錄副奏摺·湖北學政臣孔祥霖跪奏爲遺儒王夫之擬請從祀文廟事：光緒二十年十月二十七日〔Z〕，北京：中國第一歷史檔案館，檔號03-7174-006，卷號03-7174。

〔3〕 曾國藩，曾國藩全集·詩文〔C〕，長沙：嶽麓書社，1986。

〔4〕 曾國藩，王船山先生遺書〔M〕，船山遺書序，清同治四年刻本。

〔5〕 胡思敬，國聞備乘〔M〕，三先生崇祀，民國13年刻本。

〔6〕 楊念群，儒學地域化的近代形態 —— 三大知識群體互動的比較研究〔M〕，北京：生活·讀書·新知三聯書店，1997。

〔7〕 錢基博，近百年湖南學風〔M〕，長沙：嶽麓書社，1985。

〔8〕 劉師培，劉申叔遺書〔C〕，南京：江蘇古籍出版社，1997。

〔9〕 譚訓聰，清譚復生先生嗣同年譜〔M〕，臺北：臺灣商務印書館，1980。

〔10〕 瀏陽興算記——關於1895～1897年『瀏陽興算』的未刊史料之一〔J〕，湖南歷史資料，1959，（2）。

〔11〕 歐陽中鵠，復王鐵珊舍人書〔J〕，湖南歷史資料，1959，（3）。

〔12〕 賈維，譚嗣同與晚清士人交往研究〔M〕，長沙：湖南大學出版社，

〔註9〕文化生態學的創始人斯圖爾德在《文化變遷的理論》中提出，文化和環境是辯證式的相互作用關係，文化生態學的主要意義是「對環境的適應」。它所呈現的問題「是人類社會對其環境的調適究竟是需要一套特殊的行爲模式，或者在某種範圍之內好幾套模式都可以適用。」斯圖爾德認爲，文化之間的差異是由文化核心的基礎，也就是「技術經濟」與環境相互影響的特定適應過程引起的，「技術在每一個環境中可以有不同的利用方式，因而也導致不同的社會性後果。環境不只是對技術有許可性與抑制性影響，地方性的環境特色甚至可能決定了某些有巨大影響的社會性適應。」斯圖爾德著，張恭啓譯：《文化變遷的理論》，臺北允晨文化實業公司1984年版，第45～47頁。

2003。

〔13〕劉人熙，重刻四書訓義序〔A〕，劉人熙集〔C〕，長沙：湖南人民出版社，2009。

〔14〕譚嗣同，三十自紀〔A〕，譚嗣同全集〔C〕，北京：中華書局，1998。

〔15〕譚嗣同，石菊影廬筆識‧思篇〔A〕，譚嗣同全集〔C〕，北京：中華書局，1998。

〔16〕譚嗣同，石菊影廬筆識‧學篇〔A〕，譚嗣同全集〔C〕，北京：中華書局，1998。

〔17〕譚嗣同，興算學議‧上歐陽中鵠書〔A〕，譚嗣同全集〔C〕，北京：中華書局，1998。

〔18〕譚嗣同，上歐陽中鵠書〔A〕，譚嗣同全集〔C〕，北京：中華書局，1998。

〔19〕唐才質，唐才常烈士年譜〔A〕，唐才常集〔C〕，北京：中華書局，1980。

〔20〕梁啓超，清代學術概論〔M〕，上海：上海古籍出版社，2009。

〔21〕朱維錚校注，梁啓超，梁啓超論清學史二種〔M〕，上海：復旦大學出版社，1985。

〔22〕趙傳海，論文化基因及其社會功能〔J〕，河南社會科學，2008，（2）。

原文發表於《船山學刊》2011 年第 2 期，現略有改動。

參考文獻

一、史料類

1. 《江西道監察御史汪朝榮奏爲江南江寧等府州縣學宮請飭興建事》，同治四年二月二十五日，軍機處錄副奏摺，檔號 03-4986-024，中國第一歷史檔案館藏。

2. 《掌山西道監察御史張瑞陰奏爲州縣學宮日見殘破亟宜修理事》，軍機處錄副奏摺，檔號：03-7219-057，光緒三十二年十二月初九日，中國第一歷史檔案館藏。

3. 《徐繼畬奏爲宋丞相李綱昌明正學扶持名教請從祀文廟事》，道光三十年十二月二十二日，宮中朱批奏摺，檔號 04-01-14-0066-025，中國第一歷史檔案館藏。

4. 《禮部尚書肅順等奏爲遵議是否准宋儒陸秀夫從祀文廟事》，咸豐八年十二月初六日，軍機處錄副奏摺，檔號 03-4176-052，中國第一歷史檔案館藏。

5. 《掌江南道監察御史劉毓楠奏爲祔祀兩廡新章稍未允協請飭交妥行核議事》，同治二年二月二十六日，軍機處錄副奏摺，檔號 03-4673-008，中國第一歷史檔案館藏。

6. 《張樹聲奏爲太倉州先儒陸世儀闡明聖學望實交孚籲請從祀文廟事》，同治十三年四月二十六日，宮中朱批奏摺，檔號 04-01-14-0075-100，中國第一歷史檔案館藏。

7. 《湖北學政臣孔祥霖跪奏爲遺儒王夫之擬請從祀文廟事》，光緒二十年十月二十七日，清朝軍機處錄副奏摺，檔號 03-7174-006，卷號 03-7174，北京：中國第一歷史檔案館藏。

8. 《食禮部右侍郎俸庶吉士奏請敕下定議湯斌從祀孔廟事》，檔號：03-0293-038，軍機處錄副奏摺，乾隆四年五月初二日，中國第一歷史檔案館藏。

9. 《大理寺卿尹嘉銓奏請將臣父尹會一及湯斌等從祀文廟事》，乾隆四十三年，清朝軍機處朱批奏摺，檔號：04-01-38-0053-001，中國第一歷史檔案館藏。

10. 《李鴻章等奏為遵照奏定章程會議湖北學政孔祥霖奏請將明儒王夫之從祀文廟事》，軍機處錄副奏摺，檔號：03-7174-010，光緒二十一年七月十一日，中國第一歷史檔案館藏。

11. 《署兵部尚書潘祖蔭等奏為遵議江西學政陳寶琛奏請先儒黃宗羲、顧炎武從祀文廟請旨准行事》，軍機處錄副奏摺，檔號：03-7209-006，光緒十一年十一月二十一日，中國第一歷史檔案館藏。

12. 《戶部尚書翁同龢等奏為遵旨會議故儒黃宗羲、顧炎武從祀文廟事》，軍機處錄副奏摺，檔號：03-5543-021，光緒十二年二月十五日，中國第一歷史檔案館藏。

13. 《太常寺少卿徐致祥奏為遵旨會議故儒黃宗羲、顧炎武從祀文廟事》，軍機處錄副奏摺，檔號：03-5543-019，光緒十二年二月十五日，中國第一歷史檔案館藏。

14. 《禮部侍郎尚賢等奏為遵旨會議故儒黃宗羲、顧炎武從祀文廟事》，軍機處錄副奏摺，檔號：03-5543-020，光緒十二年二月十五日，中國第一歷史檔案館藏。

15. 《署江蘇道監察御史趙啟霖奏為請將國初大儒從祀孔廟事》，軍機處錄副奏摺，檔號：03-5576-008，光緒三十三年正月二十八日，中國第一歷史檔案館藏。

16. 《福建道監察御史趙炳麟奏為保存國粹專門學堂請設國學事》，軍機處錄副奏摺，檔號：03-7218-087，光緒三十二年九月二十五日，中國第一歷史檔案館藏。

17. 《學部尚書榮慶等奏為代奏學部主事姚大榮呈稱為請升孔廟為大祀以符遵孔宗旨請旨事》，軍機處錄副奏摺，檔號：03-5575-063，光緒三十二年十一月十五日，中國第一歷史檔案館藏。

18. 《甘肅涇州鎮原縣舉人慕壽祺為學術紛出士氣浮囂請旨飭下務期實尊孔子以正國人之心事呈文》，軍機處錄副呈文，檔號：03-9288-020，光緒三十三年七月二十八日，中國第一歷史檔案館藏。

19. 軍機大臣奕劻、大學士孫家鼐：《奏為遵旨接續編訂直省官制事》，軍機處朱批奏摺，檔號：04-01-12-0655-053，光緒三十三年五月二十七日，中國第一歷史檔案館藏。

20. 《吏部稽勳司主事為更改官制敬陳管見事呈文》，軍機處錄副奏摺，檔號：03-9282-029，光緒三十二年八月二十五日，中國第一歷史檔案館藏。

21. 《文獻徵存錄》卷四，清咸豐八年刻本。

22. 張師載：《陸子年譜》，清乾隆十六年刻本。

23. 吳光酉等撰，褚家偉、張文玲點校：《陸隴其年譜》，北京：中華書局1993年版。

24. 錢炳寰整理：《巢林筆談》，北京：中華書局1981年版。

25. 張師栻：《張清恪公年譜》，清乾隆四年正誼堂刻本。

26. 張伯行：《正誼堂全書》，同治年間福州正誼書局刻本。

27. 張伯行：《正誼堂文集》，清乾隆刻本。

28. 孫奇逢著，朱茂漢編：《夏峰先生集》，北京：中華書局2004年版。

29. 孫奇逢：《夏峰先生集》，清道光二十五年大梁書院刻本。

30. 孫奇逢：《理學宗傳》，清光緒六年浙江書局刻本。

31. 湯斌：《孫夏峰先生年譜》，張顯清編：《孫奇逢集》，鄭州：中州古籍出版社2006年版。

32. 尹會一：《健餘奏議》，清乾隆刻本。

33. 蘇惇元撰《望溪先生年譜》，清咸豐刻本。

34. 湯斌：《湯子遺書》，清文淵閣四庫全書本。

35. 沈垚：《落帆樓文集》，民國吳興叢書本。

36. 潘德輿：《養一齋集》卷十八，清道光刻本。

37. 湯斌：《湯文正公（潛庵）全集》，沈雲龍主編：《近代中國史料叢刊一輯》，臺灣雲海出版社，1966年。

38. 張履祥：《楊園先生全集》，清同治十年刻重訂楊園先生全集本。

39. 蘇惇元：《張楊園先生年譜》，清同治當歸草堂叢書本。

40. 王士禎：《池北偶談》卷一，清文淵閣四庫全書本。

41. 《國朝宮史》，清文淵閣四庫全書本。

42. 顧炎武：《亭林遺書》，清光緒十一年刻本。

43. 顧炎武：《顧亭林詩文集》，北京：中華書局1983年版。

44. 張穆：《顧亭林先生年譜》，清道光二十四年刻本。

45. 黃宗羲著，沈善洪編：《黃宗羲全集》，杭州：浙江古籍出版社2005年版。

46. 黃宗羲：《明夷待訪錄》，清光緒五年刻本。

47. 黃炳垕：《黃梨洲先生年譜》，清同治十二年刻本。

48. 王夫之：《重刊船山遺書》，清同治四年刻本。

49. 王夫之著，船山全書編輯委員會編：《船山全書》，長沙：嶽麓書社1991～1996年。

50. 劉毓崧：《王船山先生年譜》，清光緒十五年江南書局刻本。

51. 王之春編：《先船山公年譜》，清光緒十九年刻本。

52. 戴望：《顏氏學記》，清同治十年冶城山館刻本。

53. 郭曾炘：《郭文安公奏疏》，民國間侯官郭氏刻本。

54. 曾國藩：《曾國藩全集》長沙：嶽麓書社，1986 年。

55. 李慈銘：《越縵堂日記》，揚州廣陵書社 2004 年影印本。

56. 譚訓聰：《清譚復生先生嗣同年譜》，臺北：臺灣商務印書館，1980 年。

57. 劉人熙：《劉人熙集》，長沙：湖南人民出版社，2009 年。

58. 譚嗣同：《譚嗣同全集》，北京：中華書局，1998 年。

59. 《輝縣志》，清光緒二十一年刻本。

60. 《嘉興府志》，清康熙二十一年刻本。

61. 《嘉興府志》，清光緒五年刻本。

62. 《嘉興府志》，清嘉慶六年刻本。

63. 《平湖縣志》，清刻本。

64. 《容城縣志》，清光緒二十二年刻本。

65. 《桐鄉縣志》，清光緒十三年蘇州陶漱藝齋刻本。

66. 《桐鄉縣志》，清嘉慶四年刻本。

67. 《桐鄉縣志》，清康熙十七年刻本。

68. 《遵義府志》，清道光刻本。

69. 《（光緒）吉林通志》，清光緒十七年刻本。

70. 《續纂江寧府志》，清光緒七年刻本。

71. 《同治蘇州府志》，清光緒九年刊本。

72. 《同治上海縣志》，清同治十年本。

73. 《光緒鹽城縣志》，清光緒二十一年刻本。

74. 《光緒太倉直隸州志》，清光緒間稿本。

75. 《鎮洋縣志》，民國 7 年刻本。

76. 東林書院志整理委員會整理：《東林書院志》，北京：中華書局 2004 年版。

77. 牛樹梅：《文廟通考》，清同治十一年浙江書局刻本。

78. 孫樹義：《文廟續通考》，上海：中華書局 1934 年鉛印本。

79. 龐鍾璐纂：《文廟祀典考》，清光緒四年刻本。

80. 孔繼汾：《闕里文獻考》，濟南：山東友誼出版社 1989 年影印本。

81. 陳鎬輯：《闕里志》，《中國祠墓誌叢刊》第 21 冊，揚州：廣陵書社 2004 年版。

82. 《清文獻通考》，清文淵閣四庫全書本。

83. 劉錦藻：《清續文獻通考》，民國景十通本。

84. 《清實錄》，北京：中華書局 1985 年版。

85. 蔣良騏：《東華錄》，清乾隆刻本。

86. 王先謙：《東華續錄》，清光緒十年長沙王氏刻本。

87. 朱壽朋：《東華續錄（光緒朝）》，清宣統元年上海集成圖書公司本。

88. 《皇朝政典類纂》，清光緒二十九年上海圖書集成局鉛印本。

89. 賀長齡：《皇朝經世文編》，沈雲龍主編：《近代中國史料叢刊》第七十四輯：731，臺北：文海出版社 1972 年版。

90. 葛士濬：《清經世文續編》，清光緒石印本。

91. 劉昫：《舊唐書》，北京：中華書局 1975 年版。

92. 歐陽修：《新唐書》，北京：中華書局 1975 年版。

93. 脫脫：《宋史》，北京：中華書局 1977 年版。

94. 宋濂：《元史》，北京：中華書局 1976 年版。

95. 張廷玉：《明史》，北京：中華書局 1974 年版。

96. 趙爾巽：《清史稿》，北京：中華書局 1977 年版。

97. 尹會一：《健餘先生文集》，清畿輔叢書本。

98. 尹會一：《健餘奏議》，清乾隆刻本。

99. 潘德輿：《養一齋集》，清道光刻本。

100. 沈垚：《落帆樓文集》，民國吳興叢書本。

101. 魏源：《魏源集》，北京：中華書局，1976 年版。

102. 吳廷棟：《拙修集》，同治十年六安求我齋刊本。

103. 曾國藩：《曾國藩全集》，長沙：嶽麓書社 1994 年版。

104. 左宗棠：《左文襄公集》，清光緒十八年刻本。

105. 謝章鋌：《睹棋山莊全集》，沈雲龍主編：《近代中國史料叢刊續集》第十五輯：141～150，臺北：文海出版社 1974 年版。

106. 陳寶琛：《滄趣樓奏議·詩集》，沈雲龍主編：《近代中國史料叢刊》第四十輯：397，臺北：文海出版社 1969 年版。

107. 王闓運：《湘綺樓詩文集》，長沙：嶽麓書社 1996 年版。

108. 梁啟超：《飲冰室合集》，北京：中華書局 1989 年版。

109. 劉師培：《劉申叔先生遺書》，南京：江蘇古籍出版社 1997 年版。

110. 湯志鈞等編：《章太炎政論選集》，北京：中華書局 1977 年版。

111. 《李文清公日記》，長沙：嶽麓書社 2010 年版。

112. 翁同龢：《翁同龢日記》，北京：中華書局 1992 年版。

113. 胡思敬：《國聞備乘》，北京：中華書局 2007 年版，

114. 胡思敬：《退廬文集》卷一，《退廬全集》（《近代中國史料叢刊》第四十五輯），臺北：文海出版社 1969 年版。

115. 錢炳寰整理：《巢林筆談》，北京：中華書局 1981 年版。

116. 許起：《珊瑚舌雕談初筆》，清光緒十一年木活字印本。

117. 劉禺生：《世載堂雜憶》，北京：中華書局 2006 年重印本。

118. 康有爲：《康有爲政論選集》，北京：中華書局，1981 年。

119. 陳煥章：《孔教論》，上海：商務印書館，1913 年。

120. 章太炎：《章太炎政論選集》，北京：中華書局，1977 年。

121. 康有爲撰，姜義華，吳根梁編校：《康有爲全集》，上海：上海古籍出版社，1992 年。

122. 章太炎：《章太炎全集》，上海：上海人民出版社，1982～1986 年。

123. 劉師培：《劉申叔遺書》，揚州：江蘇古籍出版社，1997 年。

124. 梁啓超：《中國近三百年學術史》，北京：團結出版社，2005 年。

125. 錢穆：《中國近三百年學術史》，北京：商務印書館，1997 年。

126. 梁啓超：《中國近三百年學術史》，北京：團結出版社，2005 年。

127. 趙永紀：《清代學術辭典》，北京：學苑出版社，2004 年。

128. 徐世昌：《清儒學案》，北京：中國書店，1990 年。

129. 方賓觀等編：《中國人名大辭典》，上海：商務印書館，1921 年。

130. 趙爾巽：《清史稿》，北京：中華書局，1977 年。

131. 王鍾瀚：《清史列傳》，北京：中華書局，1987 年。

132. 蔡冠洛編纂：《清代七百名人傳》，上海：世界書局，1937 年。

133. 羅伽編：《清代名人傳》，上海：教育書店，1937 年。

134. 沈雲龍主編：《近代中國史料叢刊》，臺北：文海出版有限公司，1969 年。

135. 沈雲龍主編：《近代中國史料叢刊續編》，臺北：文海出版社，1982 年。

136. 陳元暉主編：《中國近代教育史資料彙編·學制演變》，上海：上海教育出版社 2007 年版。

二、研究專著

1. 傅崇蘭：《曲阜廟城與中國儒學》，北京：中國社會科學出版社 2002 年版。

2. 孔祥林：《孔廟》，北京：群言出版社 1999 年版。

3. 劉亞偉：《遠去的歷史場景：祀孔大典與孔廟》，濟南：山東文藝出版社 2009 年版。

4. 張亞祥：《江南文廟》，上海：上海交通大學出版社 2009 年版。

5. 彭林：《中國古代禮儀文明》，北京：中華書局 2004 年版。

6. 駱承烈：《孔子故里聖迹》，濟南：齊魯書社 1992 年版。

7. 黃進興：《聖賢與聖徒》，北京：北京大學出版社 2005 年版。

8. 黃進興：《優入聖域：權力、信仰與正當性》，北京：中華書局 2010 年版。

9. 張舜徽：《清儒學記》，武漢：華中師範大學出版社 2005 年版。

10. 楊向奎：《清儒學案新編》，濟南：齊魯書社，1985～1994 年。

11. 干春松：《制度儒學》，上海：上海人民出版社 2006 年版。

12. 龔書鐸主編：《清代理學史》，廣州：廣東教育出版社 2007 年版。

13. 張昭軍：《傳統的張力：儒學思想與近代文化變革》，長春：吉林人民出版社 2004 年版。

14. 史革新：《晚清理學研究》，北京：商務印書館 2007 年版。

15. 陳祖武：《清初學術思辯錄》，北京：中國社會科學出版社 1992 年版。

16. 胡楚生：《清代學術史研究》，臺北：臺灣學生書局 1988 年版。

17. 盧鍾鋒：《中國傳統學術史》，鄭州：河南人民出版社 1998 年版。

18. 陳鼓應：《明清實學思潮史》，濟南：齊魯書社 1989 年版。

19. 葛榮晉：《中國實學思想史》，北京：首都師範大學出版社 1994 年版。

20. 嵇文甫：《晚明思想史論》，開封：河南大學出版社 2008 年版。

21. 何冠彪：《明清人物與著述》，香港：香港教育圖書公司 1996 年版。

22. 何冠彪：《明末清初學術思想研究》，臺北：臺灣學生書局 1991 年版。

23. 王汎森：《晚明清初思想十論》，上海：復旦大學出版社 2004 年版。

24. 王汎森、陳弱水主編：《思想與學術》，北京：中國大百科全書出版社 2005 年版。

25. 王汎森：《中國近代思想與學術的系譜》，臺北：臺北聯經事業股份有限公司 2003 年版。

26. 韋政通：《中國思想史》，臺北：臺北大林出版社 1982 年版。

27. 葛兆光：《中國思想史》，上海：復旦大學出版社 2001 年版。

28. 陸寶千：《清代思想史》，臺北：臺北廣文出版社，1978 年。

29. 張岱年：《中國倫理思想研究》，上海：上海人民出版社，1989 年。

30. 張錫勤：《中國近現代倫理思想史》，哈爾濱：黑龍江人民出版社，1984 年。

31. 俞大華：《晚清文化保守思潮研究》，北京：人民出版社，2001 年。

32. 田海林：《中國近代政治思想史》，濟南：山東大學出版社，1994 年。

33. 彭明：《近代中國的思想歷程（1840～1949）》，北京：中國人民大學出版社，1999 年。

34. 郭湛波：《近五十年中國思想史》，濟南：山東人民出版社，1997 年。

35. 龔書鐸：《近代中國與近代文化》，長沙：湖南人民出版社，1988 年。

36. 陳登原：《中國文化史》，瀋陽：遼寧教育出版社，1998 年。

37. 張岱年：《中國文化與文化論爭》，北京：中國人民大學出版社，1990 年。

38. 龔書鐸：《中國近代文化探索》，北京：北京師範大學出版社，1997 年。

39. 蕭一山：《清代通史》，北京：商務印書館，1972 年。

40. 徐中約：《中國近代史》，香港：香港中文大學，2002 年。

41. 楊念群：《儒學地域化的近代形態——三大知識群體互動的比較研究》，北京：生活・讀書・新知三聯書店，1997 年。

42. 中國史學會：《太平天國》，上海：上海人民出版社，2000 年。

43. 錢基博：《近百年湖南學風》，長沙：嶽麓書社，1985 年。

44. 賈維：《譚嗣同與晚清士人交往研究》，長沙：湖南大學出版社，2003 年。

45. 羅檢秋：《嘉慶以來漢學傳統的衍變與傳承》，北京：中國人民大學出版社 2006 年版。

46. 李細珠：《晚清保守思想的原型——倭仁研究》，北京：社會科學文獻出版社 2000 年版。

47. 鄭師渠：《晚清國粹派文化思想研究》，北京：北京師範大學出版社 1997 年版。

48. 朱維錚：《中國經學史十講》，上海：復旦大學出版社 2002 年版。

49. 朱維錚：《走出中世紀二集》，上海：復旦大學出版社 2008 年版。

50. 秦燕春：《清末民初的晚明想像》，北京：北京大學出版社 2008 年版。

51. 斯圖爾德著，張恭啟譯：《文化變遷的理論》，臺北：臺北允晨文化實業公司 1984 年版。

三、論　文

1. 孔祥林：《孔子廟創建時間考》，《孔子研究》2007 年第 6 期。

2. 王堅：《論夏峰北學》，《遼寧大學學報》（哲學社會科學版）2009 年第 3、4 期。

3. 張天傑：《從張履祥、呂留良到陸隴其——清初「尊朱辟王」思潮中的一條主線》，《中國哲學史》2010 年第 2 期。

4. 戶華爲：《從布衣寒士到孔門聖賢——張履祥「由凡入聖」的塑造歷程》，《清史研究》2005 年第 1 期。

5. 戶華爲：《船山崇祀與近代湖湘地方文化建構》,《湖南大學學報》(社會科學版) 2003 年第 6 期。

6. 戶華爲：《晚清社會思想變遷與聖廡的最後演出 —— 顧、黃、王三大儒從祀風波探析》,《社會科學研究》2005 年第 2 期。

7. 陳勇勤：《光緒間關於王夫之從祀文廟的爭論》,《中州學刊》1997 年第 1 期。

8. 王汎森：《〈清代儒者的全神堂〉——〈國史儒林傳〉與道光間顧祠祭的成立》,《中央研究院歷史語言研究所集刊》第 79 本,第 1 分,2008 年。

9. 魏泉：《「顧祠修禊」與「道咸以降之學新」—— 十九世紀宣南士風與經世致用學風的興起》,《清史研究》2003 年第 1 期。

10. 趙傳海：《論文化基因及其社會功能》,《河南社會科學》2008 年第 2 期。

11. 戶華爲：《張履祥的思想實踐與「由凡入聖」的型塑歷程》,北京師範大學碩士學位論文,2002 年。

12. 段志強：《舊廟新神：顧炎武、王夫之、黃宗羲從祀孔廟研究 (1876～1908)》,清華大學碩士學位論文,2009 年。

13. 王學斌：《顏李學在晚清民國的復興與命運》,北京師範大學博士學位論文,2010 年。

14. 李俊領：《禮儀制度與近代中國政治 (1850～1949)》,首都師範大學博士學位論文,2010 年。

15. 劉方玲：《清朝前期帝王道統形象的建立》,南開大學博士學位論文,2010 年,第 279 頁。

16. 白文剛：《清末新政時期的意識形態控制》,中國人民大學博士學位論文,2005 年。

後　記

四年之前，博士畢業論文初稿草創，我在後記中如此記道：

> 2009 年，承蒙李帆先生不棄，將我收入門下。三年來，李先生
> 淵博的知識、嚴謹的治學態度、開闊的學術視野，以及對學生無微
> 不至的關懷，讓我銘感於心。從確定選題、收集材料、擬定大綱、
> 安排結構，到修改規範、最後定稿，先生都加以悉心指導和熱情鼓
> 勵，他那循循善誘的教導和不拘一格的思路給我以無盡的啓迪。在
> 爲人處世上，先生那豁達大度、不拘小節的品格更感染了我，讓我
> 在學術進步的同時，處世方式也日漸成長和成熟。

> 我還要感謝我的碩士導師田海林先生，是他將我帶入儒家文化
> 之學術殿堂。在寫作碩士論文的過程中，備嘗各種艱辛的同時，亦
> 漸漸領略了儒家文化的博大精深，對儒學產生了濃厚的興趣，爲以
> 後繼續研究打下了基礎。田先生不僅在碩士階段中給予啓發和鼓
> 勵，在博士論文的選題和寫作中，仍不時給予指導，令人感念。

恩師殷切指導，歷歷在目，猶如昨日，吾將終生銘記。「高山仰止，景行行
之，雖不能至，心嚮往之」。從祀孔廟的先賢大儒都是才能、德行、人格完
善的象徵符號，既是國家治理的象徵力量，還是地方維護社會秩序的道德資
源，同時又是個人修身的絕佳榜樣。

顧炎武曾經發出「天下興亡、匹夫有責」的時代最強音，他說：「有亡國，
有亡天下，亡國與亡天下奚辨？日：易姓改號，謂之亡國。仁義充塞，而至
於率獸食人，人將相食，謂之亡天下。」存有基本的羞恥之心，找回對生命
的敬畏，方可頂立於天地之間，才配稱之爲「人」。

「天行健，君子以自強不息；地勢坤，君子以厚德載物」。當科技日新月異，工具理性甚囂塵上之時，還原剛健自強、柔和厚重的人格品性，更顯迫在眉睫。

「吃虧是福」，「善待他人」，叮嚀囑盼尚在耳畔回響，至親卻已遠去，留給我無限的歉疚……父母竭盡全力供我讀書，我陪伴他們的時間卻太少太少，僅以此粗糙的作品，敬祭雙親。

感恩所有幫助過我的家人、朋友，使我在寫作的日子裡充滿溫情。愛人王洪印主動照顧幼子，對我亦體貼入微，千方百計爲我創作修訂文字提供良好環境。師兄王學斌、同門姜文、學兄段志強對本書提出了不少寶貴意見，在此一並致謝。感謝花木蘭出版社的同仁們，爲本書出版付出了辛苦勞動。

姜淑紅

2016 年 12 月 22 日於淄博職業學院稷下研究院